Rotraud A. Perner

Königin!
Über weibliche Kraft

Rotraud A. Perner

Königin!

Über weibliche Kraft

Kösel

FSC

Mix
Produktgruppe aus vorbildlich
bewirtschafteten Wäldern und
anderen kontrollierten Herkünften

Zert.-Nr. SGS-COC-1940
www.fsc.org
© 1996 Forest Stewardship Council

Verlagsgruppe Random House FSC-DEU-0100
Das für dieses Buch verwendete FSC-zertifizierte Papier
Munken Premium Cream liefert Arctic Paper Munkedals AB, Schweden.

2. Auflage 2009
Copyright © 2009 Kösel-Verlag, München,
in der Verlagsgruppe Random House GmbH
Druck und Bindung: GGP Media GmbH, Pößneck
Umschlag: Elisabeth Petersen, München
Umschlagmotiv: Bertold Werkmann / fotolia
Lektorat: Silke Uhlemann, München
Printed in Germany
ISBN 978-3-466-30856-9

Weitere Informationen zu diesem Buch und unserem gesamten lieferbaren
Programm finden Sie unter
www.koesel.de

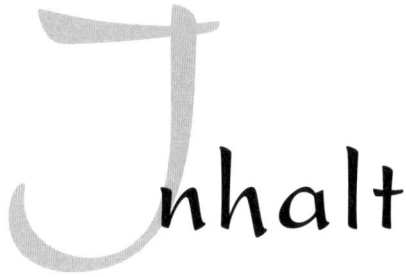

Inhalt

Zur Einleitung – ein Rückblick

»Bewundert viel und viel gescholten, Helena, [...]
Lasst mich hinein! und alles bleibe hinter mir,
Was mich umstürmte bis hieher, verhängnisvoll. [...]«
Johann Wolfgang von Goethe, Faust II, 3. Akt

Begonnen hat alles 2005, am 8. März, dem Internationalen Frauentag. Da saß ich auf dem Podium der renommierten Wiener Volkshochschule Urania, um zum »Jahr der Jubiläen« (60 Jahre Ende des Zweiten Weltkriegs, 50 Jahre Staatsvertrag, 30 Jahre Fristenlösung) einem bestens qualifizierten Frauenpublikum die Frage zu beantworten: »Haben wir etwas zu jubilieren?« Wir Frauen nämlich.

Nein, war die durchschnittliche Antwort aus dem Auditorium, gefolgt von zahllosen Beispielen, die von Glaswänden und gläsernen Decken, von Abwertungen, Ausbeutungen,

Diskriminierungen und Behinderungen handelten – allesamt in klagendem, anklagendem Ton vorgetragen. »Man(n) lässt uns nicht ...« Die Worte der Griechenkönigin Helena – besser bekannt als Operettenfigur »Schöne Helena« – bei Goethe fielen mir ein. Gesprochen, als sie die Szene betritt, hinein zu wollen in die Zentren der Macht – oder auch nur »back stage« in den Kreis der Insider, um eigene Interessenlagen zumindest zur Sprache bringen zu können, wenn schon nicht zur eigenen Disposition.

Irgendwann wurde mir dieses Betteln um Zulassung zu viel – es enthielt zu viel Resignation, zu viel Selbstmitleid, zu viel Devotion, zu wenig Initiative, zu wenig Mut, zu wenig Würde.

»Sie alle sind Königinnen! Vergessen Sie das doch nicht!«, rief ich ins Publikum. »Ausgebildet, zu führen, nicht zu dienen! Zumindest nicht irgendwelchen Knechten!« Und dann zeichnete ich ein Bild, woran die Frauen diese selbst schädigende Unterordnung erkennen könnten: an ihren hochgezogenen Schultern, an ihrer flachen Atmung, an ihren weinerlichen Stimmen, an ihrer zögerlich-vorsichtigen Wortwahl ...

Seitdem hat mich die Königin nicht mehr losgelassen. In zahlreichen Therapie-, Coaching- und Supervisionsstunden habe ich sie herbeigerufen – als Vorbild, zur Motivation und Mahnung. Und ich habe sie gesucht – in der Geschichte, in der Literatur, in meiner eigenen Biografie.

Gefunden habe ich sie in Mary Stuart wie auch in ihrer Gegenspielerin Elizabeth I., bei Goethes Helena ebenso wie in Österreichs erster Wissenschaftsministerin Hertha Firnberg. In der österreichisch-ungarischen Kaiserin-Königin Sisi wie in Queen Elizabeth II., in Grillparzers Medea, in Hillary Clinton. In Zeiten der Kraft wie in Zeiten der Schwäche. Mit lichten und dunklen Seiten. Und ich habe darauf geachtet –

bei meinen Klientinnen, aber auch bei mir selbst –, welche Auslöser die dunklen Seiten hervorrufen und wie sie zu lichten veredelt werden können. Das wollte ich aufschreiben, das wollte ich nicht nur mündlich weitergeben.

Dann kam 2008 zuerst das Buch »Die-Mona-Lisa-Strategie« von Harriet Rubin auf den Markt und darin waren Kapitel wie »Königinnen leben Geschichte« und »Die Kraft weiblicher Würde«. Einige Monate später erschien das Buch »Die Prinzessin ist tot – Es lebe die Königin!« von Rebecca Bellin-Sonnenburg – und ich wollte schon aufgeben, fühlte mich überrundet, haderte mit meiner übergroßen Arbeitsbelastung als Universitätsprofessorin wie als eigene Praxis führende Psychoanalytikerin, die mir nur nächtens Zeit zum Schreiben ließ und immer Fachpublizistik den Vorrang gegenüber populärer Schriftstellerei einräumte. Und wollte schon in genau die Falle tappen, vor der ich andere so zielsicher warnte, den Mutverlust und Kraftverlust ... und fasste mich flugs an der eigenen Nase: Eine Königin konkurriert nicht kleinkrämerisch, sondern behauptet ihr eigenes Reich; andere Königinnen oder auch solche, die sich dafür halten, dürfen auch ihr Hoheitsgebiet haben. Wozu Konkurrenz? Die Geschichte zeigt ohnedies immer, früher oder später, wer führt oder nur verführt, wer geführt oder verführt wurde.

Und noch etwas kam mir warnend in den Sinn: die wohlbekannte Erfahrung, von anderen gegen den eigenen Willen und gegen die eigene Selbstbewusstheit ins Rivalitätseck verfrachtet zu werden. Dahinter steckt meist eine klar erkennbare Projektion, vor allem von Männern, die sich gerne routiniert, daher auch lustvoll auf – offene oder verdeckte – Revierkämpfe einlassen; sie interpretieren das Ringen von Frauen um die Anerkennung ihrer selbst erarbeiteten Position meist als unzulängliches Bemühen um Qualifizierung zum Mitkämpfen.

11

»Du gleichst dem Geist, den du begreifst – nicht mir«, schleudert bei Goethe der Erdgeist dem darob erschütterten Faust entgegen, und der Volksmund weiß: »Ein Dieb sieht auch bei einem Heiligen nur die Taschen.« Wenn sich eine Königin klar abgrenzt von Sichtweisen und Positionen, die sie als falsch definiert, heißt das noch lange nicht, dass sie andere besiegen oder gar unterwerfen will – es bedeutet nur, dass sie sich distanziert, dass sie sich nicht verbünden will.

Positionierung

Das Wort »Position« kann unterschiedlich verstanden werden: als Rangstufe innerhalb einer Hierarchie, als Parteinahme in einem Konflikt, als Besetzen einer Stelle im Raum, als Körperhaltung wie beispielsweise im Ballett – oder als Geisteshaltung (die sich, sofern sie authentisch ist, auch verkörpert).

Ich habe einen Lieblingsroman, »Vor Rehen wird gewarnt«, eine psychologisch hoch interessante Studie über destruktive Weibchenhaftigkeit; die austroamerikanische Autorin Vicki Baum (1888 – 1960) schildert darin am Beispiel der intriganten Ann, wie deren Ehemann Joy, seiner Tochter aus erster Ehe, indirekt eine andere Haltung anempfiehlt als die ihrer Stiefmutter:

»Haltung unter allen Umständen, das war das Einzige, was ich von deinem Großvater lernte, und Haltung ist das Einzige, was ich dir gerne vererben möchte. Es ist eine gute Sache, wenn alles falsch geht, Kind. Es ist ein scharfes Kommando, es macht dich ›Habt acht!‹ stehen und den Dingen ins Gesicht sehen. Haltung ist das genaue Gegenteil von dem Davonrennenwollen und die Augenschließen und Sichnachgeben und dieser ganzen neumodischen Flucht vor sich selbst. Ein anständiger Mensch trägt eben die Konsequenzen für seine Handlungen mit Haltung, und das heißt, dass man sich nicht beklagt und kein Mitleid mit sich selbst hat, und vor allem keinem anderen Menschen erlaubt, einen zu bemitleiden.«[1]

Eine Königin hält sich aufrecht und damit auch aufrichtig, selbst wenn sie mit Tomaten beschossen wird. Sie »steht zu sich«. Sie besitzt »Mut zum aufrechten Gang«. Sie schreitet. Sie setzt fest einen Fuß vor den anderen und schwankt nicht, abhängig von männlicher Stützung, auf »sexy« High Heels durch Ballsäle und Bars, sondern geht ihren eigenen Weg. Aber sie achtet sehr wohl auf Fallgruben und andere Stolperstellen, denn sie weiß, dass es sie gibt und dass Feinde und Feindinnen immer wieder versuchen werden, sie zu behindern. Deshalb lässt sie sich auch nicht einreden: »Du siehst das falsch!«. Denn sie hat solche unwahren Sätze als Verunsicherungsstrategien erkannt. Man kann nichts »falsch« sehen – man sieht, was man sieht –, es gibt nur andere, denen das nicht recht ist.

Ihr Ziel ist, weder getragen zu werden – wie Aschenputtels Stiefmutter ihren Töchtern zur Fußverstümmelung rät: »Keine Sorge, mein liebes Kind …, wenn du Königin bist, musst du nicht mehr laufen«[2] –, noch sich bei anderen beliebt zu machen. Dominante Tiere klettern ja auch unbekümmert auf einen Baum und setzen sich auf Äste, ohne auf die Anwesenheit untergeordneter Artgenossen zu reagieren, während untergeordnete Tiere sich ducken oder bei Annäherung davonspringen. So wahren die untergeordneten Tiere die Hierarchie und beachten streng die Regeln. Zoologen wissen, dass das Verhalten der untergeordneten Tiere – Ducken, Fliehen und Angstgrinsen – in vielen Situationen dominantes Verhalten auslöst und nicht umgekehrt. Nur: Meist gibt es für die nervösen, schwächeren Tiere gute Gründe, sich zu ducken und zu grinsen, nachdem sie bei vorausgegangenen Zusammenstößen ein paar schmerzhafte Bisse einstecken mussten.[3]

Dazu fallen mir die ersten frauenspezifischen Schulungen ein, die ich Anfang der 1970er-Jahre als angehende Kommunalpolitikerin absolvierte: Da wurde uns vor allem geraten, das allzeit praktizierte verbindliche Lächeln abzustellen. Gut fünfzehn Jahre später allerdings, kurz bevor ich mein Mandat zurücklegte, raunte mir mein Bezirksobmann, als Vorsitzender des größten Wiener Gemeindebezirks in der ersten Reihe sitzend, ganz unverbesserlicher Macho, folgende Worte neckisch zu, als ich nach einem leidenschaftlichen Plädoyer für Selbstverteidigung im Turnunterricht für Mädchen an ihm vorbeiging: »Schau doch nicht so bös! Lach doch ein bisschen!« Doch ich entschied mich, zurückzufauchen: »Da gibt's nichts zu lachen!«

»Wer sich zum Lamm macht, den fressen die Wölfe«, weiß der Volksmund; zwischen der Bandbreite an Verhaltensweisen, die durch Lämmer und Wölfe symbolisiert werden, gibt es aber eine Vielzahl anderer Optionen. Es liegt an uns, für welche wir uns jeweils entscheiden.

Männern wird oft geraten, als Topmanager ihre persönliche Handschrift in einer strategischen Konzeption erkennen zu lassen, und der stehen 95 Prozent harte Arbeit gegenüber: in komplexen Umfeldern die eigene Position zu bestimmen, den Wettbewerb zu analysieren, Alternativen herauszuarbeiten und zu gewichten.[4] Ich rate auch Frauen dazu und zähle dabei zu dieser »harten« Arbeit auch, »hart« zu bleiben, wenn sie zur Aufgabe ihrer Positionen, aber auch ihres persönlichen Stils zugunsten »weicher« Anpassungsbereitschaft »motiviert« werden sollen. Dazu ein treffendes

Zitat von Susan Brownmiller: »Indem die Weiblichkeit das Dekorative und Frivole zum Stil erhebt, funktioniert sie als wirksames Gegenmittel zu erzwungener Ernsthaftigkeit, das heißt dem Zwang, sich in einer harten, schwierigen Welt durchzusetzen.«[5] Männer erwarten oft von Frauen, dass sie arbeiten wie die Ackergäule und dabei ihnen zum Gefallen immer so aufgeputzt und gepflegt sind wie eine Geisha im Teehaus. Ein Dilemma, wie ich aus dem Coaching erfolgsbewusster Frauen weiß: Viele, die sich – beispielsweise als freiberuflich arbeitende alleinerziehende Mütter – um lukrative Aufträge bemühen, scheitern an der Unvereinbarkeit zwischen dekorativer oder gar frivoler Aufmachung – aus welchen Gründen auch immer sie eine solche wählen: um Aufmerksamkeit zu erregen, im Gedächtnis zu bleiben oder weil sie sich an Popstars, Zeitgeistmagazinen oder den geheimen Sehnsüchten ihres Partners orientieren – und fachlicher Kompetenz, und wundern sich dann, wenn sie nicht für ernst oder seriös genommen, sondern mit verschlüsselt eindeutigen Angeboten belästigt werden. Oft habe ich der einen oder anderen Klientin – Sekretärinnen etwa, die nebenberuflich Hochschulstudien absolviert hatten und sich beklagten, dass ihnen der weitere Aufstieg verwehrt wurde – zu zeigen versucht, dass sie sich noch immer wie Sekretärinnen kleideten und benahmen, oder zu viel des Guten taten und als Zerrbild einer Lady bei Hof umherschwebten.

Die eigene Position bestimmen zu können, innerlich wie äußerlich, braucht Zeit und Erfahrung und – passende Vorbilder. Die gibt es im Übermaß für Männer – für Frauen fehlen sie weitgehend. Frau muss sie selbst entwickeln und dann mit Kritik rechnen. Mir fällt beispielsweise auf, wie häufig in der Yellow Press über die »Pop-Ikone« Madonna gespöttelt wird, sie hätte »sich schon wieder neu erfunden«. Na und? Wenn ein Haubenkoch etwas Neues erfindet, wird gejubelt; in der Wissenschaft gehört es dazu, dass – sachlich! nicht persönlich! Wer das tut, disqualifiziert sich als Neidhammel – kritisiert wird und verteidigt werden muss. Nur wenn eine Frau öffentlich etwas anderes wechselt als ihre Frisur, wird ihr Unbeständigkeit, Labilität oder gar Vagantentum unterstellt.

Inhaltlich hingegen wird von Frauen die Angabe der Vorbilder, Anleihen und Bezugsquellen gerne eingefordert. Ich habe oft erlebt, dass ich bei der Präsentation meiner Thesen gefragt wurde: »Woher haben Sie das?« Als wäre es undenkbar, dass frau eigenständig denkt ... was man bei einer Universitätsprofessorin eigentlich voraussetzen könnte. Oft antworte ich den Fragern (immer männlich!) so wie einst die Matriarchatsforscherin Heide Göttner-Abendroth im Club II[6], als sie ein Mann in dieser TV-Talkrunde mit einem herablassenden »Das ist halt Ihre Meinung!« runtermachen wollte, ihn freundlich mit »Das ist nicht meine Meinung – das ist meine Forschung!« korrigierte. Deswegen zitiere ich gerne konkret, wenn ich mich auf andere beziehe: Man soll nachlesen können. Ich ärgere mich ja auch oft, wenn in einem Buch keine Literaturangaben stehen, ich aber genau weiß, woher jemand seine/ihre Weisheiten mit großer Wahrscheinlichkeit bezogen hat. Nur Scharlatane verschleiern selbstsüchtig, aus welchen Quellen sie schöpfen – aus Angst, enttarnt zu werden, aus Angst vor besserer Konkurrenz, aus Angst vor Energieverlust. In Märchen – den Psychologielehrbüchern aus der Zeit, als die wenigsten schreiben konnten – wird dieses Phänomen durch die Symbolik der »falschen und der echten Königsbraut« thematisiert. Auch wenn sich die eine in die Gewandung der anderen hüllt, früher oder später taucht immer die echte Braut auf.

Eine Königin scheut den Vergleich nicht – sie weiß: Wenn ihre individuelle Einzigartigkeit nicht wertgeschätzt wird, steckt eine Strategie dahinter. Sie soll verunsichert und zum Rückzug bewogen werden. Und sie weiß: Sie bleibt immer eine Königin, auch in Sack und Asche, und kann warten, bis sie sich wieder in voller Kraft zeigen kann – und will.

Viele Frauen glauben, sie müssten sich besonders anstrengen, um anerkannt zu werden. Ich warne vor dieser freiwilligen Abgabe von Macht an andere, denen dadurch erlaubt wird, Zensur auszuüben. Es reicht, wenn frau ihre Aufgaben korrekt erledigt und sich selbst überprüft und anerkennt. Ob einen ein anderer bestätigt, hängt vom jeweiligen Wohlwollen dieser Person ab. Ich habe in meinem Leben sehr viel gelernt, umgesetzt, bewiesen – und sehr oft keine Anerkennung geerntet, stattdessen aber unsachliche Kritik, Verleumdungen, soziale Mordversuche. Ich habe all das überlebt, Blessuren eingeschlossen, bin weiter meinen Weg gegangen und habe immer besser die Killerfallen erkennen gelernt. Es gibt nicht so viele: Es sind immer die gleichen Gaukeleien – ich werde sie im Verlauf dieses Buches schildern.

Zu diesen Gaukeleien – Klugheitsappell, Weiblichkeitsforderung, Mittelmäßigkeitsrat, Kooperationsdruck und Berechenbarkeitspflicht – kommt seit Neuestem die Verlockung, sich nach einem Archetyp auszurichten.

Verführerische Archetypen

Mir fällt beispielsweise auf, dass in letzter Zeit zunehmend Seminare zur Entdeckung des eigenen Archetyps oder zur besseren Koordination des sogenannten »inneren Teams«[7]

angeboten werden. Bestimmte Aspekte im Seelenleben werden dann zum Beispiel als innere Richterin, innere weise Frau, innere wilde Frau und inneres Kind interpretiert; sie alle sollen nach Beendigung der Workshops funktioneller zusammenspielen – woraus aus meiner Sicht die Unterstellung abgeleitet werden kann, im Leben allfälliger Konsumentinnen gäbe es vorher keine Funktionalität. Das wäre allerdings hoch bedenklich und eine Indikation für Psychotherapie.

Nun kann man solche Vierheiten wie die soeben angeführten in vielen Psychologiebüchern finden, eignen sie sich doch hervorragend, um zu erklären, wieso manche Menschen so schlecht »miteinander können«; allerdings besteht die große Gefahr, mit solchen Ordnungskategorien Menschen in Klischees zu pressen. Wir finden diese Vierertypologien bei Fritz Riemanns »Grundformen der Angst«[8], bei Virginia Satirs »Selbstwert und Kommunikation«[9], ja sogar in dem seinerzeitigen Esoterikbestseller »Die Prophezeiungen von Celestine«[10] tauchen sie auf. Und bei Margit Schönberger, der Propagandistin lustvoller rundlicher Weiblichkeit.[11] Die Wiener Präventivpsychologin Anneliese Fuchs hat diese markanten »Typen« in ihrem Buch »Mein Charakter ist nicht mein Schicksal« mit der Hippokratischen Säftelehre und den Kretschmerschen Konstitutionstypen angereichert, mit den Namen »Einser« (sachbezogen), »Zweier« (personbezogen), »Dreier« (ordnungsbezogen) und »Vierer« (freiheitsbezogen) vereinfacht.[12]

Manchmal bleibt die Vierheit in der Dreiheit hängen. Harriet Rubin zitiert beispielsweise in ihrem Streifzug durch Geschichte und Weltliteratur die englische bzw. französische Königin Eleanor von Aquitanien (um 1122–1204), die in Poitiers einen Hof der Liebe errichtete, der Minerva, Venus und der Jungfrau Maria gewidmet war; sie schreibt:

»Dort erließ sie ihre drei Deklarationen der Macht, die notwendige Bedingungen für eine Frau enthielten, die einen Zirkel um sich scharen möchten. Sie wollte:
- die zweitrangige Rolle als Ehefrau und Helferin ablegen,
- ihre Souveränität erklären und
- ihre eigene Gerechtigkeit und ihre eigene Herrschaft walten lassen.

Um am Hof für Ordnung zu sorgen, erweiterte Eleanor die Kunst der Liebe von der klassischen Form, wo der Mann der Herr und Gebieter ist, zu einer Philosophie, in der die Frau die Herrin ist, der Mann ihr Schüler in der Huldigung, ihr Vasall im Dienen.«[13]

Minerva (Pallas Athene), die asketische Denkerin, Venus (Aphrodite), die lustorientierte Liebhaberin, und Maria, die dienende Mütterliche. Diana (Artemis), die allein umherziehende Kämpferin, fehlt. Eine Episode aus meiner jungianischen Ausbildung fällt mir ein, als mein Analytiker mir einzureden versuchte, ich würde dem Archetyp der Pallas Athene entsprechen. Haarscharf daneben! Die durch Athene (Minerva) unter anderem symbolisierte Vaterlastigkeit hatte ich schon lange hinter mir gelassen und befand mich freudig feministisch im Gefolge der kriegerischen Artemis (Diana), daher auch mit gelegentlichen Ausbrüchen aus dem biederen Revier der mütterlichen Hera (römisch: Juno) in die sozial riskante Welt der Aphrodite (Venus) mit ihren erotischen Abenteuern.

Seit Beginn der 1980er-Jahre begann im Gefolge der Vereinnahmung der Jungianischen religionsvergleichenden Forschungen durch die aufblühende Esoterikszene einerseits und feministischer Matriarchatsforschung andererseits der Siegeszug der Archetypenlehre[14], wie sie sich in den Legenden aller Kulturen widerspiegelt. Diese Götter- und Heldensagen sollten für den Alltagsgebrauch jedoch

nur als Projektionen alltäglicher Konflikte auf Göttergestalten verstanden werden – nach dem Motto: »Ähnlich-
keiten mit lebenden Personen sind rein zufällig«. Man
nimmt dann beispielsweise Zorn nicht als selbst gemachte
Reaktionsweise wahr, sondern schreibt ihn dem Wirken
eines Gottes (oder eines Menschen, dem man diese Macht
zuschreibt: »Du (!) hast mich dazu gebracht ...«) zu und
vermeidet so die Verantwortung für und die Auseinander-
setzung mit eigenen dringend verbesserungsbedürftigen
Verhaltensmustern.

Immer und immer wieder erzählt, boten und bieten diese
Mythen Lebenshilfe wie andere Märchen und Legenden
auch. Die »Moral von der Geschichte« sollte jedenfalls kritisch überprüft werden: Je nachdem, wem das jeweils indirekt empfohlene Nachahmungsverhalten zum Nutzen ge-
reicht. Ich aber warne ausdrücklich davor, diese Archetypen
als Identifikationsfiguren zu nutzen, beispielsweise danach
zu fragen »Welcher Archetyp von den vier Aspekten spricht
dich am meisten an?«, denn ich betrachte sie keineswegs als
ein »vererbtes Rollenrepertoire«, das »uns allen zur Verfügung«[15] steht – sondern als Symbolisierungen bestimmter
Energieformen[16]. In diesem Sinn möchte ich Mut machen,
auf eine neue Weise »in Energie zu denken«.

Rollenspiele

Viel interessanter als die Beschreibung der archetypischen
Charaktereigenschaften finde ich einerseits die Beziehungs-
muster – die Formen, wie die VertreterInnen des jeweiligen
Archetyps versuchen, Macht übereinander zu gewinnen –,

andererseits die spezifische Form von »Haltung« und daraus folgend Energie.

Dominante Gruppen stellen üblicherweise eine oder mehrere erwünschte Rollenfunktionen für untergeordnete Gruppen auf. Dazu zählen bezeichnenderweise Dienstleistungen, die keine dominierende Gruppe selbst ausführen möchte (vor allem die Beseitigung von Abfallprodukten der Dominierenden). Dagegen werden Funktionen, die die dominierende Gruppe gern selbst übernimmt, sorgsam gehütet, und der Zugang zu ihnen wird den Untergeordneten verwehrt.[17] Denken wir nur an das Frauenwahlrecht oder den Zugang zu höherer Bildung. Und wenn den Untergebenen noch lange genug eingeredet wird, sie wären unabänderlich unfähig, etwa aufgrund angeborener geistiger oder körperlicher Mängel, finden diese – und auch alle anderen – es folglich schwer, an weitere eigene Möglichkeiten zu denken.

Der Ersatz der ursprünglichen Akte des Denkens, Fühlens und Wollens durch Pseudo-Akte führt schließlich dazu, dass das ursprüngliche Selbst durch ein Pseudo-Selbst ersetzt wird. Davor warnte schon Erich Fromm (1900 – 1980) mit dem komplizierten Satz: »Das ursprüngliche Selbst ist der wirkliche Urheber alles geistigen Tätigseins. Das Pseudo-Selbst ist nur ein Stellvertreter, der die Rolle spielt, die man von ihm erwartet, der dies aber im Namen des Selbst tut.«[18] Einfacher und feminin formuliert: Wirklich schöpferisch ist eine Frau, wenn sie sich nicht danach richtet, was ein anderer von ihr will. Dieses ursprüngliche Selbst spürt man, wenn man auf den eigenen energetischen Zustand achtet: Hat frau ihre volle Kraft verfügbar – oder fließt ein Teil in die ängstliche Beobachtung möglicher KritikerInnen und ein anderer Teil in Folgsamkeit, Duldsamkeit, Selbstverleugnung, Unterwerfung? Wahrnehmung geschieht über spezifische neuronale Wahrnehmungsmuster – und diese in

Hinblick auf den Umgang mit der eigenen Kraft, Krafträubern und Kraftquellen zu entwickeln, sehe ich als vordringlichste Lernaufgabe im Alter der Prinzessin. Aber dazu später ausführlich mehr.

Als Kind schauen wir uns Verhalten von unseren Bezugspersonen ab – die meist nicht optimale Vorbilder bieten –, und die Leseratten unter uns finden vielleicht in Büchern geeignetere, tugendhaftere Modelle. Leider nutzen heutzutage viele Kids Leinwandhelden oder Computergestalten für diese Notwendigkeit, sprich: die Not eigener Kleinheits- und Ohnmachtsgefühle abzuwenden. Solche Action-Heroes, überwiegend männlich, demonstrieren wiederum Konflikte um Sieg und Beherrschung, meist in Verbindung mit Gewaltlösungen, wie auch die Göttergestalten des Altertums alles andere als gewaltverzichtend agieren. Und sie demonstrieren Modelle für den Umgang von Männern mit Frauen und liefern damit das Repertoire für späteres unreflektiertes Nachahmungsverhalten – aktiv wie passiv.

Frauen werden unbesehen ihrer tatsächlichen Veranlagungen und Begabungen von klein auf dazu angehalten und später durch Medienpropaganda gedrängt, sich wie eine »richtige« Frau zu verhalten (wer auch immer an den dazu notwendigen »Verbesserungen« verdient), und damit sie wissen, was »richtig« ist, bekommen sie schon als kleine Mädchen eine Barbiepuppe und einen Ken dazu, damit klar ist, dass immer auch ein Mann dazugehört. Ich entstamme der Generation, in der kriegsbedingt die Männer abwesend waren – gefallen, vermisst, auf und davon. In der Familie meiner besten Volksschulfreundin lebten Großmutter, Mutter und deren Schwester, alle drei berufstätig, zusammen mit einer Haushälterin, die die drei Halbwaisen tagsüber versorgte, Kindergarten gab es ja keinen in dem kleinen Ort an der tschechischen Grenze, und diese Familie war ganz normal wie viele andere auch – niemand hätte der werktätigen Alleinerzieherin Vorwürfe gemacht, dass sie sich nicht wieder einen »Ernährer« suchte, am wenigsten die Kinder.

Ihre eigene Kraft findet eine Frau erst, wenn sie nicht mehr Spiegelbild für die Erwartungen anderer ist – dazu zähle ich nicht nur die der Mutter, die oft will, dass ihre Tochter ihre unerfüllten Hoffnungen von Berufs- oder Heiratskarriere realisieren, oder umgekehrt nur ja nicht von Mutters Lebensentwurf abweichen soll; Ähnliches fällt mir auch bei manchen selbst ernannten Expertinnen auf, die anbieten, Frauen zu mehr Macht verhelfen zu wollen, wenn sie denen dann einreden, frau müsse im gleichen Design wie sie selbst herumlaufen – als graue Maus. Schneewittchens Stiefmutter lässt grüßen.

Väter hingegen suggerieren ihren Töchtern oft ihre eigenen sexuellen Fantasien und bedrängen sie, diese optisch oder viel zu oft auch haptisch umzusetzen; hinzu kommen die von Partnern oder Vorgesetzten sowie zusätzlich und vorauseilend noch die allgegenwärtigen Kosmetik- und Modediktate, Schlankheits- und Jugendlichkeitszwänge und darüber hinaus die Propaganda für chirurgische Körperkorrekturen, »Vagina-Design« inbegriffen.

Aus genau diesen Gründen warne ich vor der Suche nach einem Pseudo-Selbst in den sogenannten Archetypen: Die Identifikation mit ihnen mag manchmal Trost und Halt spenden, wenn frau in ihrer Selbstachtung verletzt wird – und je hervorragender eine Frau ist, desto mehr wird sie diese Erfahrung machen –, sie behindern aber die echte Selbstwahrnehmung und die eigenbestimmte Weiterentwicklung.

Spätestens mit vierzehn, mit der vollen Strafmündigkeit, sollten wir – hoffentlich! – genügend Informationen gesammelt haben, um zu wissen, welches Verhalten sozial nicht adäquat ist, sondern als kriminell oder pathologisch gewertet wird. Oder welches krank macht. Und dann gilt es, Gegenmaßnahmen zu finden – oder zu erfinden. Denn Sagen und Märchen, diese »Psychopathologielehrbücher« der Antike, zeigen Macht- und sonstige Kämpfe unter Männern oder mit Monstern und Naturgewalten, zeigen Misshandlungen wie Mord und Totschlag, Vergewaltigung, Verrat und Intrigen – Frauen sind dabei überwiegend passive Opfer, seltener gefährliche Furien, bestenfalls Nothelferinnen. Es lohnt, sich die klassischen Sagen des Altertums aus einem juristischen Blickwinkel anzusehen! Aber: Es besteht ein großer Unterschied zwischen emotionalen Impulsen, Fantasien, körperlichen Empfindungen, Verhaltensoptionen und vernünftigem Denken, und Letzteres sollte all die anderen unter Kontrolle halten können.

Medienvorbilder – und dazu zähle ich nicht nur Film- oder Computerspielgestalten, sondern auch literarische in Büchern oder Theaterstücken, in Opern, Operetten oder Musicals etc. – prägen sich umso tiefer ein, je stärkere Gefühle sie bei der ersten Konfrontation ausgelöst haben.

Auch wenn in manchen Büchern Ekel, Überraschung, Hoffnung, Wut und Anerkennung dazu gezählt werden[19] – für mich bestehen die Grundgefühle nur in Angst, Enttäuschung, Trauer, Zorn und Freude. Ekel ist für mich eine physiologische Reaktion, möglicherweise als Folge eines Traumas, ebenso wie Überraschung und Wut die Wahrnehmung einer Stresshormonausschüttung sind und Anerkennung das Aha-Erlebnis ist, wenn ein wahrgenommener Reiz ins bisher aufgebaute Weltbild passt. Ich differenziere zwischen der Emotion – der innerlichen Bewegung, also einer körperlichen Empfindung aufgrund einer bestimmten Ausschüttung chemischer Botenstoffe im Gehirn – und der nachfolgenden Bezeichnung als bestimmtes Gefühl; diese

Namensgebung orientiert sich zumeist an der Erklärung, die einem eine Bezugsperson angeboten hat. Oft charakterisiert sie die Emotion überhaupt nicht zutreffend, ist aber gewohnheitsmäßig verankert. Eine wesentliche Aufgabe in der psychotherapeutischen bzw. auch gesprächsmedizinischen Arbeit[20] sehe ich darin, solche Diskrepanzen – z.B. zwischen »Eifersucht«, »Rivalität«, korrekter »Konkurrenz« und dem »Gefühl der Benachteiligung« – bewusst zu machen und damit mehr Freiheit zur Selbstbestimmung zu entwickeln.

Ebenso lohnt es sich, den Begriff »Weiblichkeit« zu hinterfragen – für jedes Lebensalter, für jede Funktionalität (z.B. im Beruf, in Freundschaften, in der gelebten Sexualität), vor allem aber für die innere Wahrheit.

Weiblichkeit ist in all ihren Facetten ein sehr aktives Unterfangen. Eine Symbolik der starren Gegensätze von Männlich – Weiblich, Sonne – Mond oder Yang und Yin etc. behindert Lebendigkeit und damit Veränderlichkeit. (Im Gegensatz zu den populär gewordenen esoterischen Interpretationen wird im Taoismus Yin und Yang immer in Fließbewegung gedacht, was durch die geschwungene Eben-nicht-Trennlinie mit jeweils dem anderen Teil in sich dargestellt wird.) Weibliche Archetypen thesenartig aufzustellen, vernichtet die Symbolkraft der antiken Mythen, die, ebenso wie Märchen, nach Jungianischer Sichtweise vor allem Hinweise auf mögliche Prozesse der innerseelischen Ganzwerdung (»Heilung«) bieten: Wenn zum Schluss Frau und Mann vereint sind (»und wenn sie nicht gestorben sind, so leben sie noch heute«), so bedeutet dies beispielsweise die Harmonisierung weiblicher und männlicher Anteile, Energien, Optionen; archetypische Interpretationen sollten nur in einer lang andauernden Psychoanalyse als Hilfsmittel zur aktiven Imagination genutzt werden, nicht als Schnellrezept gegen Orientierungslosigkeit.

Orientiert man sich ohne viel kritisches Nachdenken an diesen »Urbildern der Seele«, so entsteht allzu leicht die Gefahr eines literaturinduzierten Konformitätsterrors; frau »lebt aus zweiter Hand«, lässt bei Hesiod, Gustav Schwab oder Michael Köhlmaier denken und arbeitet nicht an der Konstruktion ihrer eigenen Biografie.

Energiemuster

Zu den Autoren, die die Jung'schen Archetypen weiterentwickelten, gehören auch die amerikanischen Psychoanalytiker Robert Moore und Douglas Gillette. Ihr leider seit Langem vergriffenes – männerspezifisch geschriebenes – Buch »König, Krieger, Magier, Liebhaber« widmet sich ebenfalls dieser, bereits im Titel angeführten, Vierheit (nach Jung »Doppel-Quaternio«), und diese hat in vielen anderen Büchern neuen Platz gefunden.[21] Das Autorenduo sieht im Fehlen von Einweihungsritualen für junge Männer die Ursache dafür, dass gereifte Männlichkeit so selten geworden ist. Nach ihrer Ansicht ist das Patriarchat nicht der Ausdruck tiefer und in sich ruhender, sondern unreifer Männlichkeit, »denn wahre, verwurzelte Männlichkeit missbraucht nicht«.[22] Was dem Patriarchat fehlt, ist die ausreichende Fühlungnahme mit der inneren Weiblichkeit des Mannes – allerdings seien Männer manchmal auch vom Weiblichen überwältigt, dann fehle ihnen die Verbindung zur männlichen Energie.

Umgekehrt verhält es sich mit der Weiblichkeit im Patriarchat – in der von unreifen Männern dominierten Gesellschaft, die Frauen Ganzwerdung unmöglich machen

wollen, damit sie stellvertretend ihre sogenannte schwache
– ich formuliere: sensible – Seite leben und als Mägde, Be-
dienerinnen, auch sexuelle Dienstleisterinnen, zur Verfügung stehen.

»Bei den zentralen männlichen Archetypen geht es immer um Macht«, schreibt der Franziskanerpater Richard
Rohr, wobei er anmerkt, dass das englische Wort »power«
auch Kraft bedeuten kann. Er fragt: »In welcher Form ist
Macht gut? Wie wird Macht erhalten? Wie wird sie aufge-
teilt und wie kommt sie anderen zugute? Was ist spirituelle
Macht und was ist selbstsüchtige Macht?« Und dann
schreibt er: »Der puer, der uninitiierte Junge, ist durch seine
Naivität bezüglich der Macht definiert. Er misstraut ihr, und
falls er ohne echte männliche Vorbilder großgeworden ist,
wird er sie sogar hassen und keine Gelegenheit ungenutzt
lassen, seine Verachtung gegenüber Macht und Autorität zu
zeigen.«[23]

Genauso verhält es sich mit der »puella«, ergänze ich,
dem uneingeweihten Mädchen, das sich irgendetwas über
Macht aus Büchern anliest, aus klagenden und anklagenden
Erzählungen anderer Frauen zusammenfantasiert. Dabei
tauchen zwei Gefahren auf:

- sich in der »Identifikation mit dem Aggressor« auf die
  Seite der vermeintlich Mächtigen zu schlagen, sie zu imi-
  tieren und zu hoffen, als Mit-Streiterin Anerkennung
  und Beförderung zu erhalten,
- oder als »böses Mädchen« Zoff zu machen und mehr
  oder weniger gutgläubig oder (durchaus berechtigt) zornig kampferprobte Männer zum Nachgeben »um des
  Friedens willen« bewegen zu können. Das ist naiv. Im
  Kämpfen – und ebenso im Intrigieren (auch wenn sie
  diese Taktik gerne auf Frauen projizieren) haben Männer
  jahrhundertelange Erfahrung und passende Modelle.

Tatsächlich sehen wir heute bei den »girlies« ein ähnlich aufmüpfiges Verhalten. In der Transaktionsanalyse[24], einer psychotherapeutischen Schule, die sich vor allem durch ihre Entschlüsselung dysfunktionaler Kommunikationsmuster zur Verbesserung intrapersonaler wie interpersoneller Dialoge hilfreich erweist, entspräche diese Form dem rebellischen Kindheits-Ich (es gibt auch ein brav-angepasstes).

Solch »halbstarkes« Verhalten findet man oft in der Politik: Demagogisch agierende »Volksredner«, meist männlichen Geschlechts, wollen so »die Lacher auf ihre Seite bringen«. Berlusconis seltsame Scherze gehören in diese Kategorie, aber auch manche Brandreden von Gewerkschaftern. In der Frühzeit des europäischen Feminismus wählten auch viele Frauen diesen Stil, zielt er doch meist mit großem Erfolg darauf, die schweigende Menge der Unzufriedenen zumindest zu lautstarker Zustimmung anzustacheln. Mit zunehmender Größe und Gewicht ist diese »rüpelhafte« Form des Protests weitgehend als kontraproduktiv aufgegeben worden; humorvolle oder damenhafte Abwandlungen waren dies aber auch.

Das, was wirklich hilft, ist:

- wahrnehmen, wie die soziale Situation ist – gerecht oder benachteiligend – und wie dieser Zustand aufrechterhalten wird.
- Fernziel, Nahziel und Unterziele definieren; dabei wird frau erkennen, dass sie um Kampf nicht herumkommen wird. Wichtig: Verhandlungen sind auch eine Kampfform! Sie entsprechen nur nicht den Triebwünschen hasserfüllter Frauen, die noch an offenen Wunden aus verlorenen Machtkämpfen leiden (z.B. von einem Partner ausgetrickst worden zu sein).
- Die Wahl der Waffen. Und da bin ich nicht der Meinung,

dass frau eine wohlsortierte »Waffenkammer« verfügbar haben muss. Das ist die Argumentation gewerblicher Waffenschmiede – nicht von kampferprobten Heldinnen. Die wissen nämlich, was jede erfährt, die sich jahrelang in östlichen Kampftechniken geübt hat: In der Ruhe liegt die Kraft, im Überblick die Weisheit, im Respekt der Mut, im Erkennen des richtigen Augenblicks der Sieg. Nur Mägde rennen wütend mit der Mistgabel auf den Gegner los, eine Königin sitzt hoch zu Ross auf dem Feldherrinnenhügel und stützt die anderen mit ihrer Kraft und schreitet erst dann selbst ein, wenn es sich lohnt. Das zu lernen, braucht gut dreißig Jahre Prinzessinnenzeit (oft auch mehr, macht aber auch nichts!).

Der linksradikale französische Abgeordnete Roger-Gérard Schwartzenberg, unter der Regierung Jospin Ende der 1990er-Jahre Forschungsminister, unterscheidet in seinem Buch »Politik als Showgeschäft« die »Personalisierung der Macht« von der »persönlichen Machtausübung«. Während letztere institutionell begründet das Räderwerk der Macht in Gang setzt, arbeitet erstere mit Mitteln der Massenpsychologie, um ein Image aufzubauen, das im Übrigen nicht mit der echten Person übereinstimmen muss.[25] Schwartzenberg zeigt, dass sich wiederum vier »reduzierte Klischees« für diese Inszenierungen eines »Starsystems der Politik« eignen. Da gibt es:

- die Heldenrolle: »den großen, überlegenen Ausnahmemenschen, den Erlöser, den gottgesandten Führer ...«; ich zähle dazu die oft mit einer Kriegs- oder Sportkarriere in der Biografie oder durch die Bewältigung anderer außergewöhnlicher Herausforderungen »geadelten« AufsteigerInnen, wie sie zunehmend für einen Quereinstieg in die Politik geholt werden. Sie wären oberflächlich betrachtet dem Kriegerarchetyp zuzuordnen.

- den »common man«, den Mann von der Straße; Schwartzenberg nennt ihn »Herr Jedermann, hervorgegangen aus der zweiten Ziehung im politischen Lotto und von dort an die oberste Stelle befördert«, mit dem man sich voll identifizieren kann und es vorerst auch tut, den aber die Medien als Parvenü erbarmungslos zerpflücken, wenn »er's nicht bringt«. Wie der naiv-ehrliche dritte Sohn oder die dritte, allzeit duldende Tochter im Märchen, egal, ob es ihm an intellektueller Größe mangelt, wie beispielsweise George W. Bush, oder auch nicht, wie das Beispiel des österreichischen Ex-Kanzlers Alfred Gusenbauer zeigt.

- den »Charmeur, der sich mehr auf seine Verführungskünste als auf seine Überzeugungskraft verlässt, Prototyp des ›jungen Premierministers‹, [...] des Bruders, mit dem man sich solidarisiert, und zwar solidarisiert gegen die Welt der Erwachsenen und die etablierte Gesellschaft als Abbild der Elterngeneration«.[26] In Variation taucht dieser als vermeintlicher »Jungpolitiker«, weil »oft ein Vierziger, manchmal schon ein Fünfziger«, auf, ist meist »mit Diplomen geradezu überhäuft«, weswegen ich ihn lieber als »Technokraten« bezeichne, vor allem aber »mobil, aktiv, dynamisch, stets in Bewegung. Sie verkörpern eine Politik der Aktion, ganz so, wie der amerikanische Film ein Aktionsfilm ist. Sie kommen und gehen, sie laufen und fliegen, immer rascher und immer weiter.«[27]

- den »Vater der Nation, der Autorität ausstrahlende Vormund, Gegenstück zur ›edlen Vatergestalt‹ auf dem Theater«. Ihn kennzeichnet vor allem Weisheit, aber auch Kompetenz. »Der Vater muss vor allem ›sichern‹. Als Schutzgottheit und Protektor muss er durch seinen mächtigen Willen und seine energische Überlegenheit beruhigend wirken.«[28]

Und zu guter Letzt gibt es »noch die weiblichen Politstars, einige als Diven und Primadonnen, andere in der bescheideneren Rolle des Hausmütterchens«.[29] Schwartzenberg schreibt dazu (1977!): »Die Unfrau als Politikerin trägt ihr privates ›Un‹ aus zwei Gründen. Zunächst, weil Frauen an der Spitze eines Staates und einer Regierung, ja selbst eines Ministeriums oder einer Partei, wenig zahlreich sind ... Der zweite Grund ist, dass die wenigen Frauen, die an die Spitze gelangt sind, sich bemühen, ihre weibliche Identität vergessen zu machen.« Er betont, es sei »sicher völlig unangebracht, von in der Politik stehenden Frauen notwendigerweise mehr Sensibilität, Mitleid und Toleranz zu verlangen. Es bleibt dennoch erstaunlich, dass Frauen sich in solchem Maße nach maskulinen Normen ausrichten und das System der männlichen ›Werte‹ akzeptieren, statt ›Gegenwerte‹ aufzustellen, eine politische Gegenkultur zu schaffen, also andere Seins-, Denk- und Reaktionsweisen in der Politik zu zeigen.« Allerdings räumt er ein: »Man kann seine Identität nur ab einer gewissen Präsenzzahl verteidigen und nicht schon bei einigen Notsitzen im Kabinettsaal der Macht.«[30]

Inzwischen würden maskuline Stereotypen fleißig kopiert, schreibt der Politinsider, mit Ausnahme natürlich eines einzigen: »Denn eine gewöhnliche Frau, die dem gewöhnlichen Manne entspräche, hat es natürlich nie und nirgends gegeben, so sehr fordert die patriarchalische Gesellschaft außerordentliche Qualitäten von einer Frau, um sie in die Politik vordringen zu lassen.« Und er ätzt: »Der ›Sexismus‹ wird erst dann verschwunden sein, wenn auch ganz mittelmäßige Frauen, nach dem Bilde der vielen mittelmäßigen Männer, die Ministerämter innehaben, sich auf den Ministersesseln niederlassen können.« Auch existiere die Frau des Typs »Führer aus Charme« nicht, da sie sofort der Frivolität oder Koketterie geziehen würde – »wie es nun einmal einer ›sexistischen‹ Einstellung entspricht.«[31] Das hat die österreichische Gesundheitsministerin Kdolsky, im Zivilberuf Fachärztin und Krankenhausmanagerin, schmerzhaft zu spüren bekommen, als sie – die irgendwann auch einmal eine Gesangs- und Schauspielausbildung absolviert hatte – es wagte, dieses Können bei einem Charity-Event tanzend und singend in all ihrer üppigen Weiblichkeit zu produzieren. Als Jahre zuvor der ehemalige Bundeskanzler Sinowatz, ein wesentlich übergewichtigerer Historiker vom Typ »common man«, sich im Wahlkampf über Animation der Entertainerin Marlene Charell mit Zylinder und Spazierstöckchen im Cancan übte, gab es keine Kritik ...

So bliebe Frauen nur die Rolle der Mutter oder der Heroine, analog dem männlichen Helden, meint Schwartzenberg, wobei Heldinnen meist tragisch enden. Seit seiner Analyse sind allerdings »Technokratinnen« aufgetaucht und im Vormarsch. Denn während die von ihm als strenge Mutter identifizierte promovierte Chemikerin Margaret Thatcher noch kaum in ihrer beruflichen Kompetenz wahrgenommen wurde, wird etwa seit den 1990er-Jahren vermehrt die berufliche Kompetenz gerade bei Frauen betont ausgewiesen – auch wenn beispielsweise wenig auf die Fachkompetenz Angela Merkels als promovierte Physikerin hingewiesen wird; ich führe das auf das prononcierte Engagement der Grünen für ökologische Anliegen oder Menschenrechte und Antidiskriminierung zurück, wofür einerseits biologisches, andererseits juristisches Fachwissen benötigt wird, sowie die gegenüber den traditionellen Parteien starke Präsenz von Frauen als Themenführerinnen.

Technokratinnen unterscheiden sich vom Klischee der Landesmutter, sie sind Führerinnen aufgrund von Kompetenz, nicht mehr nur aufgrund von Beliebtheit. Dass auf Letztere in einer Mediengesellschaft nicht gut verzichtet werden kann, weil bekanntlich ein Bild mehr sagt als tausend Worte, und Spitzenpolitik tagtäglich über den Bildschirm ins Wohnzimmer geliefert wird, scheint unvermeidlich – außer, man würde jeweils in zeitlichem Zusammenhang die Politinszenierung kommentieren, wie es zumindest im österreichischen Nationalratswahlkampf 2008 ansatzweise geschehen ist.

Väter, Helden, Technokraten und Charmeure – erinnert dies nicht an König, Krieger, Magier und Liebhaber? Nur: Braucht ein König, eine Königin nicht alle diese Kompetenzen? Und geht es dabei wirklich um die »Rolle«, die man »spielt«, oder nicht eher um eine Lebensweise, in der man zu herrschen – vor allem sich selbst zu beherrschen – weiß, kämpfen kann, achtsam die eigene Wirksamkeit kontrolliert und das alles, ohne aus dem Zustand der Liebe herauszufallen?

Seelenmusik

Die Anleitungen, die ich dazu in Karriere-Ratgebern gefunden habe, haben mich nicht überzeugt. Sie haben mit der Realität der Konfliktgespräche, Verhandlungen, Sitzungen, wie ich sie als Politikerin, als Führungskraft, als selbstständige Unternehmerin, aber auch als Tochter, Ehefrau und Mutter, kennengelernt habe, wenig gemein – vor allem blenden sie die konkreten Behinderungen aus und tun so, als wäre der »lange Marsch durch die Institutionen« (auch die familiären) ein Spaziergang über eine »g'mahte Wies'n«. Als

Methodenforscherin hat mich immer schon interessiert, was »wirkt« und was nicht – oder anders gesagt: was ich konkret anders gemacht habe, wenn ich in schwierigen Situationen erfolgreich war.

Wovon ich mich dabei – bei mir wie bei anderen – überzeugt habe, ist, dass es von dem energetischen Zustand abhängt, in dem sich eine Person befindet, und wenn man Körper, Seele und Geist (Spirit) als eine Einheit betrachtet, bedeutet das

- eine Körperhaltung der Aufgerichtetheit, der Balance des Stützapparats, der achtsam entspannten Muskulatur und der gleichmäßig fließenden Atmung, die sich in einer »freien« Stimme ausdrückt;

- bewusstes Wahrnehmen und Steuern der eigenen Seelenlage und damit die Erkenntnis, dass wir unsere Gefühle selbst konstruieren können; je mehr Stimmungen wir in unserer emotionalen Werkzeugkiste verfügbar haben, desto selbstbestimmter und überlegter können wir uns für eine im wahrsten Sinn des Wortes stimmige Gefühlsreaktion entscheiden;

- einen Geist der Achtsamkeit (beispielsweise auch in Hinsicht auf eigene Vorurteile und Glaubensmuster), des Gewaltverzichts (indem wir uns z.B. von eigenen Dominanzbedürfnissen verabschieden), des Respekts (indem wir beispielsweise genau hinschauen, wahrnehmen und Rücksicht auf andere nehmen), und einen Geist der Bereitschaft zur Wahrhaftigkeit (z.B. durch Verzicht auf Manipulation, aber auch Selbsttäuschungen und Illusionen).

Üblicherweise findet man diesen ganzheitlich balancierten Zustand als Begleiterscheinung lang praktizierter Meditationsübungen. Diese finden sich überwiegend im östlichen Kulturschatz, im Westen eher nur in der elitären Abge-

34

schlossenheit mancher Klosterkultur, es bewegen sich aber auch einige psychotherapeutische Schulen in Richtung Integration religiöser Weisheiten.

Wenn ich mein Leben überblicke, dann fand ich sowohl in der klassischen Psychoanalyse als auch im personzentrierten Ansatz nach Carl R. Rogers Zugänge ebenso wie im systemischen oder transaktionsanalytischen Denken und in der Körperarbeit, in der Beobachtung und Reflexion des empathischen Spiegelungsgeschehens in der praktischen psychotherapeutischen Arbeit; ich erkannte die Wirksamkeiten in der Sprachgestaltung des Neurolinguistischen Programmierens wie in der – verbalen wie nonverbalen – Machtsprache, wie sie in den Politschulungen vermittelt wurden. Sie schärften meine Erkenntnisfähigkeit, verfeinerten mein Einfühlungsvermögen, präzisierten meine sprachliche Ausdrucksfähigkeit und stärkten mein ethisches Empfinden; aber wirklich in meine Mitte gefunden habe ich – trotz jahrelanger (buddhistischer) Meditationspraxis – erst, als ich in meiner Ausbildung in Pranic Healing erlebte, wie es sich anfühlt, wenn der Heilige Geist in einen eintritt und durch einen wirkt. Da wurde mir klar, was es bedeutet, sich ihm hinzugeben – sich führen zu lassen, aber da ich immer sehr kritisch zwischen den tatsächlichen Phänomenen und möglichen sprachlichen Symbolisierungen und Interpretationen unterscheiden mag, wähle ich folgende Sicht: Wenn ich mich in einen bestimmten Energiezustand bringe – mich also in meiner Leibmitte zentriere, was gleichzeitig Entspannung und Verlangsamung, aber auch mehr Wachheit und Kraftzuwachs mit sich bringt, verändern sich das Denken und Fühlen, das körperliche Empfinden und Intuieren in Richtung Verschmelzung in einem gemeinsamen Mittelpunkt. Dann verschwindet die Angst vor Verletzung ebenso wie die Lust, andere zu verletzen – die Licht- und Schattenanteile der Kriegerin –, genauso wie das Spielen mit oder Flüchten in Fantasie und Lüge, wie es zum Repertoire der Magierin gehört, Sentimentalität verschwindet und urcooles Unbeteiligtsein ... alles unterschiedliche Energiezustände, überprüfbar an den im Computerbild sichtbar gemachten Gehirnaktivitäten, an den mit dem elektrischen Hautwiderstand fühlbaren und zumindest grob mittels Galvanometer messbaren Veränderungen durch die Ausschüttungen chemischer Botenstoffe, die für sensible Menschen oft auch im Geruch von Stresshormonausschüttungen wahrnehmbar sind ... und ob ich nun das Wort Energiezustand oder Bewusstseinszustand oder Seinsweise oder irgendeine Wortneuschöpfung – z. B. »Flow« – anwende, zeigt nur, dass wir uns noch nicht auf eine allgemein akzeptierte Wortwahl geeinigt haben.

Mir geht es darum, darauf hinzuweisen, wie wir von klein auf lernen, die Wechselwirkungen unserer neuronalen Reaktionen zumindest ein bisschen zu regulieren. Manche Menschen wollen das nicht. Diese nennen wir dann gerne asozial oder kriminell, krank oder sündig, je nachdem, welcher Berufssicht wir zuneigen. Dabei wäre es nur nötig, mit den eigenen energetischen Zuständen zu »spielen« wie mit den Tasten eines Klaviers: Wer immer nur eine Taste drückt, schafft nur Monotonie, bei zwei Tasten beginnt ein erster Ansatz von Melodie – bei vielen kann ein Meisterwerk daraus werden.[32]

So können wir Liebhabermelodien feststellen, kriegerische Rhythmen, magische Symphonien und Königsmusik. Ich formuliere gerne die Frage, welche Seelenmusik jemand bei sich oder bei anderen hört – und das ist eine metaphorische Frage nach Energiezuständen.

Lernaufgaben

»Die Lehr- und Gesellenjahre haben wir absolviert«, schreibt die Trainerin Rebecca Bellin-Sonnenburg, selbst seit Kurzem fünfzig Jahre alt, wie dem Klappentext ihres Buches zu entnehmen ist. »Jetzt liegen die Jahre der Meisterschaft vor uns!«[33] Nach ihrer Sichtweise beginnt nun das Königinnendasein. Das mag für Frauen stimmen, die erst spät mit der Gestaltung ihres eigenen Lebensentwurfes beginnen konnten, mit Ausbildungen, Einstieg oder Wiedereinstieg in den Beruf, Trennung von erwachsen gewordenen Kindern oder auch deren Erzeuger (dem von Anfang an erwachsenen Kind) … und die merken, dass Prinzessinnengehabe nicht mehr passt. (Das merken nicht alle!) Sie teilen ihr Leben gleichsam in zwei Hälften, die der Abhängigkeit und die der Selbstbestimmung. Dann ist aber die Grenze nicht die Erreichung des fünfzigsten Lebensjahres, sondern des vierzigsten – oder konkret des zweiundvierzigsten. Wer sich ein bisschen mit seriöser Astrologieforschung beschäftigt hat – in der Jung'schen Analytischen Psychologie unterscheidet man nämlich nicht nur das individuelle und das kollektive, sondern auch das kosmisch Unbewusste[34] –, wird wissen, dass von einer markanten Zäsur nach sechs mal sieben Jahren ausgegangen wird.

Aus meiner Sicht empfiehlt sich hingegen eine Lebensdrittelung in jeweils dreißig Jahre:

- für die ersten dreißig Jahre, die Prinzessinnenjahre, lautet die Lebensaufgabe primär Lernen: Wissen und Können erwerben, vor allem aber lernen, Energie bei sich wie bei anderen wahrzunehmen, bei sich zu behalten, aber auch bei sich wie bei anderen aufbauen zu können;
- für die zweiten dreißig Jahre, die Königinnenjahre, lautet

die Lernaufgabe: das Gelernte anwenden, für sich selbst und diejenigen, die von einem existenziell, das auch emotional bedeutet, abhängig sind; aber auch weiterlernen, vor allem sich vor Energieverlust schützen; dazu gibt es noch eine Aufgabe: salutogen wirken, das heißt, die Gesundheit, das »Heil« wie die Heilung aller im Auge zu behalten, sie zu fördern, zu bewahren, zu mehren und im Fall von Einbußen wieder aufzubauen;

- für die dritten dreißig Jahre, die Königinmutterjahre, lautet die Lernaufgabe Lehren: die Königinnenenergie weitergeben und die nachfolgende Generation unterstützen. Das ist das Schwerste – in die zweite Reihe zurückzutreten und auf Konkurrenz zu verzichten. Deswegen wird diese Aufgabe auch gerne vergessen, verleugnet, verdreht. »For ever young« lautet dann der Kampfruf, und ganze Industriezweige profitieren von den Ängsten vor dem Verlust der Attraktivität, der Lebenskraft, der wirtschaftlichen und sozialen Existenz. Dabei gilt es, sich geistig, seelisch und auch körperlich neu zu definieren, sich neue soziale Bezüge zu eröffnen und Leben phasengemäß realistisch neu zu planen. Das ist Salutogenese auf sich selbst angewandt.

Salutogenese

»Salutogenese« – eine Wortschöpfung des amerikanisch-israelischen Medizinsoziologen Aaron Antonovsky (1923 – 1994) – wechselt vom traditionellen Blickwinkel auf die jeweilige »Pathogenese«, welche nach den Verursachungen von Krankheiten forscht, hin zur Suche nach den Quellen von Gesundheit und Widerstandskraft (»Resilienz«) auch gegen krankmachende Lebensbedingungen, also hin zur Suche nach den Wurzeln von »heil« sein und auch unter extremem Stress »heil« bleiben. Mit anderen Worten könnte man daher die Forschungsfragen Antonovskys folgendermaßen nachformulieren: Was macht den Unterschied aus, dass die Selbstheilungskräfte mancher Menschen schwierigste Belastungssituationen mehr oder weniger ohne Schädigung bewältigen, während andere darunter zusammenbrechen bzw. gebrochen bleiben?

Ausgehend von psychischen Störungen im Zusammenhang mit Schichtzugehörigkeiten und der Konfliktsoziologie entdeckte Antonovsky die Bedeutung von Familien- und Generationenbeziehungen für den Aufbau und die Weitergabe des von ihm sogenannten Kohärenzgefühls. Darunter versteht man die Fähigkeit, Leben als permanenten Wechsel von Höhen und Tiefen zu überblicken und dadurch eben nicht an Tiefpunkten hängenzubleiben. Sein Credo, »Ich bin überzeugt, dass wir uns alle immer im gefährlichen Fluss des Lebens befinden und niemals am sicheren Ufer stehen«[35], nehme ich gerne als wesentlichen Impuls für den Unterschied zwischen Königinnen und Untertanen: Wer die Aufgabe der Königin übernehmen will, muss lernen, zuerst den eigenen Lebensfluss zu überblicken und zu überbrücken, um damit wiederum anderen Anstoß und Vorbild, aber auch Wegbereiterin zu sein.

Heute sind diese Lebensflüsse für Frauen breiter geworden – mit mehr Möglichkeiten als die der Eltern- und Großelterngeneration, aber auch mit anspruchsvolleren Erfolgsanforderungen – und dazu noch länger, was die Lebensdauer betrifft. Die alten Verhaltensmodelle passen nicht mehr. Wir brauchen neue. Solche zu finden bzw. auch zu erfinden, erfordert:

- Kreativität und Vision – das sind Magiereigenschaften;
- Selbstvertrauen – das bedeutet Selbstliebe und Liebe zur Welt;
- Mut – und dazu die Fähigkeit, sich im Widerstreit zu denjenigen, die das Veraltete bewahren oder auch wieder einführen wollen, zu behaupten, ohne sich selbst sozial zu gefährden. Und nach Niederlagen wieder aufzustehen, quasi als Stehaufweiberl, Wunden versorgen, Verbesserungsbedarf akzeptieren, trainieren. Das sind die trivialen wie auch edlen Kriegereigenschaften.

Wo Antonovsky von Verstehbarkeit, Gestaltbarkeit und Sinnfindung bei der Bewältigung der Herausforderungen des individuellen Lebens spricht[36], verändere ich mit meiner eigenen Wortwahl auch den Schwerpunkt der Aufmerksamkeit.[37] Ich spreche von

- Wahrnehmung mit der Betonung auf »wahr«: Was vielfach seelisch krank macht, sind Lügen – Selbstbelügerei[38] inbegriffen. Wo die Liebhaberin noch »schont«, die Kriegerin attackiert und die Magierin manipuliert, sollte die Königin bereits die Macht und Würde besitzen, die Wahrheit zu sagen; die Königinmutter hat sie allemal. Wenn ich aber der – zugegebenermaßen subjektiven, aber hoffentlich einer ehrlichen Gewissensprüfung unterzogenen – Wahrheit ins Auge blicke, kann ich sie auch verstehen, mit all ihren Ursachen, Risiken und Folgen.
- Statt Gestaltbarkeit formuliere ich: alternatives Verhalten finden. Der Begriff der »Gestaltbarkeit« ist mir zu vage. Zu oft habe ich von meinen KlientInnen gehört: »Und wie macht man das?« Beispielsweise in sich hineinhorchen, sich beruhigen, anderen Paroli bieten. Ich frage dann immer nach: »Wenn Sie ein Drehbuch für eine Filmszene schreiben müssten und Sie fragen die Hauptdarstellerin (welche auch immer – ich schlage meist drei,

40

vier bekannte Schauspielerinnen vor, die völlig unterschiedliche Frauentypen repräsentieren), wie sie die Szene anlegen würde – was fällt Ihnen dann ein?« Und dann frage ich weiter: »Und wie könnte man noch reagieren?« Gestaltungsenergie braucht Visionen – geistige Bilder, und die sind Vorbilder, also suchen wir gleich nach Vorbildern samt der Erlaubnis, ihnen nicht folgen zu müssen (wie etwa den Eltern). Ich sage dann häufig, »Eine Möglichkeit ist eine Sackgasse, zwei sind ein Dilemma, bei drei beginnt so was wie Freiheit ...«. Lieben, Kämpfen, Verhandeln – die drei Energiephasen vor Entfaltung der Königinnenkompetenz – stellen solche Alternativen dar; es gibt aber noch weitere.

- Und statt Sinnfindung verwende ich die Formulierung: Verantwortung übernehmen für die Alternative, die nach Prüfung der möglichen anderen gewählt wurde. Aus meinem Unterricht in den verschiedensten Ausbildungen für das breite Spektrum von Gesundheitsberufen kenne ich die verzweifelte Frage: »Wie vermittle ich die Sinnfindung?« So formuliert, zielt die Fragestellung auf das kognitive Denken und eine durchdachte Antwort. Sinnfindung ist aber mehr das Ergebnis eines emotional-intuitiven Prozesses: bei einer Alternative das beste Gefühl haben, spüren, was stimmig ist, den »body shift«[39] erleben.

Salutogenese ist keine Einbahnstraße. Sie umfasst nicht nur Eigenvorsorge, sondern auch die Sorge um die Nächsten, um die Umwelt, um die ganze Welt in realistischer Wahrnehmung der Möglichkeiten, die räumlich und zeitlich zu bewältigen sind. Das ist bei einer Königin weitaus mehr als nur das Wohlergehen der eigenen Familie, des eigenen Teams, der eigenen Institution oder der eigenen Partei.

41

Selbstverständlich verinnerlichte Sorge für den Nächsten befreit vom Energieverlust, der entsteht, wenn man nur an den eigenen Machtgewinn denkt und damit seine Sicht einengt. Erst wenn wir immer auch daran denken, dass wir alle miteinander verbunden sind, zumindest über unsere Atemluft und unsere Energieabstrahlungen, wachsen wir über uns hinaus und können königlich werden.

Prinzessin

»Aber die Erfahrung zeigt, dass Natur und Biologie zur
Erklärung und damit zur Legitimation sozialer
Differenzen (von Berufschancen und Einkommensun-
terschieden) herangezogen werden, dass gerade
naturwissenschaftliche Disziplinen eine biologische
Determiniertheit von Geschlechtsrollen und -identitä-
ten nachweisen wollen.«
S. Rosenberger[40]

Am Anfang ist Erziehung

Erziehungsversuche gibt es nicht nur von den Eltern oder
anderen dafür beauftragten oder auch selbst ernannten
Fachleuten oder Laien. Sie beinhalten aber immer eine Vision, wie die zu erziehende Person werden und sein soll,
richten sich daher nach den Sehnsüchten, Hoffnungen und

Erwartungen der Erziehenden – und haben folglich mehr mit deren eigener Erziehungsbiografie und den daraus folgenden Charakterzügen zu tun. So schrammen sie meist ziemlich weit entfernt an den Erfordernissen der Zeit – weil eben zwanzig, dreißig Jahre nachher – vorbei.

Verliebte Eltern oder Großeltern verwöhnen ihren Nachwuchs auch oft mit Namen wie Prinzchen oder Prinzesschen; die Schlagersängerin Michelle wendet sich sogar mit einem Liebeslied an ihre kleine Tochter: »Kleine Prinzessin«. Und wirklich lassen sich viele Eltern und Großeltern jahrelang von diesen RegentInnen im Kinderzimmer beherrschen, buhlen um deren Gunst und Zuwendung, spielen Dienstbote, Chauffeur und Leibwächter und beruhigen so ihr schlechtes Gewissen, weil sie eigentlich zu wenig Ahnung, Zeit und Nerven für achtsame Beobachtung und pädagogisch angemessene Reaktion besitzen. Genau diese ist aber notwendig, um die konkreten Begabungen eines Kindes, besonders eines Mädchens, zu erkennen und nicht eigene Wunschvorstellungen auf das Kind zu projizieren.

Manche spielen sogar »Kulissenmutter« (Väter mitgemeint), um aus ihren Kindern Stars zu machen, Dancing Queens, Kings of Rock'n Roll oder Fußballkaiser, und vergessen, dass echte Königinnen (Könige mitgemeint) sich ihre Reviere selbst erobern müssen (Erbfolgen ausgenommen, aber auch die müssen verteidigt werden), weil sie sonst keinen Anspruch auf Respekt und Gefolgschaft erheben können. Was aber das jeweilige Revier sein wird – der Kassenbereich im Supermarkt, ein Atelier oder eine Werkstatt, ein Aufnahmestudio oder eine Schulklasse, ein Operationssaal oder die Theke in einem Gasthaus – das herauszufinden ist die Lebensaufgabe der Prinzessinnenzeit (Prinzen mitgemeint).

Eltern oder sonstige LehrmeisterInnen haben bloß die

Aufgabe, darauf gut vorzubereiten – sofern sie dazu überhaupt in der Lage sind. Sonst sollten sie passenden Ersatz »zukaufen«. Aber dazu fehlt vielen der Mut – nämlich eigene Inkompetenz zuzugeben – und die Einsicht, dass es nicht Aufgabe von »Führung« ist, mit den Fürsorgebefohlenen zu konkurrieren. Wird aber behauptet, es fehle nur am Geld, ist das eine Schutzbehauptung: Es gibt Stipendien und Förderprogramme – besonders für Mädchen und Frauen.

Prinzessinnenzeit bedeutet Trockentraining für den Ernstfall: Kämpfen, Gestalten, Regieren. Das aber – mit allen Höhen und Tiefen – muss jeder Mensch immer allein (selbst wenn man Teil eines Teams ist).

Wenn wir wieder an die vier großen Archetypen und die jeweils durch sie symbolisierte Energie denken, wird deutlich, in welcher Reihenfolge, in welchem Ausmaß und in welcher Begeisterung ein Kind von selbst diese vier Energien integriert:

- vom zärtlichen Lieben (Zärtlichkeitshunger in den ersten eineinhalb Lebensjahren) zum
- aggressiven Kämpfen (sogenannte »erste Trotzphase« – besser »Selbstbehauptungsphase« um den zweiten Geburtstag); von der
- kreativen Gestaltung der eigenen Welt und Umwelt (Herzeige- und Imitationsphase um den dritten Geburtstag herum) bis zum
- Erkennen sozialer Erfordernisse und der eigenen Aufgabe dabei (in den beiden Jahren vor dem Schuleintritt).

Die Reihenfolge lautet also anders als bei Moore und Gillette gemäß der psychosexuellen Entwicklung[41] eines Kindes: Liebhaberin, Kriegerin, Magierin, Königin.[42]

Man braucht Liebe zum Leben und seinen Herausforderungen – und lieben lernt man in Beziehung zu einem »antwortenden Du«.[43] Man braucht aber auch Kampfgeist, die

Zähigkeit, Ziele zu verfolgen, und dazu noch die Disziplin, auf alles Unnötige zu verzichten, was das jeweilige Ziel gefährden könnte – und ebenso einen Friedensgeist, Diplomatie, die Kunst, Konflikte gewaltverzichtend zu lösen und damit zu heilen, das heißt Gegensätze zu vereinen, und das bedeutet eine höhere Form von Liebe.

Mädchen wurden traditionell (in Mitteleuropa durchgängig bis in die späten 1960er-Jahre) nur das – möglichst asexuelle – romantische Lieben und die liebevolle Ausschmückung häuslicher Innenwelten, Garten inbegriffen, zuerkannt. »Sie heiratet ja ohnedies – wozu braucht sie einen Beruf?« war damals der Dauersatz bildungsfeindlicher, weil ungebildeter Väter, und die Mütter stimmten dem zu, galt ihnen doch auch noch Ehe als einzige Daseinsberechtigung und Existenzvorsorge, wie unglücklich diese auch sein mochte. (Ein zweiter, oft gehörter Satz aus der damaligen Zeit lautete: »Was braucht die so viel Geld – ein lediges Mädel?« Heute traut sich zwar kaum mehr ein Mann, der sich als zivilisiert betrachtet wissen will, so etwas Diskriminierendes auszusprechen – aber die Denkweise herrscht immer noch vor.)

Ich erinnere mich noch gut an die Verkleidungsspiele meiner Kindheit: Fast alle wollten Prinzessinnen sein, ich hingegen Zigeunerin – eine meiner ersten Erfahrungen als Außenseiterin, vielleicht aber auch ein erstes Omen für meinen späteren Berufsweg. Auch dass ich mich gerne bei den Roma und Sinti herumtrieb, die damals immer wieder mit ihren Plachenwägen auf einer verwüsteten Freifläche in der Nähe meiner elterlichen Wohnung campierten, und ich dementsprechend oft selbst »verwahrlost« heimkam, widersprach der Pflicht zu lieblicher mädchenhafter Adrettheit.

Dementsprechend sah damals auch der Unterricht aus: Koedukation war noch ein Fremdwort; so war es für mich mehr als überraschend, als ich nach drei Jahren Grundschule in einem kleinen Ort an der tschechischen Grenze in die Übungsschule der Lehrerbildungsanstalt einer mittleren Großstadt im Süden Wiens übersiedelte und plötzlich mit Knaben in einer Klasse saß, dementsprechend auch bald mit »unanständigen« Informationen vorsorgt wurde. Da ich mangels erlernter Schweigegebote dieses neue Wissen stolz weitergab, sah ich mich auch bald einem Disziplinarverfahren gegenüber – und dieses blieb, wie mein weiterer Lebensweg beweisen sollte, nicht das einzige.

»Beim ersten Mal, da tut's noch weh – da glaubt man, dass man es nie verwinden kann«, lautete der Text eines Chansons, gesungen von Hans Albers, das mein Schallplatten sammelnder Vater damals als eine der ersten heimbrachte, »doch mit der Zeit, so peu à peu, gewöhnt man sich daran ...«

Es hat lange gedauert, bis ich lernte, wie und warum Außenseitertum gesellschaftlich konstruiert wird. Und es lag sicher an meiner damals schon aufflammenden Gewissheit, ungerecht behandelt worden zu sein, und dem Schmerz, kein Verständnis, keinen Beistand gefunden zu haben, weshalb ich später Rechtswissenschaften studierte. Und noch später führte es dazu, als ich herausgefunden hatte, dass es auch dazu Ausbildungen gab, und ich die Motivationen selbsternannter, selbstgefälliger und selbstgerechter Pseudorichter – Priester inbegriffen – zu verstehen verlangte, dass ich mich der Tiefenpsychologie zuwandte.

47

Mangelnde Modelle

Frauen in gehobenen Positionen existierten damals nur im britischen und niederländischen Königshaus bzw. den bunten Blättern, die beim Friseur auflagen. Da mein Vater 27 Sprachen sprach und dementsprechend einige ausländische Zeitungen bezog, war mir schon in meiner Volksschulzeit[44] das dänische Königshaus mit seinen vier Prinzessinnen vertraut und damit auch die – in den Gazetten nur so nebenbei eingestreute – Information, dass diese Frauen studierten, Recht, Staatskunde, Volkswirtschaftslehre ... und dass Frauen das überhaupt konnten und auch sollten. Das wollte ich auch.

Mein Vater hatte mich zwar nach der sechsten Schulstufe vom reinen Mädchenrealgymnasium – mit Dispens, weil es eben damals noch keine Koedukation gab – in das altsprachliche reine Knabengymnasium umgeschult, allerdings mit dem Ziel, dass ich wie er Germanistin bzw. Anglistin werden sollte. Wie unterschied sich doch der Unterricht dieser beiden Schulen!

Während es in der Mädchenschule nur im Turnunterricht und in Handarbeiten so etwas wie Leistungserfordernisse gab – schön musste »es« sein, die Grazie der Bewegung wie auch die Ästhetik der Stickereien –, hieß es in der Knabenschule immer wieder, wir sollten Elite werden, Führungskräfte, Wissen sei Macht, Bildung die Eintrittskarte für Aufstieg und Einfluss, insbesondere die humanistische, sie hebe einen von der Masse ab. Vermassung hieß auch das Abscheuwort unseres Klassenvorstands, der im Zweiten Weltkrieg ein Auge eingebüßt hatte, aber noch immer »der Starke ist am mächtigsten allein« zitierte; daheim predigte mein Vater ergänzend: »Nur nicht mit den Wölfen heulen«.

Ich wollte nicht Germanistik studieren; wenn schon Lehramt, dann Altgriechisch und Latein. In der Berufsberatung kurz vor dem Abitur (das ich mit Auszeichnung ablegte, was eigentlich ein Hinweis zumindest für Disziplin, wenn nicht auch für Begabung war), empfahl mir der staatliche Berufsberater, ich sollte Industriedesignerin werden, weil mein Test ergeben hätte, dass ich doch so kreativ wäre und außerdem gut zeichnen könne. (Fantasien von einem Kunststudium hatten mir meine Eltern schon Jahre zuvor ausgetrieben, als eine Freundin der Familie berichtet hatte, dass ein bestimmter Professor von einer bestimmten Studentin Oralsex eingefordert hätte.) Den Kommilitonen hingegen empfahl er Jura, Medizin, Astronomie, Meteorologie – für mich ein klassisches Beispiel, wie Mädchen schon bei der Berufswahl »vom rechten Weg abgehalten« werden können.

Dass ich mich dann für Jura entschied und dies auch gegen den Willen meines Vaters durchsetzte, hatte mit einem ernsthaften Konflikt nach bestandenem Abitur zu tun: Im Disput der Studienwahl hatte ich den massiven Bedenken meines Vaters, alle anderen Studien außer Lehramt wären für Frauen aussichtslos, im Kampf um meine Selbstbestimmung voll Empörung entgegengeschleudert: »Du hast schon gewusst, warum du ein Mädchen aus mir gemacht hast!« Diese Majestätsbeleidigung war ihm Grund genug, mich im wahrsten Sinn des Wortes unmittelbar vor die Tür zu setzen. Verbannung! Vom tyrannischen Vater verstoßen, von der stumm schweigenden Mutter im Stich gelassen, begab ich mich ganz wie im Märchen auf die Suche nach »guten Menschen«. Andere Modelle für solch eine Situation kannte ich damals noch nicht.[45] Ich fand sie in der Volksbuchhandlung – dem einzigen Ort, an dem ich mich mit väterlichem Wohlwollen aufhalten durfte – und in einer der beiden Angestellten, Lona Murowatz, einer Funktionärin und späteren Nationalratsabgeordneten der SPÖ.[46] Sie war auch eine Art Außenseiterin, denn sie hatte sich kurz vorher den dritten Ehemann zugelegt, was man in der damaligen Zeit nur von amerikanischen Filmstars kannte – und grundsätzlich verdammte. Über sie bekam ich sofort am nächsten Tag einen Vorstellungstermin im Außenministerium, durfte meine Qualifikation in Fremdsprachen, Stenografie und Maschineschreiben demonstrieren, und hätte aufgrund meiner hervorragenden Stenografieleistung – ich hatte den Schulkameraden immer in den Pausen die Steno-Hausaufgaben geschrieben – als Schreibkraft beginnen können. Allerdings mit der Einstufung in Dienstklasse D; männlichen Abiturienten stand die Stufe B zu. Aber diese Diskriminierung erkannte ich damals noch nicht, zu sehr war ich, wie wir fast alle damals, darauf geschult worden, Autoritäten widerspruchslos zu folgen. Rechtswissenschaft zu studieren, war damit kompatibel – für die Vorlesungen, die nicht am Abend stattfanden, gab es dreimal die Woche spätabendliche Paukkurse.

Als mein Vater erkannte, dass ich nicht winselnd um Gnade flehen würde, sondern mich selbst organisieren konnte, ließ er sich auf Bitten meiner Mutter erweichen, wieder mit mir zu reden, mich wieder in der elterlichen Wohnung aufzunehmen und mir sogar das Studium zu finanzieren. Dass ich aus berechtigtem Misstrauen in Bestzeit[47] meine Prüfungen ablegte, ist als reine Fluchtstrategie zu verstehen. Wirklich zu »studieren« begonnen habe ich erst, nachdem ich ungeliebtes »hässliches Entlein« meine »Schwäne« – die psychoanalytischen Sozialtherapeuten[48] – gefunden hatte.

Was ich in dieser Episode meines Lebens gelernt, das heißt unbewusst entwickelt, später immer wieder praktiziert, im Zuge meiner Lehrtherapien bewusst erkannt, als Methodik strukturiert und danach auch an viele andere weitergegeben habe, ist:

- in ungewohnten, ja beängstigenden Situationen soziale Kreativität zu entwickeln;
- Angst und Schmerzen zu ertragen (zwar vorerst noch weinend und jammernd – erst viel später kam ich darauf, wie das methodisch wesentlich besser bewerkstelligt werden kann);
- ohne falsche Scham und Scheu Rat und Beistand anderer Menschen zu suchen und Hilfe auch anzunehmen;
- bei sich und seinen Werten zu bleiben, auch wenn man dabei Gefahr läuft, aus der gewohnten sozialen Gemeinschaft herauszufallen, und
- Gegnern, wenn sie kompromissbereit sind, »weich« entgegenzukommen, sodass auch diese »ihr Gesicht wahren« können.

Von meinen ehemaligen Schulkolleginnen der Mädchenschule gab es außer mir nur noch eine andere, die ebenfalls Rechtswissenschaften studierte und auch abschloss. Alle anderen brachen ab, meist wegen einer Muss-Heirat. Die »Pille« kam ja erst in diesen Jahren auf den Markt, und nur sehr progressive Gynäkologen – weibliche gab es damals in meinem Umfeld noch keine – wagten es, sie zu verschreiben; sie wurde aber auch deshalb nicht verschrieben, weil die Volljährigkeit und Eigenbestimmung damals erst mit 21 Jahren erreicht wurde. Von meinen Klassenkameraden hingegen absolvierten nur drei von fünfzehn keine weiterführende Ausbildung, hingegen schlossen drei akademische und neun universitäre Studien ab.

An der rechtswissenschaftlichen Fakultät unterrichteten damals nur drei Frauen: Sibylle Bolla-Kotek, eine sehr männlich wirkende, große, hagere Frau mit Männerhaarschnitt und englischem Kostüm, sie galt als einzige Professorin als unbestrittene Spitzenkraft in Römischem Recht; die beiden anderen waren Kirchenrechtlerinnen und noch nicht mit Professorenehren ausgestattet. An den Namen der weiblicheren Dozentin, damals ebenfalls eine Art Exotin, Inge Gampl[49], kann ich mich noch gut erinnern; den der anderen habe ich vergessen, sie hat mich offenbar nicht wesentlich beeindruckt. Als Identifikationsfiguren für die Verbindung eines sogenannten Männerberufs mit einem traditionellen Frauenlebensentwurf waren sie alle nicht geeignet, wir wussten ja nichts von ihrer Privatheit, hielten sie für kinderlos und jenseits so aller damaligen Normen für weibliche Attraktivität. An der Hochschule für Welthandel – heute Wirtschaftsuniversität –, an der mein damaliger, wie es heute so euphemistisch heißt, »Lebensabschnittspartner« studierte und wo ich auch etliche Lehrveranstaltungen besuchte, gab es überhaupt keine Frauen.

So konnte auch der damals jüngste ordentliche Professor Österreichs, und zwar für Verfassungs- und Verwaltungsrecht, in der ersten Vorlesung für StudienanfängerInnen, »Einführung in das juristische Denken«, ätzen: »Ich sehe schon wieder so viele Damen ... meine Damen, was wollen Sie hier? Wenn Sie ein Visitkartendoktorat haben wollen, studieren Sie doch Theaterwissenschaften! Aber sitzen Sie nicht Ihren Kommilitonen die Plätze weg!« Wer nun aber meint, dass diese Diskriminierungen zwischenzeitlich verschwunden sind, irrt: An der Universität Graz gibt es einen ebenfalls Recht unterrichtenden Professor, der sich mit Sätzen profiliert wie: »Meine Damen, setzen Sie sich bitte in die letzte Reihe – ich halte den Geruch von Menstruationsblut nicht aus!« Und erst jüngst berichteten mir angehende Juristinnen von einem Professor in Wien, der, als eine nervöse Studentin bei der Prüfung versagte, ein Viereck, das vier Kreise enthielt, an die Tafel zeichnete und sie fragte, ob sie

wisse, was dies sei, und als sie verneinte, höhnisch trium-
phierte: »Ein Herd! Und dort gehören Sie hin!«[50]

Die französische Psychoanalytikerin Marie-France Hirigoyen zählt solche Verhaltensweisen zur klinischen Diagnose von Perversität: Man baut sein eigenes Selbstwertgefühl
darauf auf, indem man andere herabwürdigt, um dann über
sie triumphieren zu können.[51]

Die Frauen schwiegen und schweigen noch immer – aus
Angst vor Repressalien bei Prüfungen, aus Mangel an Ver-
haltensmodellen, aus Energiemangel –, insbesondere aufgrund mangelnder Unterstützung durch andere Frauen. Und
auch aus Schüchternheit. Diese enttarnt die PR-Fachfrau
Margit Schönberger sehr treffend: »Schüchternheit kann die
Folge von fehlendem Lob und fehlender Aufmunterung
sein, sich selbst etwas zuzutrauen.«[52] Ich ergänze: und davon,
dass furchtsame Mütter ihre Ängste auf ihre Kinder übertragen, wenn sie ihnen jegliches Experimentieren mit der
eigenen Körperkraft vermiesen oder verbieten. Im Zeitalter
berufstätiger Frauen und folglich auch Waschmaschinen,
wenn frau nicht mehr nur als »Zuckerbäckererscheinung«[53]
putzig und vor allem steril sauber zu sein hat, sollten Kinder
beiderlei Geschlechts die Natur draußen ebenso bezwingen
lernen wie die innere, Beschädigungen des Aussehens, damit
auch der Kleidung, inbegriffen. Als ich selbst meinen ersten
Kurs in Selbstverteidigung absolvierte, erkannte ich plötzlich, wie sehr das mütterliche Gebot »Pass auf dein Hand-
täschchen auf!« bewirkt hatte, dass meinen Händen das
Festhalten dieses Objekts wichtiger war als meine Unversehrtheit zu schützen oder gar die Handtasche als Schlag-
waffe einzusetzen.

Lernen, »in Energie« zu denken

Was immer wieder fehlt, ist die Kampfenergie wie auch die strategische Königinnenenergie. Liebe und Magie, die zwei »weiblichen« Energieformen, können zwar – sich selbst zugetan – helfen, die eigene Gesundheit zu sichern; andere gesünder, das heißt seelisch und geistig fürsorglich (und damit wiederum Fürsorglichkeit spendend), machen sie auf diese Weise nicht. Um aber auf andere therapeutisch wirken zu dürfen, bedarf es einer Erlaubnis – eines Arbeitsvertrags. Anderenfalls ufern die Versuche vom Helfersyndrom zum unerbetenen Manipulationsversuch aus.

Wir symbolisieren unsere Wahrnehmungen in Sprache (aber auch in Körpersprache oder in Bildern, Tönen etc., mehr oder weniger kunstvoll, mehr oder weniger verständlich). Sprache beinhaltet nicht nur Worte und Grammatik, sie macht die »Musik unserer Seele« laut: Wir können aus dem Rhythmus der Atmung, der Artikulation, der Tonlage, dem Timbre und allenfalls dem »globulus hystericus«, dem »Kloß im Hals«, auf die Emotionen – und deren Begleitung durch die jeweilige Ausschüttung chemischer Botenstoffe im Gehirn – schließen. Mithilfe bildgebender Verfahren können wir solche Prozesse sogar sichtbar machen, seit Kurzem klar verstehbar nachzulesen in Joachim Bauers Bestseller »Warum ich fühle, was du fühlst« – in der Psychotherapie seit Langem bekannt und genutzt, seitdem etwa Sigmund Freud (1856 – 1939) über frei schwebende Aufmerksamkeit dozierte oder Carl R. Rogers (1902 – 1987) akzeptierende Empathie zur Einfühlung und zum Verstehen der Seelenlagen anderer Menschen propagierte.

Wenn also bereits in frühester Erziehung Mädchen (und umgekehrt Jungen) bestimmte »Haltungen« – geistig, seelisch, und damit immer auch körperlich – ausgeredet werden, wird ihnen die jeweilige Energieform verboten, andere wiederum werden empfohlen.

- Liebesenergie zeigt sich in tiefer Atmung bei geweitetem Brustkorb (»offenem Herzen«): Die Muskulatur ist entspannt, daher unwillkürliches Lächeln, glänzender Blick, vertiefte Stimmlage und ein verstärkt spürbarer Blutfluss in den Extremitäten. Bei Mädchen wird sie als Anmut belobt, bei Jungen verspottet.

- Kampfenergie zeigt sich in beschleunigter, oft gepresster Atmung, Muskelanspannung, verkniffenem Mund, vorgerecktem Kinn, verkniffenen Augen, fauchender Stimme und einem Anstieg des Blutdrucks: Der Körper macht sich kampfbereit (bzw. auf animalische Weise paarungsbereit, daher spricht man ja auch vom »Kampf der Geschlechter«. Die Gegensätze Kampf und Liebe zu einigen, stellt den Beginn der Entwicklung von spiritueller Liebe dar, für Männer ein schwieriger Weg, weil er die Überwindung des Zeugungszwangs beinhaltet, Frauen tun sich aufgrund ihrer potenziellen größeren Aufnahmefähigkeit leichter). Männer in diesem Zustand werden bewundert, gefürchtet, jedenfalls anerkannt, Frauen als Zicken oder »Bissgurn«[54] verdammt.

- Heilungsenergie zeigt sich bereits darin, dass Kampf- und Liebesenergie ausbalanciert sind: Sie ist nur an der ausgestrahlten großen Ruhe und Kraft bei gleichzeitigem Verzicht auf narzisstischen Gewinn etwa von Bewunderung, Gefolgschaft, Gehorsam erkennbar; Heilungsenergie zielt auf Verbesserung von Leidenszuständen. Wenn dabei zu deutlich Liebesenergie demonstriert wird, kann man mit großer Wahrscheinlichkeit Scharlatanerie vermuten – oder eben Verliebtheit in die eigene Identität als HeilerIn. Überwiegt hingegen die Kampfenergie, wird ein Dominanz- und Unterordnungsanspruch erkennbar, und der ist nicht heilsam, sondern verhindert Entwicklung, Wachstum und Selbstbestimmung. Ich werde oft gefragt, woran man gute TherapeutInnen erkennen könne, und ich rate dann: »Leisten Sie ihm/ihrWiderstand!« Am Verhalten im Konfliktfall erkennt man, ob jemand Harmonie, Anpassung oder Sieg, Unterwerfung wichtiger sind als authentisches und respektvolles Feedback. Von Ingeborg Bachmann stammt der Satz: »Die Wahrheit ist dem Menschen zumutbar.« Das, was Menschen krank macht, ist die Lüge – auch die Selbstbelügung. Was heilt, ist Wahrheit.[55]

Wenn in Liebe oft die Sprache versagt und im Kampf dem Kampfschrei weicht, formt Magie gezielt Wortzauber. Nicht umsonst haben die »Väter« des Neurolinguistischen Programmierens, Richard Bandler und John Grinder, eines ihrer Grundsatzbücher »Die Struktur der Magie« genannt, und der Begründer der systemischen Kurztherapie, Steve de Shazer, wählte für sein grundlegendes Lehrbuch den Titel »Worte waren ursprünglich Zauber«. Ich habe in meinem Buch »Wort auf Rezept« versucht, zu zeigen, dass wahre Heilung und autoritäre Überheblichkeit einander ausschließen. Die große Gefahr, die ich heute im Anwachsen so vieler esoterischer Heilweisen sehe, ist der Mangel ihrer AbsolventInnen an salutogener Sprachbeherrschung.[56]

● Königsenergie vereint alle diese Energieformen in Balance, aufrecht und aufrichtig, fürsorglich für sich wie für andere, mutig und salutogen. Und sie ist zeitlos – sie vereint das Wissen über die Tradition der Vergangenheit, erkennt die Gegenwart und erahnt die Zukunft. Damit ist sie auch spirituell: Da sie Verantwortung auch für die Folgen übernimmt, ist sie auf Nachhaltigkeit ausgerichtet. Deswegen ist die Aufrichtung so wichtig – denn sie ermöglicht den Überblick und damit die Entwicklung von Strategien.

Liebe und Magie, die Frauen gestatteten Energieformen, helfen selten gegen Demütigung, Ungerechtigkeit, Verrat, GewalttäterInnen und »Menschenschinder«, wie sie oft in Vorgesetztenpositionen anzutreffen sind und leider auch in privaten Beziehungen. Sie helfen möglicherweise, sich selbst als »edel, hilfreich und gut« zu definieren und sich damit über andere – ehrlichere – zu überheben, Konflikte und ihre Folgen für den eigenen Energiehaushalt zu verleugnen und solche Soziopathen zu »schonen«. Macht über andere zu besitzen, ist ein Risikofaktor für menschenverachtendes, gesundheitsschädigendes Verhalten. Das haben Experimente wie die von Milgram[57] oder Zimbardo[58] nur zu deutlich aufgezeigt.

Wenn also Frauen dazu erzogen werden, »Nur keinen Verdruss!« zu machen – wie es mir meine Großmutter immer wieder jammernd anriet –, ist dies ein Versuch, gute Mägde oder Sklavinnen zu erziehen; das mag im 19. Jahrhundert gepasst haben, als die meisten Frauen mangels Berufsausbildungen und gehobener außerhäuslicher Erwerbsmöglichkeiten nur im Gut-dienen-Können eine Art Existenzsicherung fanden. Ins Gegenteil, ins »Herr-schen«, zu wechseln, mag zwar kurzfristig aggressive Bedürfnisse befriedigen – problemlösend ist das nicht: Herrschaft beinhaltet eine lineare Denkweise auf der Basis der Vorannahme, dass eine/r besonders gescheit ist und die anderen sich ihm oder ihr daher zu unterwerfen hätten; dieses Gescheiter-Sein wird meist mit höherem Alter oder mehr an Ausbildung verbunden und in Sätzen wie »Seit wann ist das Ei klüger als die Henne?« propagiert – eine Unterwerfungsstrategie mit Tendenz zu krebsartiger Auswucherung.

Aus Schneeflocken des Niedermachens kann nur allzu

leicht eine Lawine der sozialen Zerstörung werden, deswegen ist die Wahrnehmung ohne Scheuklappen so wichtig: damit rechtzeitig ausgewichen oder eine Barriere errichtet werden kann. Zu solch einer Grenzbefestigung braucht man meist noch andere – und um die als Verbündete, als HelferInnen zu gewinnen, muss man ihnen die tatsächliche Sachlage und deren Dringlichkeit beweisen. Denn meist folgt als Erstreaktion:

- Ungläubigkeit;
- dann wird versucht, zu verharmlosen, umzudeuten, zu rechtfertigen;
- dann kommen Beschwörungsformeln, man könne ohnedies nichts ausrichten –
- und erst wenn man all diesen Verleugnungsversuchen widerstanden hat, folgt die Bereitschaft, solidarisch zur Seite zu stehen. (Auch nicht immer!)

Ich empfehle meinen Klientinnen, vor allem aber meinen Studentinnen in solchen Fällen, zuallererst derartiges Fehlverhalten von »Vorgesetzten« mit genauen Zeitangaben möglichst wörtlich zu dokumentieren, dann erst interne Öffentlichkeit herzustellen, also weiter zu informieren, beispielsweise die Personalvertretung (als StudentInnen die Fachschaft) bzw. die Gleichbehandlungsbeauftragten, es reichen oft aber auch Freundinnen/Freunde oder Bekannte, und erst nach Abstimmung der Vorgehensweise und Prüfung möglicher Negativfolgen gemeinsam die externe Öffentlichkeit, wer auch immer Aufsichtsfunktionen besitzt, möglicherweise auch Medien, in Kenntnis zu setzen. Das alles braucht Zeit und einen »langen Atem« und kann auch in der Erkenntnis münden, besser abzuwarten, als aktiv zu werden, hilft aber, Modelle sozialer Kreativität, insbesondere von Solidarität und Energieaufbau einzuüben und – anderen wiederum Vorbild zu sein.

Gegen Machtmissbrauch und Gewalt hilft nur Öffentlichkeit, und die nicht zu scheuen, gehört zu den kriegerischen Lernaufgaben der Prinzessin.

Falsche Ratgeber

Je älter eine Frau wird, desto häufiger wird sie mit der Erwartung konfrontiert, sich anzupassen, meist als guter Rat getarnt, oft von angeblich erfahreneren jüngeren Männern, oft auch von älteren und einflussreichen Männern, und zunehmend auch von Frauen. In jedem Fall ist dabei zu hinterfragen, welches Ziel diese MentorInnen verfolgen und worin konkret deren Vorteil besteht, wenn frau sich ihrem Rat anpasst. Sicher nicht Altruismus, denn der ist eine Form von Abwehr: Abgewehrt werden die eigenen unbewussten Gewinnbestrebungen, vielfach auch bekannt als Helfersyndrom, oder, noch klarer formuliert, eigene Karriereziele und dazu noch allmächtige Kontrolle über mögliche Konkurrenz, besser bekannt als »Management by Herodes«: den besten Nachfolger orten und vernichten.

Patriarchal orientierte Männer, die um jeden Preis die Oberhand behalten wollen, kennt auch die Schweizer Psychologin Maja Storch; sie zitiert Sitzungen, in denen Frauen niedergeredet werden, mit Killerphrasen eingeschüchtert und Gegenargumente beharrlich ignoriert werden – eine Erfahrung, die wohl jede Frau im Laufe ihres Lebens macht. Sie schreibt: »Statt sich in Dialogen gemeinsam um Verständnis zu bemühen, führen sie Verhandlungskriege, in denen es um Sieg oder Niederlage geht.«[59] Dabei sind sich die meisten dieses unfairen Verhaltens gar nicht bewusst, ist mir aufgefallen; sie meinen einfach, das Recht der Gedanken- und Sprachkontrolle über andere zu haben und Abweichungen von ihrem Weltbild mit Vernichtungshandlungen ahnden zu dürfen.

Ich selbst habe immer wieder erlebt, dass kooperatives Verhalten als Schwäche ausgelegt wird und Frauen dadurch insgeheim in die Zwickmühle getrieben werden: Bleiben sie inaktiv, werden sie als »nicht satisfaktionswürdig« angesehen – eine Sichtweise, die spätestens seit dem 19. Jahrhundert, nachdem Duelle verboten wurden, als hoffnungslos veraltet bewertet werden sollte! Werden sie hingegen aktiv, kann man ihnen vorwerfen, keine »richtigen Frauen« zu sein. Bedächtiges Verhalten wiederum wird als manipulative Strategie definiert: In meiner Zeit als Kommunalpolitikerin kam es des Öfteren vor, dass ich mich als Letzte zu Wort meldete; ich brauchte einfach mehr Zeit zum Zuhören und Nachdenken, auch Mut, mich mit meinen Gedanken zu exponieren, war ich doch damals die jüngste Bezirksrätin Wiens und unbesehen meiner beruflichen Qualifikation als Mutter eines Babys und eines Kleinkinds statusniedrig; wenn ich in einer Art Torschlusspanik gerade noch vor Abschluss der Veranstaltung auf die Frage: »Gibt es noch eine Wortmeldung?« aufzeigte, wurde mir das vom Klubobmann als besonders raffinierte Strategie ausgelegt, Aufmerksamkeit auf mich zu ziehen! Und wenn schon!, sage ich heute. Es ist durchaus legitim, Aufmerksamkeit erheischen zu wollen, wenn man etwas zu sagen hat. Im Laufe der Zeit wurde mir aber klar, dass die meisten Männer darum eifern, am »hervorragendsten« zu sein; sie gieren dabei um die Zuwendung eines Pseudovaters oder einer Pseudomutter, in letzterem Fall noch dazu sexuell gefärbt. Und eben weil ihre sexuelle Aufmerksamkeit sich auf die Frauen richtet, die sie als chancenreicher bei der Ersatzvaterfigur wähnen oder gerne erobern würden, sich aber dazu nicht erfolgreich genug fühlen, glauben sie jenseits jedweder realen Berufswirklichkeit, gegenüber Frauen benachteiligt zu sein. Sie meinen einfach, Frauen wären genauso herrschaftssüchtig und damit auch versessen auf's »phallische Protzen« wie sie.

Zu mir kommen oft Frauen, die vorher von Kolleginnen gecoacht worden waren, Kolleginnen, die sie »aufgerüstet« und »in den Krieg« geschickt haben; diese Frauen haben erkannt, dass sie mit dieser Kampfstrategie nicht gewinnen konnten, sondern im Gegenteil Energie, Kooperationschancen und Ansehen verloren haben. Nun kann es schon mal passieren, dass ein Coach eine Situation falsch einschätzt. Deswegen ist es wichtig, sich dessen konkrete Berufsbiografie genau anzusehen und auch nachzufragen: Wie viel höchstpersönlichen Einblick hatte die beratende Person bisher in das Berufsfeld, für das sie Beratungskompetenz beansprucht? Nur KlientInnenerfahrung »aus zweiter Hand« reicht nicht. Es würde ja auch kein Fußballverband einen Coach engagieren, der nie selbst gekickt hat.

Nun gibt es aber nur wenige Frauen, die wirklich in Entscheidungsgremien mitgewirkt haben und ihr Wissen professionell anbieten. Das ist sehr schade. Deswegen präsentieren sich nach wie vor nur ehemalige Topmanager, wenn sie ihre Jobs verloren haben (Topmanagerinnen verlieren ihre Jobs üblicherweise nur als Politikerinnen), als Konsulenten mit eigener Firma, und nur wenige sind so korrekt, im Zuge dessen eine Beraterausbildung nachzuholen. Hingegen kenne ich etliche Topmanagerinnen, die während ihrer verantwortungsvollen Tätigkeit zusätzliche Counseling-Qualifikationen erwerben – einfach um ihre Mitarbeiterschaft besser verstehen und unterstützen zu können.

Traditionell wurden Prinzessinnen auf die Paarung mit einem möglichst mächtigen König vorbereitet, und das machte durchaus Sinn, wenn dadurch Allianzen begründet oder gefestigt werden konnten. Gerade in Österreich galt in Zeiten der Monarchie der Wahlspruch »Bella gerant alii tu felix Austria nube!« (»Die anderen sollen Krieg führen, du glückliches Österreich heirate!«). Das Glück lag also im Machtzuwachs für Staat und Regent – nicht in der Gestaltungsmacht der Frau.

Auch wenn heute in den Großstädten bereits mehr als jede zweite Ehe geschieden wird und alleinerziehende, armutsgefährdete Mütter übrig bleiben, die, oft vergebens, um Alimente kämpfen müssen, hält sich noch immer standhaft die Illusion vom Frauenglück durch Heirat. Wie oft habe ich von verlassenen Frauen den selbstanklagenden Satz gehört: »Ich habe es halt nicht geschafft, ihn zu halten!« Ich ätze dann manchmal: »Aber ein Mann ist doch kein Hund, den man anleint!«, wohl wissend, dass »halten« auch im Sinne der sozialarbeiterischen »holding function« verstanden werden könnte. Und ich weise dann immer auch darauf hin, dass gelingende Zweisamkeit immer auch bedeutet, den einzigartigen Wert der anderen Person anzuerkennen, und darauf basiert, Konflikte zu bearbeiten und Verträge einzuhalten oder gemeinsam zu modifizieren. Wer nicht derart paktfähig ist, disqualifiziert sich als Vertragspartner. Und meist suchen Vertragsbrüchige noch die Schuld bei irgendeinem anderen, um sich selbst zu entlasten. Hierauf mit Enttäuschung zu reagieren, wenn man erkennen muss, dass man sich in der erwarteten Fairness getäuscht hat, ist eine ganz passende Gefühlsreaktion – ebenso wie Entzugserscheinungen bei und nach Trennungen.

Üblicherweise wird Frauen Verantwortung und folglich Schuld zugeschoben – bei ihnen muss man nicht damit rechnen, dass sie gewalttätig werden. Im Privatbereich. Ich habe in meiner Zeit als Politikerin oft in Reden betont, dass ein Mann, der seiner Verantwortung gegenüber seinen Angehörigen nicht in einer Weise gerecht wird, die auch die Zustimmung dieser Angehörigen findet, sich auch für andere Formen von Verantwortungsübernahme disqualifiziert. Allerdings hat schon der Psychoanalytiker Johannes Cremerius darauf hingewiesen, dass diejenigen, die die Gesetze machen, dazu neigen, sich nicht an sie zu halten, weil sie sie im Blick auf andere machen und sich selbst als über dem Gesetz stehend wähnen.[60]

Falsche RatgeberInnen empfehlen sich ambitionierten Frauen als MagierInnen des Erfolgs. Meist raten sie entweder dazu, nur ja nicht männlich zu agieren – dazu genügen verächtliche Worte über Frauen, die sich vom blond-sanften oder dunkel-leidenschaftlichen Weibchentypus verabschiedet haben –, oder sie raten dazu, sich mit einem verbalen Waffenarsenal auszustatten und in den Kampf zu ziehen. Beides führt erfahrungsgemäß zu Niederlagen, in deren Folge sich dann die falschen RatgeberInnen wiederum als NothelferInnen anbieten können. Im Endeffekt geht es ihnen darum, sich als Besserwissende zu profilieren, ihre Schützlinge unter Kontrolle zu halten und durch sie Einblicke in Führungsetagen (und womöglich nachfolgende Aufträge) zu bekommen, ohne selbst beweisen zu müssen, dass sie können, was sie predigen.

Mir erzählte beispielsweise eine Journalistin, die an einem Macht-Seminar für Frauen teilgenommen hatte, dass die Trainerin den Teilnehmerinnen unter Bezugnahme auf entsprechende Seiten aus Versandhauskatalogen Kleidungstipps gab: Business-Kostüme in gedeckten Farben, schmale Aktenmappen und glatte Haare waren aus ihrer Sicht erlaubt, bunte Kleider hingegen, Chaneltäschchen und Locken nicht. Demgegenüber sagte die dunkellockige Harriet Rubin in einem Interview im *Standard*, Frauen sollten sich ruhig von der Riege der grauen Männer abheben, indem sie Weiß trügen. Übrigens bevorzugte die langjährige Wiener Verkehrsstadträtin[61] und spätere Präsidentin der Oesterreichischen Nationalbank, Maria Schaumayer, eine Kettenraucherin von mächtiger Gestalt, ungeachtet dergestalter Erfolgsdiktate geblümte Hemdblusenkleider und Omahandtaschen.

(Während ich diese Zeilen schreibe, fällt mir auf, dass Schaumayers unmittelbarer Nachfolger Klaus Liebscher den Titel dieser obersten Währungshüterfunktion in »Gouverneur« änderte. Warum wohl? Um wieder mehr Männlichkeit zu betonen?)

Sich im Sinne des Darwin'schen Satzes vom »Survival of the fittest« der Optik der Bezugsgruppe anzupassen, ist ja nicht unbedingt ein Fehler – wenn diese Adaption funktionell ist. Aber selbst für eine Prinzessin auf der Suche nach einem passenden Partner ist es nicht funktionell, sich herauszuputzen, um ihm die Macht des Gefallens zu geben – es muss umgekehrt sein! Mit schonungsloser Offenheit, auch was ihre eigene Biografie der Weiblichkeit betrifft, enttarnt Susan Brownmiller die Geschichte wechselnder Gebote, wie der weibliche Körper, wie die Haartracht, die Kleidung, die Stimme, die Haut, die Haltung und das Gefühlsleben von Frauen zu sein hätten: meistens so, dass sie eine außer Haus stattfindende Erwerbsarbeit unmöglich machten. »Dazu diente der fromme Vorwand, ihre Arbeitskleidung mache sie geschlechtslos und entwürdige sie als Frauen« und beseitige jegliche Romantik und Erotik.[62] Romantik und Erotik zur Entspannung für Männer! Ähnlich hat mir in meiner Zeit als Kommunalpolitikerin einmal ein Nationalratsabgeordneter, im Zivilberuf für die Schulverwaltung zuständig, gesagt: »Mit Frauen kann man doch viel Schöneres tun als diskutieren!« Und von dem legendären Filmregisseur Franz

Antel wird der Spruch zitiert: »Wenn ich gescheit reden will, kauf ich mir einen Professor!«

In ihrem Buch »Unter Männern« widmet die ehemalige Verfassungsjuristin und Journalistin Eva Rossmann ein ganzes Kapitel dem Sexismus männlicher gegenüber weiblichen Nationalratsabgeordneten – von obszönen Gesten über abwertende Bemerkungen bis zu gröbstem Unfug. Die Frauen sollten sich Strategien überlegen, wie sie mit solchen Attacken umgehen wollten, rät dazu die steirische ÖVP-Abgeordnete Ridi Steibl, denn sie sähe wenig Aussicht, die Männer zu verändern: »Die meisten von ihnen kommen aus einem Leben heraus, wo Frauen für sie auch ein gewisser Gebrauchsgegenstand sind ... das ist hart ausgedrückt, aber es stimmt doch.«[63] Und auch wenn die spätere Innenministerin Maria Fekter, medial oft als schönste Abgeordnete »gelobt«, meint, aus ihrem Zivilberuf in der Bauwirtschaft Verbalinjurien ärgerer Art gewohnt zu sein, wird sie, auf Äußerlichkeiten angesprochen, deutlicher: »Wenn du eine blauäugige Blondine bist, wirst du auch so behandelt wie in den Blondinenwitzen. Da muss man, wenn's zu arg wird, einfach brutal reagieren. Man muss den Männern klar machen, dass man keine Tussi ist.«[64] Wenn das geht. Da fällt mir Elfriede Hammerl ein, die einmal in einer Kolumne im Wochenmagazin *profil* das Beispiel einer Frau beschrieben hat, die mit einem Mann ein Arbeitsgespräch führen will, was er durch andauernde Flirtversuche – »Anbaggern« – verhindert.

»Möglicherweise haben diese Mädels etwas Wichtigeres zu tun, als sich darum zu kümmern, ob sie weiblich, graziös und reizvoll sind oder nicht«, verteidigt Rechtsanwalt Gregory Watts in meinem Lieblingsroman »Vor Rehen wird gewarnt« die Malerin Joy und ihresgleichen gegenüber seinem Gesprächspartner Major Ryersen, der von deren Stiefmutter Ann, dem »Reh«, das alle tyrannisiert und ausnutzt, schwärmt als einer »alten Dame, gewiss, aber so sehr weiblich, aus einem feineren Stoff geschneidert oder was es ist. Man möchte sie immer beschützen und verwöhnen. Noch an ihrem hundertsten Geburtstag wird sie wissen, dass sie vor allem eine Frau ist – und eine reizende Frau. Die junge Generation hält sich nicht so gut, sie nutzt sich zu schnell ab.« Als Watts einwendet, man lebe nicht in einer liebreizenden und graziösen Zeit, meckert Ryersen über die »Mädchen im Boxring«: »Sie sind verflucht selbstständig und gerissen und tüchtig geworden, diese Mädels ... das macht sie eckig und kantig und brüchig und eigensinnig, und zum Schluss kriegen sie ihren Nervenzusammenbruch ...«[65] Verhindert werden sollen Eigensinn und Eigenmacht, vor allem aber mehr Erfolg, als ihn die »Ratgeber« haben. Ich habe noch im Ohr, wie oft mir in meiner Zeit als Politikerin angeblich wohlmeinende höherrangige Männer zuflüsterten: »Mädel, sei g'scheit – tu, was ich dir sage!« Was im Klartext bedeutete: »Leg dich nicht mit mir an, sonst hast du in mir einen Feind!«, und mir auf diese Weise die alte Erziehungsstrategie »Hoffnung auf Belohnung – Angst vor Strafe« suggerieren wollten. Beispielsweise sagte mir einmal der Bezirkssekretär, ich solle »mittelmäßig« sein – zu viel Brillanz würde mir nur schaden; ähnlich »baute« mich mein Jungianischer Analytiker mit dem Hinweis »auf«, dass bei irgendeinem afrikanischen Stamm im Einheitskreis gejagt würde und wenn ein Jäger vor dem Kommando des Anführers schieße, würde er sofort selbst erschossen, selbst wenn er das Jagdwild getroffen hätte und die anderen gefehlt hätten – weil die Konformität eben den höheren Wert darstelle.

Im Sport – einem Berufsfeld, das ebenso dem Kampf zuzuordnen ist – ist es üblich, dass Talentescouts nach erfolgversprechendem Nachwuchs Ausschau halten, TrainerInnen und Coachs weder Zeit noch Mühe scheuen, ihre Schützlinge bestens auf den Konkurrenzkampf vorzubereiten und zusätzlich noch gezielt Öffentlichkeitsarbeit betrieben wird, damit die Champions nicht nur mit Motivations-, sondern auch mit Bewunderungsenergie »genährt« werden. »In einem Bienenschwarm werden die künftigen Königinnen früh erkannt und von den Arbeiterinnen mit einer geleeartigen Masse eingerieben, die sie nach und nach in Königinnen verwandelt«, weiß der Kakerlake Gregory in Craig Hoveys »10 Gebote für das Überleben im Beruf«.[66] Ich verstehe unter der geleeartigen Masse eine Form von Zuwendung, die den Körper geschmeidig macht.

Sobald die Prinzessin erkannt hat, dass sie eine Königin ist und nicht als Prinzesschen alt werden will (oder einen anderen Lebensweg einschlagen möchte, denn es ist genauso legitim, sich ausschließlich in Liebe um andere Menschen zu sorgen, für Ideale zu kämpfen oder sich der Pflege und Heilung zu widmen – die Königin allerdings muss das alles zusammen!), sollte sie nicht mehr auf derartige »Streicheleinheiten« warten. Sie muss sich selbst damit versorgen. Denn weder in der Politik werden Nachfolgetickets vergeben, noch erfolgt dies in Familienbetrieben konfliktfrei, und auch in anderen Arbeitsfeldern habe ich selten erlebt, dass sich eine Führungskraft Gedanken über Nachwuchs und Nachfolgen gemacht hätte, ganz im Gegenteil. Es brach vielfach Chaos und Ratlosigkeit aus, wenn jemand plötzlich zu Tode kam oder unvorhergesehene Revirements personelle Umstellungen von kurzer Hand erforderten. Außerdem wollen Headhunter auch leben ...

Wenn also eine Frau nicht ewig Prinzessin bleiben will, was ab der Lebensmitte eher lächerlich wirkt, sollte sie ihre Ausbildung in die eigene Hand nehmen, statt auf einen König oder Königssohn zu warten, der sie an der Hand nimmt und sein Reich mit ihr teilt, oder auch auf eine andere Prinzessin als Kooperationspartnerin.

Leere Versprechungen

Solange noch kein eigener Wirkungsbereich definiert und abgesteckt ist, können allfällige Verträge auf Machtpositionen nur Optionen auf eine mögliche Zukunft sein. Absichtserklärungen gehören in die Kategorie Luftgeschäfte. Es fehlt die Erdung und damit die Materie.

Denn auch wenn es sich gut anfühlt, wenn man gemeinsam Visionen entwickelt, sich vielleicht auch gemeinsam auf den Weg macht, diese zu verwirklichen – als Prinzessin, das heißt: noch ohne Macht, vor allem ohne Streitmacht, ist mit Untreue zu rechnen. Nicht nur in Partnerschaften, wo er studiert und sie finanziert! So wurde beispielsweise einer jungen Mitarbeiterin, die ihr erstes Kind erwartete, von ihrem Vorgesetzten, dem Leiter der Presseabteilung eines großen Energieunternehmens, kurz vor Beginn der Mutterschutzfrist treuherzig versichert, wenn sie zurückkäme – was sie bereits zugesagt hatte –, werde sie einen eigenen Wirkungsbereich erhalten; als sie dann zurückkam, hielt er diese Zusage nicht ein – allerdings mit der Erklärung: »Ich bin doch nicht dumm und lass so eine gute Kraft wie Sie weggehen!« Offenbar hatte ihm ihre Abwesenheit erst ihre Qualität voll bewusst gemacht.

Damit muss frau rechnen – dass sie in steter Verfügbarkeit als »starke Zweite« gehalten wird. Manche Menschen fühlen sich in dieser Rolle auch sehr wohl – vor allem dort, wo sie als »Trägerin« – wie im Zirkus – den »Applausfloh« auf ihren Schultern genau dorthin manövrieren können, wo sie ihn haben wollen.[67]

Im Musical »Chicago« erschießt die Tänzerin Roxie ihren außerehelichen Beischläfer, als sie erkennt, dass der ihr nur vorgaukelt, ihr eine Rolle im Showbusiness vermitteln zu können, um sie sexuell auszunutzen. In meiner Zeit als Politikerin habe ich erlebt, wie so manche naive Frau auf einen unwählbaren Listenplatz gesetzt wurde, damit dem Listenführer eine Begleitung für lange Wahlkampfnächte zur Verfügung stand. War der Wahlkampf erst vorbei, war es auch mit der Nähe vorbei – und der Naivität.

Ich habe selbst so etwas Ähnliches erlebt: In einer meiner Psycho-Ausbildungen begegnete ich einem Teilnehmer, einem statusbewussten Trainer einer führenden Weiterbildungsakademie (die ihm auch diese Ausbildung als Weiterbildung finanzierte), der nicht müde wurde, von seinen Golfturnieren und Großwildjagden zu erzählen; bei den Übungsteilen der zu erlernenden Methode tat er sich schwer – das war vermutlich auch der Grund, warum er sich sehr an mich hängte und auch die Abschlussprüfung unbedingt mit mir als Partnerin machen wollte. Ich berichtete immer sehr offen, woran ich gerade arbeitete, und da ich damals noch Führungskraft im Sozialbereich und aufstiegsträchtige Kommunalpolitikerin war, waren das recht spannende Projekte. Seine Antwort lautete immer: »Sehr gut!« Auf diese Weise versuchte er, sich als eine Art Juror über mich zu stellen. Darüber hinaus versprach mir dieser soignierte Gentleman aber immer wieder, dass und wie er mich in seine Seminare einbauen wollte, z.B. als Politauskunftsperson in Kamingesprächen. Es kam nie dazu. Als ich ihn schließlich, inzwischen ungeduldig geworden, fragte, wann er nun seine Ankündigungen realisieren werde, antwortete er gedehnt: »Ja, weißt du – ich arbeite lieber mit erfolgreichen Menschen zusammen!« Ich konnte dazu nur verwundert lachen – im Gegensatz zu ihm war ich vielleicht finanziell weniger erfolgreich, was aber Einfluss und Macht und vor allem auch Good Will in der Öffentlichkeit anging, übertraf ich ihn bei Weitem. Erst in meiner Supervision wurde mir klar, dass er unter massiven Konkurrenzängsten litt – und zwar gegenüber seiner weiblichen Vorgesetzten, denn auch er hatte sich um die Leitung der Institution beworben, bei der er angestellt war, war aber nicht zum Zug gekommen. Ich hatte ein wenig davon abbekommen – indem er versuchte, Bindung und Kontrolle herzustellen. Als ich wenige Jahre später meinen ersten Lehrauftrag an einer Universität angeboten bekam, hatte ich dann überhaupt das erreicht, was er ersehnt, beklagt, aber nie erlangt hatte; als ich meine ersten Bücher veröffentlichte und ihn wie andere auch zu den Präsentationen einlud, hörten seine Reaktionen völlig auf, wo er mir doch so stolz die drei oder vier Bücher geschenkt hatte, zu denen er einen Beitrag hatte abliefern dürfen.

Es gibt noch andere Formen, wie begabte Frauen am Weiterkommen gehindert oder zumindest gezielt auf ihrem Weg zum Erfolg verunsichert werden. Beispielsweise wurde eine hoch qualifizierte, daher leitende Mitarbeiterin in einem Ministerbüro von einem anderen Minister bekniet, sich doch für eine bestimmte Führungsposition in dessen Wirkungsbereich zu bewerben. Sie wäre aus seiner Sicht genau die Richtige, außerdem könne man(n) dann endlich beweisen, dass auch Frauen in Spitzenpositionen berufen würden ... Meine Klientin zögerte zunächst und bewarb sich daher erst nach mehrfachen Urgenzen vonseiten dieses anderen Ministers – vergeblich. Ihr wurde ein weniger qualifizierter Mann vorgezogen. Als sie, nachdem sie davon erfahren hatte, voll Ärger und Scham in meiner Praxis räsonierte, weshalb sie sich überhaupt die Schmach angetan hätte, sich zu bewerben und nun möglicherweise einen Versagenspunkt in ihrem Berufsverlauf produziert hätte, gab ich ihr ein »Zauberwort« als Heilmittel für ihre seelische Verletzung mit auf den Weg. Dieses lautet »Al Gore«.[68] Es ist keine Schande, ein Ziel nicht zu erreichen – vor allem nicht, wenn ohnedies alle wissen, dass »der Andere« einem nicht das Wasser reichen kann.

In den Medien sorgten auch die Rüpelspiele rund um die Besetzung der Rektorenstelle der einzigen österreichischen Universität für Fort- und Weiterbildung in Krems, kurz Donau Universität genannt, für Aufsehen. Die hoch angesehene Bildungswissenschaftlerin und Vizerektorin Ada Pellert wurde gar nicht erst in den Dreiervorschlag aufgenommen, was mehrere Beschwerden des Arbeitskreises für Gleichbehandlungsfragen nach sich zog, u. a. bei der zuständigen Aufsichtsbehörde, dem Wissenschaftsministerium. Auch hier fanden sich Parallelen zu der Nachreihung von Al Gore hinter George W. Bush in der Bewerbung um die amerikanische Präsidentschaft. Als nach zwei Jahren Neuwahlen für die Rektorenstelle anstanden und alle erwarteten, dass sich Ada Pellert wiederum – und diesmal erfolgreich – bewerben würde, zog sie aus all den leeren Aufforderungen, Zusagen und Versprechungen eine verblüffende Konsequenz: Sie nahm vor Ende der Bewerbungsfrist die Berufung als Gründungspräsidentin für die Deutsche Universität für Weiterbildung in Berlin an. Ein großer Verlust für Österreich ...

Vorauseilender Gehorsam

Frauen machen oft den Fehler, von Männern Fairness zu erwarten – vor allem von denen, die betonen, dass sie Frauen fördern wollten. Dabei sollten Frauen aufgrund ihrer Erfahrungen in Liebesbeziehungen wissen, dass eine Geschlechterdifferenz darin besteht, dass Frauen Kontinuität anstreben, während Männer dem Diskontinuierlichen huldigen. Heute glaubt der Ankündiger noch an seine Worte – morgen hat sich die Lage verändert, und er hat sich ihr angepasst. So hat er es ja auch beim Militär gelernt: »Neue Lage – neue Strategie«. Seine Liebes-, Lebens- oder Arbeitspartnerin aber hat seine Absichtserklärung als Versprechen gewertet und sich darauf eingestellt – und betrachtet ihn jetzt als Lügner. Das wiederum verletzt ihn – es hat sich ja nur Geringfügiges geändert. Für ihn. Sie ist bereit, daran zu arbeiten, das Bisherige zu renovieren – er hingegen ist schon ganz woandershin weitergezogen. Daher behauptet auch der italienische Soziologieprofessor Francesco Alberoni, dass für Frauen verschiedene Gefühlszustände viel weniger voneinander getrennt seien als für den Mann, deswegen verwechselten sie auch erotische Schwärmerei mit Verliebtheit, während Männer dazu neigten, die Unterschiede zu betonen und die verschiedenen Gefühle sauber voneinander zu trennen. Er schreibt: »Der Mann braucht, da er ja verschiedene, nicht vergleichbare Gefühle erlebt, auch seine emotionale Orientierung nicht rapide zu wechseln. Er braucht nicht umzuschalten von Liebe auf Ablehnung, von Nein auf Ja oder umgekehrt. Die Frau dagegen, da sie sich zwischen lauter sehr ähnlichen Gefühlen bewegt, definiert – wenn sie Unterschiede spürt – diese Begriffe von Annahme und Ablehnung als Ja oder Nein. Sie neigt dazu, Werturteile zu fällen, nicht Qualitätsurteile.«[69]

Enttäuschte Frauen haben dann oft genau diese Fairness-erwartungen an andere Frauen. Aber weit gefehlt! Wer von einem anderen etwas erwartet, gibt dieser Person auch die Macht zur Täuschung wie auch Ent-täuschung. Das aber schafft Bindung. Wenn man hingegen nichts erwartet, sondern nur Hypothesen über mögliche Folgen aufstellt, behält man seine emotionale Freiheit, bereitet sich besser auf Eventualitäten vor, kommt der anderen Person vermutlich auch nicht zu nahe, kann sie daher differenzierter und besser, weil distanzierter wahrnehmen, und bleibt damit »bei sich«.

Es gehört zu den Lernaufgaben der Prinzessinnenzeit, Wert- und Qualitätsurteile als zwei Sichtweisen zu definieren, die man nacheinander abgibt, und sich nicht darum zu bemühen, daraus ein einziges Urteil zu formen. Man kann jemanden oder etwas an und für sich wertschätzend anerkennen – was einem Qualitätsurteil entspräche – und dennoch eine Kooperation ablehnen, was einem Werturteil gleichkommt. Frauen tun sich mit dieser Trennung deswegen schwer, weil sie oft glauben, die andere Person könnte unwirsch reagieren, widersprechen oder gar beleidigt sein – sich also unsachlich verhalten –, und dann könnte sich ein Konflikt anbahnen, der zu einem Krieg anwächst, und aus wäre es mit der erstrebten kontinuierlichen Harmonie. Deswegen wundern sich Frauen ja oft, auch wenn sie es als Tatsache hinnehmen, dass sich Männer beispielsweise in der Politik zuerst wild beflegeln und nachher in bestem Einvernehmen ein Bier trinken gehen. Umgekehrt unterstellen Männer Frauen, dass sie hierzu nicht in der Lage seien, deshalb auch ihre Ängste vor »Kollaboration«, wenn eine Frau freundlich mit einem voraussichtlichen Gegner umgeht. Sie können sich aus ihrer privaten Erfahrung heraus nicht vorstellen, dass Frauen im beruflichen Umgang anders sein könnten. Und Frauen erfüllen nur zu oft diese Zuschreibungen, quasi im vorauseilenden Gehorsam, auf keinen Fall aus dem traditionellen Rollenbild der mütterlich Sorgenden, alles Verstehenden, alles Verzeihenden herauszufallen. Aber gerade wegen dieser hohen Anpassungsbereitschaft »folgen« Frauen auch dem Rat, beispielsweise einer Vorsitzenden, ein »böses Mädchen« oder eine »wilde Frau« zu sein, die »geheimen Spielregeln der Macht« zu üben, ihre »Waffenkammer« aufzurüsten und den als Raufer charakterisierten Männern Paroli zu bieten. Aus meiner Erfahrung landen Frauen mit diesen Taktiken aber eher beim Arbeitsamt oder Scheidungsrichter als in einer Topposition.

Aufgrund dieser unkritischen Gefolgschaft bleibt frau in der Phase der gehorsamen Kriegerin stecken – und oft hat nicht einmal sie selbst einen Vorteil davon, sondern nur der General oder die Generalin, der bzw. die sie »in den Krieg schickt«. Darin sehe ich auch eine der Wurzeln für den symbolischen Vater- und eben auch Muttermord: Wenn die Jüngeren – hoffentlich! – Machtmissbrauch bei den Älteren erkennen (leider oft auch fantasieren) und sich dagegen wehren und die jeweilige Elternfigur ihre Macht nicht abgeben oder teilen mag, wird sie eben beseitigt (sofern das die Jungen schaffen). Das ist zwar unfair, aber wirksam. (Es gibt auch noch andere Wurzeln für den symbolischen Mord an den Eltern: z.B. reine Begehrlichkeit, Neid und Rivalität der Jüngeren, aufgrund derer die ungeliebte Konkurrenz aus der Welt geschafft werden soll; wieder eine andere deren Innovationsbestreben und die Ignoranz der Gegenseite. Diese Aufzählung ist bitte nicht umfassend zu verstehen!)

In der Prinzessinnenzeit sollte die künftige Königin die Fähigkeiten erwerben, die sie später braucht. Sie sollte nicht nur im Nahkampf bestehen können, sondern auch

- den Überblick behalten, ausspähen und Schlüsse ziehen lernen,

- Verbündete gewinnen, sie motivieren und an sich binden,
- sowie Verräter erkennen und Untreue ahnen und isolieren,
- Stützpunkte, Lager, Rückzugsmöglichkeiten aufbauen und
- Kompromisse und Frieden schließen können.

Nicht immer kann man darauf warten, dass nur ein König, eine Königin den Frieden bringt. Die Prinzessin, die Kriegerin muss lernen, auch ohne Legitimation zu handeln – wenn und weil sie es für richtig und notwendig erachtet.

Gerade Frauen klammern sich oft verzweifelt an die märchenhafte Vision eines Lebens, in welchem der Feind klar zu erkennen und das Gute immer siegreich ist, und vergeuden so ihr Leben mit Warten aufs Happy End. Warten sollten wir aber nur, wenn wir uns aus reiflicher Überlegung freiwillig für diese Alternative entschieden haben – dann wird aus Passivität nämlich Aktivität.

In ihren »Zehn Thesen zur Selbstbesinnung der Feministinnen« schreibt die in Österreich geborene, in der Schweiz lebende Psychotherapeutin Agnes Wild-Missong: »Unterwegs sein nach mehr Bewusstheit ist oft schmerzlich, und die Versuchung, die Augen wieder zu schließen und sich irgendwo eine sichere Nische einzurichten, ist groß. Eine solche Nische kann auch die feministische Gruppe gleich gesinnter Frauen werden ...«[70] Es wird dann einfach eine neue Autorität gesucht, der frau folgen kann, sie also nicht allein für sich stehen muss, und Kontinuität kann wieder gelebt werden. Irgendwann jedoch sind die Wachstumsimpulse zu stark, sich weiterhin einengen zu lassen – dann braucht frau ebenso wie man(n) mehr Raum, und die einen drängen zur Freiheit, die anderen drängen jene beiseite, die dem eigenen Entfaltungsstreben im Weg stehen, und manchmal werden diese überhaupt gleich sozial hingerichtet, z. B. verleumdet, bis sie die Flucht ergreifen. Oder das Wachstum findet keinen Weg nach außen – dann drohen oft Wucherungen innen: Wenn die Loyalität einem einschränkenden Elternteil, einem einschränkenden Partner oder einer übergeordneten Autorität gegenüber oder auch die Unterwerfungsbereitschaft größer sind als die Entwicklungsbestrebungen. Die unreflektierte, abhängige Rolle der Frau bringt ja auch Annehmlichkeiten, Lob und Zugehörigkeit zur etablierten Gesellschaft. Die Freiheit hingegen verlangt den Verzicht darauf.[71] Daher wird die Frauengruppe oft zum Ersatz für diesen Verlust, und sie macht ja auch Mut und bietet Rückhalt auf der Suche nach der eigenen Identität.

Diese Geborgenheit mag für manch eine therapeutische Gruppe stimmen – auch wenn ich dies in meinem Leben weder in psychoanalytischen, personzentrierten noch systemischen Gruppen so erlebt habe, und in politisch motivierten schon gar nicht. Ganz im Gegenteil: Ich konnte überall einen mehr oder weniger ausgesprochenen Konformitätsdruck beobachten. Auch in sogenannten feministischen Gruppen. Gern wurde hier das Gleichnis vom Krebsenkübel zitiert, auf den man keinen Deckel drauflegen müsse, weil immer, wenn ein Krebs versuche, herauszukrabbeln, ihn die anderen wieder hinunterzögen ...

Überstark scheinen die familiären Vorbilder: Immer wieder versucht die Person mit der stärksten Außenverbindung, den »daheim« – in der Gruppe – Verbliebenen ihr Weltbild aufzuprägen, meist mit dem subtilen Hinweis, dass sie eben durch ihr »Außenleben« das einzig richtige Bild von der Welt weitergeben könne. Der ehrliche Weg der Selbstfindung führt über das Aufdecken der eigenen Schwächen und auch über das Erschrecken über die eigenen Taten; aber genau das versuchen die meisten, leider auch Feministinnen, zu umgehen, indem sie auf der Stufe der Anklage verharren, anstatt ihr eigenes Mitspielen in dieser Verstrickung zu beleuchten.[72]

Aber nicht nur die Konfrontation mit den eigenen Schwächen wie beispielsweise dysfunktionalen Dominanzansprüchen (es gibt auch funktionale!) ist notwendig, sondern auch die Erkenntnis der eigenen Feigheit und der eigenen Bereitschaft, Manipulation taktisch einzusetzen, um andere für sich kämpfen zu lassen. Damit wird der Machtlosigkeit der Anschein einer Tugend verliehen – frau gibt sich der Selbst-Täuschung hin, es werde immer einen Beschützer geben, wenn man nur nie aus der Kindheit herauswachse, weil dann Gott über die Schwachen und Naiven wache.[73]

Prinzessinnenzeit endet im Abschied von der Kindheit und Kindlichkeit, spätestens im Augenblick der »Krönung« – der Übernahme der Verantwortung für eigenes und fremdes Leben. Bei Frauen findet man dies oft nach der Geburt ihres ersten Kindes. Kinder nicht nur im physischen Sinne, sondern auch im geistigen. Zu den geistigen zähle ich Projekte wie den Aufbau einer Abteilung oder den Bau eines Hauses, die Gründung einer eigenen Firma wie das Schreiben eines Buches, die Bildung einer Selbsthilfegruppe oder Bürgerinitiative sowie die Umschuldung des eigenen Finanzchaos.

Für solche Aktivitäten braucht frau Königinnenenergie: Diese definiere ich in Anlehnung an die Gesundheitsdefinition der Weltgesundheitsorganisation (WHO) – Gesundheit nicht bloß als Abwesenheit von Krankheit oder Behinderung, sondern als körperliches, seelisches, soziales und spirituelles Wohlbefinden – als verkörperten seelischen Zustand in Wahrnehmung der jeweiligen sozialen Rahmenbedingungen und im Vertrauen auf die eigenen Kräfte sowie die Sinnhaftigkeit (»Gottwohlgefälligkeit«) des eigenen Tuns.

Alles, was den Aufbau und die Entfaltung von Königinnenenergie behindert, sollte vermieden werden. Dazu gehört auch der betonte Einsatz der »Waffen einer Frau«. Koketterie beispielsweise. In ihrer herzerfrischenden Offenheit und Selbstpersiflage schreibt Barbara Sichtermann dazu: »Weiblich bewegen konnte ich mich immer ausgezeichnet. Ich wirke selbst in Hosen geschmeidig und gewandt. Wollen Sie erleben, wie ich die Augenbraue hebe? Ich habe das stundenlang vor dem Spiegel geübt. Bemerken Sie, wie ich die Augen rolle, wenn ich etwas Kluges sage, und meine Nase sich kräuselt, wenn ich lache?«[74] Als ich diese Stelle das erste Mal las, fiel mir sofort eine sehr um Anerkennung ringende Medienarbeiterin ein, die diesen Trick erst eingeübt hatte, nachdem sie ihn bei einer ebenso um Medienpräsenz bemühten Rivalin bemerkt hatte, und gleich noch eine zweite mit ähnlichen Berufsstrategien dazu ... Alle drei Frauen versuchten, sexuelle Attraktivität mit neckischer Herzlichkeit, quasi als Sicherheitsprogramm, zu kommunizieren – ähnlich wie Vivian Leigh als Scarlett O'Hara in »Vom Winde verweht« bewusst ihr Grübchenlächeln einsetzte. Eine ehemalige Mitarbeiterin von mir hatte eine akrobatische Art des Lachens eingeübt: Die kleine, überschlanke und immer in enge Shirts gekleidete Frau konnte ihren straffen Bauch unterhalb des Nabels im Rhythmus ihres Lachens mitbewegen und dadurch Männerblicke auf diese Körperstelle lenken. Meine Mutter wiederum pflegte bei Männern, die Anerkennenswertes sagten und bei denen sie Eindruck schinden wollte, ihre großen grünen Augen bedeutsam aufzureißen (so wie einst Telly Savalas seine schokobraunen Augen, wenn er »Some broken hearts never mend« sang).

Koketterie gehört in den spielerischen Balzbereich, und Balzen hat in der Arbeitswelt nichts verloren – dafür wird niemand bezahlt. Eine Prinzessin oder Königin umwirbt nicht – sie würde sonst dem Objekt ihrer Zielrichtung die Macht über positives oder negatives Feedback geben. Wird eine Prinzessin oder gar Königin hingegen kokett angebalzt, sollte sie dies als Verunsicherungsstrategie entschlüsseln – sie wird auf ihr Frausein reduziert, womit die andere Person versucht, Macht über sie zu erlangen. Dem Aufbau einer Nahebeziehung ist keinesfalls der Vorzug zu geben. Das rächt sich früher oder später.

Verunsicherungsstrategien

Verunsicherungsstrategien haben üblicherweise zwei Motive:

- Entweder fühlt sich jemand berufen, das Vordringen von Frauen – oder einer bestimmten Frau – in eine besondere (z. B. männerdominierte) Berufssphäre zu verhindern. Dann sieht er oder auch sie keinen Vorteil darin oder gar einen Nachteil (z.B. weil sie nicht mehr die einzige Frau ist). Oder jemand kann sich eine Frau in der jeweiligen Position nicht vorstellen – was bedeutet, bislang noch keine spezifischen Wahrnehmungsneuronen entwickelt zu haben.
- Oder die Person hat persönliche Probleme und kompensiert eigene Unsicherheitsgefühle durch »Verschiebung« auf die Person, die vermeintlich oder tatsächlich erfolgreicher ist oder zu werden droht.

Die einfachste Verunsicherungsstrategie besteht darin, der betreffenden Frau den Respekt zu verweigern. Das beginnt oft damit, sie einfach zu überhören oder zu übersehen – nicht nur bei Wortmeldungen oder Einwänden, sondern auch bei Begrüßungsworten. Ich selbst habe beispielsweise als Mitglied des Psychotherapiebeirats im Gesundheitsministerium erlebt, wie eine Kollegin, kaum älter als ich und auch Psychoanalytikerin (!) sowie Hochschullehrerin, ihre Hände hinter dem Rücken versteckte und den Kopf abwandte, als ich während einer Begrüßungsrunde zu ihr kam, um auch ihr die Hand zu geben. Sehr zur Irritation aller anderen. Nun hatte sie das schon vorher einmal anlässlich einer Diskussionsveranstaltung praktiziert, und damals hatte ich von anderen Kolleginnen erfahren, dass sie dies des Öfteren bei Frauen so mache.

Was mit Respektverweigerung beginnt, endet häufig bei klassischen Mobbing-Handlungen wie dem Vorenthalten von Informationen, dem Verstecken von Gegenständen, übler Nachrede bis hin zu kriminellen Aktivitäten. Wenn wir solche Szenen in Filmen sehen – ich erinnere mich z.B. an einen Film mit der damals etwa zehnjährigen Christine Kaufmann[75], als ihr als Ballettschülerin Metallstifte von rivalisierenden Feindinnen in die Ballettschuhe gemogelt wurden –, halten wir dies für Fiktion, und besonders ungläubig sind wir, wenn sich solche subtilen Gewalttätigkeiten in »besseren Kreisen« abspielen.

Als ich – für mich völlig überraschend – wenige Wochen nach der Geburt meines ersten Sohnes auf eine wählbare Stelle in der Bezirksratsliste (und unwählbare der Landtagsliste) des größten Wiener Gemeindebezirks gesetzt wurde, sprach mich eine zehn Jahre ältere Funktionärin höhnisch an: »Sag: Arbeitest du überhaupt etwas?« Sie selbst war Berufsschullehrerin und wurde später mit massiver politischer Unterstützung Direktorin. Ein Mandat bekam sie zumindest in den drei Funktionsperioden, während derer ich mein Mandat bekleidete, trotz großen Bemühens nicht. Die kinderlose Frau wusste natürlich, dass ich gerade erst geboren hatte – sie wollte nur einen Giftpfeil abschießen. Der hätte aber zu den Personen gehört, die die Kandidatenlisten erstellen – und denen gegenüber gerierte sie sich unterwürfig. Das habe ich aber erst mit Zeitverzögerung erkannt – als ich nämlich viele ähnliche Verhaltensweisen erlebt hatte, nicht nur mir gegenüber, sondern ebenso gegenüber anderen Frauen. Nur: Dadurch disqualifiziert sich immer die Person, die die Spielregeln des Anstands, der Sozialkompetenz oder der Rechtsordnung verletzt.

Zu derartigen Regelverstößen fühlen sich besonders jene berufen, die die Macht haben, andere zu bewerten. Beispielsweise habe ich selbst viele Jahre in etlichen Print- und Onlinemedien Kolumnen verfasst, immer mit einem gesellschaftskritischen Blickwinkel und einem pädagogischen, aber auch literarischen Anspruch. Das hat mir gelegentlich den Vorwurf von Männern eingebracht, keine »seriöse« Wissenschaftlerin oder Psychotherapeutin sein zu können. Männlichen Universitätsprofessoren wie Umberto Eco oder Francesco Alberoni oder dem österreichischen Soziologieprofessor und Randgruppenforscher Roland Girtler wirft niemand Unseriosität vor, nur weil sie ebenfalls jede Möglichkeit zur Publikation ihrer Gedanken nutzen. Die Seriosität meiner Inhalte kann letztlich nur jemand bewerten, der vom Fach ist – und das sind in meinem Fall vor allem SoziologInnen, denn ich orientiere mich in meinen Veröffentlichungen beispielsweise an Richard Sennett oder dem eben genannten Roland Girtler, der mir viele Tipps gab, als ich relativ spät – 1991 – begann, Bücher zu publizieren. Zu glauben, nur weil ich unter anderem auch Psychoanalytikerin bin, müssten KollegInnen aus dieser »Zunft« die richtigen RezensentInnen sein, zeugt von der Ignoranz der Auftraggeberschaft. Sie sind es gerade nicht. Ich schreibe keine »psychoanalytischen« Fachbücher, meine Professur ist ja auch keine, die etwas mit Psychotherapie zu tun hat (wohingegen meine Sachverständigentätigkeit am Gericht sehr wohl etwas damit zu tun hat), sondern lautet auf Prävention (im umfassendsten Sinn).

Männer, die sich nicht durch Kolleginnen in ihrem Selbstverständnis infrage gestellt fühlen, respektieren andere Sichtweisen als ihre eigenen und brauchen keine Selbsterhöhungsspiele. Wer sie aber braucht, findet immer einen Anhaltspunkt – und wenn dieser nicht inhaltlicher Natur ist, dann findet sich leicht ein anderer. Ich werde z.B. oft gefragt, ob ich einen Vertrag mit der Yellow Press hätte, weil dort oft Statements von mir abgedruckt werden, und ich verneine dies immer wahrheitsgemäß und kläre auf: Wer mich etwas fragt, bekommt auch eine Antwort, und mir ist dabei niemand »zu gering«. Schließlich ist es mir wichtig, möglichst viele Menschen »an der Basis« mit Sichtweisen und Informationen zu versorgen; nicht wichtig sind mir Statusspiele (auch wenn ich gelegentlich darunter leide).

Als ein Psychoanalytiker eines meiner Bücher, das in Deutschland hoch gelobt, in Österreich eher weniger wertgeschätzt wurde, in einer Tageszeitung verriss und ich bei meinem damaligen Supervisor über die Ursachen grübelte, gestand mir dieser, dass er derzeit zwei männliche Klienten aus dem psychologisch-psychotherapeutischen Kollegenkreis betreue, die beide stundenlang gegen mich geiferten, obwohl sie mich überhaupt nicht persönlich kannten, und zwar deshalb, weil sie selbst eigentlich auch publizieren sollten, es bisher aber noch nicht vollbracht hatten, daher wäre ich für sie mit meiner Produktivität ein Ungeheuer. Dass meine Produktivität aber Teil meines Berufes bzw. auch der Nachfrage sei, nähmen sie überhaupt nicht wahr – es handele sich um reine Rivalität. Diese Thematik in Psychotherapie, Beratung oder Supervision zu bearbeiten, ist ja auch der richtige Weg – tragisch wird es nur dann, wenn PsychotherapeutInnen, die von Berufs wegen dazu verpflichtet wären, anderen nicht zu schaden, ihre negativen unsachlichen Impulse unreflektiert oder gar gezielt öffentlich publik machen. Hier ist es nötig, dagegen zu protestieren – und das geschieht ja auch oft. Beispielsweise hat mir die leitende Redakteurin der Online-Redaktion des ORF berichtet, dass alberne oder üble Postings sofort gestoppt würden, wenn eine Person sich ernsthaft dagegen positioniere. Deswegen rate ich immer, wenn ich frauenspezifische Trainings abhalte, darauf zu achten, wo eine Frau unfair attackiert wird, und sofort Sachlichkeit einzufordern – was aber nicht bedeutet, dass nicht kritisiert werden darf. Wir sollten niemals dulden, dass Frauen – auch nicht von Konkurrentinnen – persönlich, das heißt ohne sachliche Begründung, kritisiert werden. Sich von Ansichten zu distanzieren, sollte doch genügen? Geifern disqualifiziert diejenigen, die ihre Verdammungsbedürfnisse nicht unter Kontrolle haben. Meine Kurzformel dazu lautet: »Inhalt o.k. – Form dringend verbesserungsbedürftig!«

Im Alltag sagen oft wohlwollende Menschen, Freundschaften würden einem leicht zuteil, aber Neid müsste man sich erarbeiten. Auch wenn dieser Satz tröstlich klingt – er ist nicht salutogen. Denn auch wenn Neidgefühle klar erkennbar sein sollten – die negative Energie schädlicher Worte wirkt, und das ist ja auch deren Zweck. Schützt man sich aber dagegen und »macht zu«, verhärtet man sich, und das ist auch schädigend. Eine klassische Doppelmühle also. Was man folglich braucht, sind bessere Gegenmaßnahmen. Salutogenese ist angesagt: Wahrnehmen, Alternativen finden, Verantwortung übernehmen.

Zur umfassenderen Wahr-Nehmung liste ich im Folgenden überblicksartig und beispielhaft zehn »Jagd-Strategien« auf, wie Frauen schon von ihren Startplätzen vertrieben werden sollen (vgl. hierzu auch »Madonna UND Hure«[76])

- Polarisieren: Man teilt Frauen in »Richtige« und »Falsche« ein. Die Richtigen sind die, nach denen es sich aus Sicht der selbst definierten Jägermänner zu pirschen lohnt; sie bekommen üblicherweise Namen von Tieren, die sich entziehen, flüchten: Hasen, Gazellen, Katzen ... Im Gegensatz dazu zeigt bereits das Anheften von Haustiernamen wie Gans, Ziege, Kuh das Desinteresse, Frauen ausschließlich als zuständig für Versorgungsleistungen zu betrachten, Schlachtung inbegriffen.[77] Leider übernehmen auch viele Frauen diese »zwie-trächtige« Strategie, weil sie meinen, durch Assimilation an Gewalttäter eher nach oben zu kommen.

- Zensurieren: Man baut Frauen künstliche Barrieren auf – »was sich für eine Frau nicht gehört« – und macht sich selbst zum Strafrichter, wenn Frauen sich »unbotmäßig« verhalten: konfisziert, sperrt ein, prügelt, tötet – zerstört Gedanken, Gefühle, Verhalten, Erfolge, ja sogar Leib und Leben, die Seele sowieso. Oft fragen sich gerade besonders erfolgreiche Frauen, was sie denn falsch gemacht hätten, dass sie vor allem von ihren Partnern so schlecht behandelt würden – und ich antworte meinen Klientinnen – Abgeordneten, Topmanagerinnen, Hochschullehrerinnen, Ärztinnen, Künstlerinnen – dann immer wieder: »Gar nichts!« Man(n) wertet ab, was man(n) eben abwerten will, und man(n) tut es, um seine Vorrangstellung als Patriarch zu behaupten. Und manche Frauen im Männlichkeitswahn tun dies auch.

- Definieren: Man heftet anderen negative oder abschwächende Etikettierungen an. Besonders gerne geschieht so etwas, indem im Vorhinein Qualifikation abgesprochen wird. Als ich noch politisch tätig war, habe ich oft genug gehört, wie jungen Frauen – mir auch – gesagt wurde: »Nein – du kannst nicht auf das Podium!« oder »Nein –

dich können wir dort nicht hinschicken!« Auf die Nachfrage, warum denn nicht, folgte meist die Antwort: »Na, dich kennt doch keiner!«, was im Klartext bedeuten sollte: »Du bist nicht profiliert genug!« (Umgekehrt habe ich ebenso gehört, wie Frauen über 60 davon abgehalten wurden, sich öffentlich zu äußern, indem es plötzlich hieß: »Ja, früher – da war sie großartig!«) Tatsächlich wird so aber gezielt verhindert, dass Frauen sich profilieren und damit bekannt werden.

- Veraschenputteln (Wortschöpfung von mir): Man verlangt übermenschliche Leistungen von einer Frau, quasi als Eintrittskarte in den jeweiligen »Klub«. Das geschieht z.B., wenn eine Topjuristin spätabends heimkommt und auf ihrem privaten Rechner die Aufforderung vorfindet, bis zum nächsten Morgen (7 Uhr) eine Expertise mit aufwändiger Recherche zu verfassen, was mangels Zugriff auf die Amtsdatei möglicherweise bei Arbeitsantritt kurz nach Mitternacht zu schaffen wäre, Wegzeit nicht mitgerechnet, also ohne Regenerationspause, von Privatleben ganz zu schweigen. Und diese dann am nächsten Tag mit dem Vorwurf der Arbeitsverweigerung, weiblicher Unzuverlässigkeit und mangelnder Loyalität konfrontiert wird. Hier tritt die Parallele zu Cinderella, die hofft, bei pflichtgemäßer Erfüllung unzumutbarer Aufgaben mit dem Zutritt zum Ballsaal belohnt zu werden, klar vor Augen.

- Verbot des Gefühlsausdrucks: Man verletzt, quält eine Frau und verlangt von ihr stummes Erdulden als Beweis für »Steherqualitäten« – wie von einem in Feindesland gefallenen soldatischen Geheimnisträger in einem Ritterfilm, nur dass die metallische Rüstung durch unseren Muskelpanzer ersetzt werden soll. Betroffenheit wird dann als Schwäche, Wehrhaftigkeit als Aggression missdeutet. Besonders durch die Frage »Warum sind Sie denn so aggressiv?« wird Frauen, die sich deutlich abzugrenzen versuchen, unterstellt, sie wären unbeherrscht oder kampflustig. Viele ziehen sich auf diese Frage hin sofort erschreckt zurück, um diese Zuschreibung Lügen zu strafen, statt kühl zu entgegnen, was der andere denn konkret als Aggression empfinde – und wieso er davor zurückscheue.

- Ewige »Erziehungsversuche« durch Propagierung einschränkender Leitbilder – eine schon bei Eltern beliebte Anleitung zum Neidischsein: Man lobt einen anderen – in der Kindheit das Nachbarskind oder ein Geschwister – und fordert, man möge diesem nacheifern. Im Klartext heißt die Botschaft: »Sei nicht du selbst!«, sondern »Sei (wie) wer anderer!« In der Produktwerbung sind diese Hardselling-Methoden weitgehend verschwunden – die Fernseh-Clementine redet keiner desperaten Hausfrau mehr ins Gewissen, ihre Wäsche sei wohl ein bisschen sauber, aber nicht porentief rein. Im humanwissenschaftlichen Hochschulbereich hingegen werden Frauen gerne von Männern kritisiert, sie arbeiteten nicht wissenschaftlich genug, wenn sie andere Forschungsmethoden erprobten als das statistische »Nasenzählen«. Umgekehrt werden aber Frauen als Literatursensationen bejubelt, wenn sie geschmacklose Pornografie verfassen – außer sie propagieren radikale Frauenliebe –, denn dann kommen sie als Autorinnen dem männlichen Olymp nicht gefährlich nahe, sondern bleiben in trivialen Niederungen.

- Verwirrspiele: beispielsweise durch absurde Schuldzuweisungen. Besonders beliebt ist dabei die Heraufbeschwörung des Aussterbens Europas[78], üblicherweise begleitet von Kritik an der angeblichen Gebärverweigerung der Frauen, die nur ihre Karriere vor Augen hätten. Ersetzen wir das Wort »Karriere« durch »bestmögliche Existenzsicherung«, kommt man der Alltagsrealität des Gros der Durchschnittsfrauen wesentlich näher – der Realität zahlungs- und beistandsunwilliger Männer, die sich verabschieden, sobald sie von einer Frau nicht mehr »amused« sind.

- Berufung auf Naturgebote: beispielsweise durch Reduzierung auf die biologischen Funktionen. So warnt etwa Volker Elis Pilgrim: »Das ›Natur-Etikett‹ vor einem Verhältnis, einem Vorgang oder einem Verhalten hat den Zweck, dessen kritische Beleuchtung zu verhindern.« Und ätzt: »Die Natur wird zum Weihnachtsmann gemacht, den man nicht fragen darf, wer hinter ihm steckt. Das meiste, das als natürlich ausgegeben wird, soll unwidersprochen hingenommen, darf nicht als vom Menschen selbst künstlich errichtet entlarvt und noch weniger als veränderbar erkannt werden [...] Wenn eine Gesellschaft etwas als ›natürlich‹ erklärt, will sie damit nur ausdrücken, dass sie etwas als unangreifbar wünscht. Dagegen bedeutet das Etikett ›unnatürlich‹, dass das damit gekennzeichnete Verhalten missbilligt wird und von jedermann angegriffen werden kann.«[79]

- Angstmachen: durch Androhung von Verachtung, Isolierung, Ausgrenzung und sozialer Vernichtung. In der Arbeitswelt werden diese Verhaltensweisen als Mobbing bezeichnet, sind ein nicht unerheblicher Kostenfaktor (nicht nur weil sie Arbeitszeit blockieren, sondern weil sie auch Ausbildungs- und Anleitungsinvestitionen zerstören) und bedeuten außerdem einen Imageschaden für jedes Unternehmen, das so etwas duldet. Im privaten oder halbprivaten Bereich – in Nahebeziehungen, dazu gehören auch solche in Religionsgemeinschaften – gehört der Kommunikationsausschluss aber nach wie vor zur Angstmache und Disziplinierungstechnik. Fairerweise möchte ich aber aus eigener Erfahrung hinzufügen, dass Kommunikation oft auch deshalb zum Abbruch kommt, weil die Nahestehenden kein anderes Modell besitzen, wie sie sich im Konfliktfall zwischen zwei (oder auch mehr) Parteien verhalten könnten: Sie versuchen dann wie kleine Kinder, zwischen der Elternfront durch Verstummen quasi unsichtbar zu werden.

● Verkehren: Psychisch kranke Menschen zeihen die anderen der Psychopathie. Damit möchte ich das Phänomen ansprechen, dass etwa Personen mit Borderline-Persönlichkeitsstörung in ihrem rasch wechselnden Stimmungsslalom die Personen, die sich am besten als Zielscheibe für ihre Aggressivität (»Sündenziege«) eignen, als gestört oder verrückt attackieren; »crazy making« nennt man dieses Verhalten in der Psychotherapie oder auch »gaslightening«[80] nach der Strategie des Verbrechers in dem Film »Gaslicht« bzw. seinem Remake »Das Haus der Lady Alquist«. Man kann jede Person bis an den Rand des Wahnsinns treiben, wenn man ihr nur lange und intensiv genug ihre Wahrnehmung ausredet.

Zwecks schnellem Zugriff zu alternativen Gegenmaßnahmen empfehle ich, im Sinne des Kohärenzgefühls – des Wissens um den zeitlichen Wechsel von Höhen und Tiefen –, zuerst zu überlegen, ob man gleich oder erst in Zukunft reagieren will. Die Spötter und Höhner denken ja nicht daran, dass, wenn nicht gleich, doch noch eine Reaktion kommen könnte, etwa in einer Situation, wo es ihnen sehr unangenehm sein könnte ... oder dass Verspottete plötzlich in eine ihnen übergeordnete Machtposition kommen könnten ... Man weiß ja nie, was noch aus jemandem wird ...

Das Ansprechen der objektiven wie subjektiven eigenen Wahrnehmung sollte jedoch unbedingt bedacht werden, im Sinne von: »Die Wahrheit wird euch frei machen.« Objektiv bedeutet, das zu wiederholen, was der oder die andere gerade gesagt hat, subjektiv, die eigene Bewertungssicht dagegenzustellen und die sich zur Behebung des Missstands fällige Forderung laut kundzutun. In der Erwachsenenbildung ist dieser korrekte Dreisatz als »Du-Ich-Bitte-Modell« bekannt; es eignet sich, vorausgesetzt, man bleibt in ruhig neutraler Stimmung, für alle schwierigen Kommentare, Grenzsetzungen, Wunschvermittlungen. Und es verstärkt Selbstbestimmung – und die ist salutogen.

Im Endeffekt geht es den Verunsicherern immer darum, zu verhindern, dass sich eine noch unerfahrene Prinzessin als eigenmächtige Anwärterin auf die Herrschaft im eigenen Revier entpuppen könnte. Deshalb soll sie niedlich und niederrangig bleiben, und zu diesem Zweck wird ihr oft ein scheinbar sicheres Plätzchen im Schatten oder an der Seite der Macht angeboten: als ewige Kronprinzessin oder als Mätresse.

Ausbeutung

Unlängst erzählte mir eine medienbekannte Universitätsdozentin, wie überrascht die ihr übergeordneten Universitätsprofessoren wie auch KollegInnen waren, als sie ihnen mitteilte, dass sie in eine halbstaatliche Einrichtung wechseln würde. Alle hatten erwartet, dass sie bis an ihr Lebensende als stille Forscherin für wenig Geld dem Institut dienen würde, immer in der Hoffnung, den gut zwanzig Jahre älteren Institutsvorstand, einen Arzt, vielleicht doch beerben zu können – auch wenn sie nicht seiner Profession angehörte –, oder auch nur um sich den hoch angesehenen Forschungsplatz zu erhalten.

Überhaupt ist Ausbeutung im Universitätsbereich gang und gäbe. Nicht nur bei Studentinnen, die durch Charme oder fast schon Erpressung zu selbstloser, sprich unbezahlter und auf Namensnennung verzichtender »Mitarbeit« an den Publikationen ihres Chefs »motiviert« werden. In meinen Coachingseminaren für aufstiegsträchtige UniversitätsmitarbeiterInnen höre ich immer wieder die Klage: Der Chef brauche Publikationen für sein internationales Renommee, hätte (oder besser: nähme sich) aber keine Zeit fürs Forschen, Denken, Schreiben, sondern erst für's Überprüfen der Zuarbeit. Einer meiner Klienten – männlich, Facharzt an der Wiener Universitätsklinik – wagte nach entsprechendem Empowerment durch mich, vor versammelter Institutsmannschaft anzumerken, dass er aber doch gerne auf dem Titelblatt der Publikation stehen würde, für die er praktisch die ganze Arbeit geleistet hatte. Der Chef konzedierte daraufhin gequält, ein Blatt mit entsprechendem Hinweis in die Studie einlegen zu lassen ...

Aber auch in der Politik versuchen untergeordnete Lokalmatadore, die noch nicht über Büros und Mitarbeiterschaft verfügen, ihre mangelnde intellektuelle Routine mittels Ghostwriting zu kaschieren. Ich selbst habe als Stadtteildeputierte für etliche übergeordnete PolitikerInnen Reden geschrieben, unbezahlt natürlich, und meine Begabung zur Einfühlung genutzt, um im jeweiligen Sprachrhythmus und in gewohnter Wortwahl zu »dichten«. War ich zuerst noch stolz darauf, »dienlich« sein zu können, erkannte ich bald den Charakter dieses Ideen-Zehnts. Wirklich empört war ich aber, als in einem formidablen Monatsmagazin, herausgegeben von der Stadt Wien, ein Artikel von mir über die von mir entwickelte Form der Gemeinwesenarbeit (Kommunikationszentrum Club Bassena) nicht unter meinem Namen erscheinen durfte, weil ich im selben Heft in einer Reportage über dieses Projekt mit Bild und Zitat vorkam. Der Artikel erschien unter dem Namen des Landtagsabgeordneten, der damals der Obmann des Trägervereins meines Projekts war (des Vereins Jugendzentren der Stadt Wien), eines Mannes, der mich nicht mochte (vielleicht weil ich etwas konnte, was ihm verwehrt war?) und mich immer wieder in meiner Arbeit behinderte und abwertete.

Eine andere Art der Ausbeutung droht aus dem Eck der sexuellen Paarungsangebote. Als ich Mitte der 1960er-Jahre ins Berufsleben eintrat, war ich völlig unvorbereitet auf peinliche Situationen wie die, als mir der damalige Personalchef der Oesterreichischen Nationalbank (und Bezirkspolitiker) mitteilte, er könne meine Karriere fördern oder auch nicht – ich müsste ihn halt auf Dienstreisen begleiten und »nett« zu ihm sein. Da ich nicht wusste, wie ich aus dieser Zwickmühle herauskommen könnte, wandte ich mich in meiner Naivität an den Zentralsekretär der zuständigen Gewerkschaft – und kam vom Regen in die Traufe. Die Erinnerung an das damalige Gefühl der Ausweglosigkeit motivierte mich Jahre später (bei der Diskussion des späteren SPÖ-Parteiprogramms 1978), bei der Bundesfrauenvorsitzenden Hertha Firnberg dieses Problem – heute würden wir sagen, der sexuellen Belästigung am Arbeitsplatz – zu thematisieren und eine gesetzliche Ahndung anzuregen. Firnberg – damals gegen siebzig – schmetterte mich (Anfang dreißig) ab, indem sie vor versammelter Frauschaft befand, das wäre wohl nur mein persönliches Problem. Unterstützung von anderen Frauen erhielt ich keine. Als ich allerdings Jahre später nach meinem Berufswechsel in die Psychotherapie und Beratung viele Politikerinnen coachte, erkannte ich bald, dass es eben nicht nur mein persönliches Problem war – es ging fast allen Frauen so: sie wurden erpresst und schlechtgemacht, wenn sie nicht willig waren. Aber auch heute, knapp vierzig Jahre später, erfahre ich laufend von jungen begabten Frauen, insbesondere aus der Wirtschaft, wie sie von ihren männlichen Konkurrenten in sexuelle Beziehungen verstrickt und relativ schnell fallen gelassen werden, dadurch jedoch in Abhängigkeiten und Schweigenöte geraten, die es ihnen unmöglich machen, sich gegen Ungerechtigkeiten zu wehren. Genau deswegen ist es auch so wichtig, dass genügend Frauen in Entscheidungspositionen diese »Erstnachtsrechte« unterbinden können. »Bindung durch Sexualität« ist eine traditionelle Strategie, die Männern nutzt, Frauen aber schadet – egal ob mit oder ohne Trauschein.

Gerade junge Frauen mit wenig Lebenserfahrung und ohne Vernetzung fürchten oft, nicht ernst genommen zu werden, wenn sie der sexuellen Beziehung nicht zustimmen. Das stimmt einerseits: Die »anderen« wollen meist wissen, zu wem man gehört – dieses »Wem« muss aber kein realer Mann sein, es kann sich auch um eine Frauengruppe handeln, eine Idee oder Ideologie, eine Position, ein Ziel. So wie ein junger Baum eine Stütze bekommt, bis er fürs Alleinstehen stark genug ist, nützt Frauen eine Unterstützung, wenn sie irgendwo neu »Wurzeln schlagen«. Heute gibt es Mentoringprogramme auch für Frauen, und die halte ich für extrem wichtig. Als ich selbst in den 1970er-Jahren in einer Frauensitzung der eben erwähnten Hertha Firnberg den Vorschlag nahe bringen wollte, jede Abgeordnete sollte eine Nachwuchspolitikerin als Privatsekretärin für den Beruf der Politikerin qualifizieren, erntete ich nur höhnische Abfuhr. Firnberg sagte wörtlich: »Es wird doch niemand so dumm sein, sich selbst seine Konkurrenz heranzuzüchten?«

Wer Konkurrenz unter Frauen fürchtet, nährt damit eine Atmosphäre scheeler Blicke und eifersüchtiger Rivalität. Das verhindert Vertrauen und Kooperation. Konkurrenz sollte daher immer explizit bewusst gemacht und dabei das Unterschiedliche hervorgehoben werden. Das Trennende zu sehen, bedeutet keineswegs, sich trennen zu müssen, ganz im Gegenteil: Es hilft, Ergänzungen, Synergien, Vervollkommnungsmöglichkeiten zu erkennen und gegenseitigen Respekt einzuüben. »Wo Neid und Missgunst herrschen und jeder des anderen Feind ist, kann kein Gefühl der Zusammengehörigkeit entwickelt werden«, mahnt auch der Göttinger Neurobiologe Gerald Hüther. »Dann wird jede Form des Austauschs mit anderen Menschen von der Notwendigkeit zur Selbstbehauptung und Selbstdarstellung bestimmt.«[81]

Als ich beispielsweise in den frühen 1990er-Jahren gemeinsam mit Kolleginnen den Verein Promethea zur Langzeitbetreuung von Vergewaltigungsopfern gründete, nahm eine Kollegin aus dem Kreis der Frauen, die den Autonomen Notruf für vergewaltigte Frauen betrieben, mit mir Kontakt auf. Sie bot Austausch und künftige Zusammenarbeit an. Ich versuchte wahrheitsgemäß zu erklären, dass wir uns noch in der Entwicklungsphase befänden und noch gar nicht viel herzeigen könnten, daher noch Zeit bräuchten, bis wir an Kooperation denken könnten. Mir wurde nicht geglaubt. Ganz im Gegenteil. Es folgten heftige, auch öffentliche, allerdings anonyme (!) Attacken gegen mich – mich allein, der restliche Vorstand blieb ungeschoren. Ich erkannte hinter diesem Verhalten die, wie der historische Verlauf zeigte, unberechtigte Angstfantasie, ich könnte einen besseren Zugang zu den politischen Finanztöpfen besitzen. Den hatten die »Autonomen«, denn sie konnten sich spektakuläre Protestaktionen hart an der Grenze des Strafrechts leisten, die ich aufgrund meiner psychoanalytischen und juristischen Grundhaltung immer ablehnte. Es ist mir ein hoher Wert, mich innerhalb der Grenzen des Erlaubten zu bewegen, ich bin jedoch gegebenenfalls bereit, mich für die Erweiterung dieser Grenzen einzusetzen. Das wäre in einem ehrlichen Gespräch leicht erfahrbar gewesen.

Verschiedenheit ist von Nutzen und erleichtert das Überleben aller, besonders in Krisensituationen.

Weil sie sich noch auf der Suche nach Identität und deren Anerkennung befinden – was auch heißt, mehr Energie für weiteres Wachstum zu begehren –, neigen Prinzessinnen dazu, sich den Erwartungen und Wünschen derjenigen anzupassen, die sie für Kraftquellen halten. Das können auch erfolgreiche Frauen sein. So beobachtete ich immer wieder, wie sich »Nachwuchshoffnungen« um die Frauenvorsitzenden der Parteien scharten – und diese umgekehrt deren »letzten Stand der Wissenschaft« oder Praxiswissen aus den Institutionen in sich aufsogen. Leider war immer Harmonie angesagt, echte Streitgespräche fanden nicht statt. Wer intellektuell dissidierte, wurde ausgegrenzt, nicht mehr eingeladen, oft noch hinterrücks verleumdet. Gleichschalterei erhöht aber nur den Konkurrenzdruck, verhindert Innovationen und fördert devote Unterwürfigkeit unter Mächtigere. Die Prinzessin bleibt Magd.

Nur ein klares Profil und damit Abgrenzung und Revierverteidigung helfen der Prinzessin im Streben nach der Königinnenwürde.

Die wahren Lernaufgaben

Prinzessinnenzeit ist Lernzeit – keine Tändelzeit: Sobald von einer Frau selbst – oder auch von echten MentorInnen – ihre Begabung zur Königsherrschaft erkannt wurde, beginnt die Einübung der Kenntnisse und Fähigkeiten, die nötig sind, wenn sie die Verantwortung für ihr Reich und alle, die von ihr abhängen, übernehmen muss und will. Folgende Kenntnisse und Fähigkeiten gehören dazu:

- wie frau unabhängig von anderen Menschen Energie[82] aufbaut (um keine Bettlerin für Zuwendungen zu sein).

In meinem Buch »Sein wie Gott – von der Macht der Heiler«[83] habe ich am Beispiel der im Westen üblichen Einteilung in vier Elemente gezeigt, wie »Priester, Psychotherapeuten, Politiker« (so der Untertitel) mittels gezielt eingesetzter Bewegungen (Erde), Sprache (Luft), Gefühle (Wasser) und ihrer Sexualenergie (Feuer) andere Menschen so beeinflussen, dass sie ihnen »folgen«. Mein Ziel war dabei, allfällige Manipulationen durchschaubar zu machen – nicht nur für die »KonsumentInnen«, sondern auch für diejenigen, die für sich beanspruchen, Seele, Geist und Körper oder auch das Gemeinwesen bzw. die ganze Welt »heil« zu machen. Verdeckte Manipulation sollte unnötig werden; ganz ausschließen kann man sie nicht – wir versuchen immer, andere dazu zu bringen, das zu tun, was wir für richtig halten oder was wir ersehnen, manchmal bewusst, vielfach unbewusst. Ins Bewusstsein gehoben, können wir im Gefolge des Prinzips der Salutogenese auf der Basis unserer Beglückungsfantasien klare Vorschläge formulieren, Angebote unterbreiten, Gegenpositionen nachfragen oder auch nur Wünsche äußern, vorausgesetzt, wir sind offenherzig genug. Und das sind wir, wenn wir gelernt haben, Angst – die Muskel- und damit auch Herzverengung – als Warnsignal und Ratgeberin zu erkennen und nicht als Startsignal für Erstarrung.

- wie frau Energie bei sich behält – was sich in der Selbstregulation zeigt. In der Balance von Denken und Fühlen, körperlichem Empfinden und Intuieren (Ahnen, Fanta-

95

sieren, Glauben)[84], vor allem aber auch im Schweigen, Sichverlangsamen, in der Kontrolle der eigenen Sprache und Körpersprache, daher auch im Verzicht auf Gewalt, vor allem aber im Aushalten von Verteufelungen oder Einsamkeit.

»Eines der Geheimnisse Angela Merkels, wenn nicht vielleicht überhaupt ihr eigentliches Erfolgsgeheimnis, ist ihr Understatement«, betont die Politikwissenschaftlerin und Topjournalistin Trautl Brandstaller, »wodurch sie von Männern ständig unterschätzt wurde.«[85] Und vorerst auch als »Kohls Mädchen aus dem Osten«[86] in »Schlabberlook und Jesuslatschen«[87] verhöhnt – und manche ihrer Anregungen vor ihrer Zeit als Bundeskanzlerin auch; sie musste sich von Kanzler Kohl immer wieder wegen »unausgegorener Vorschläge« rüffeln lassen, schreibt Brandstaller, »was bei ihr gerüchteweise auch zu Tränenausbrüchen führt. ›Na und? Andere schreien‹, meint sie zu ihren Gefühlen der Kränkung. Kränkungen verarbeitet sie insgesamt relativ souverän.« Brandstaller – Ehefrau des ehemaligen Zentralsekretärs der SPÖ, Rechtsanwalt Heinrich Keller – weiß: »Man muss schon eine dicke Haut haben, um die permanente Häme der deutschen Medien durchzustehen. Aber Angela Merkel hat einen Startvorteil als ›Ossi‹. Sie war in der DDR nie dem Ästhetik-Terror ausgesetzt, den die Medien im Westen insbesondere gegenüber Frauen ausüben.«[88]

● wie frau Energie gezielt einsetzen kann – beim Kämpfen, Verhandeln, aber auch beim Ansprechen von Missständen, Gewalt etwa. Dabei kommt es besonders auf die Macht der Stimme an.

»›Gebt mir in jeder Stadt einen Balkon und ich werde das ganze Land beherrschen‹, sagte einmal ein lateinamerikanischer Diktator«, so erinnert sich Barbara Sichtermann, jedoch: »Nur wenige Frauen haben die Technik gemeistert oder versucht sie zu meistern, aus einer erhöhten Position herab zu einer Menschenmenge zu sprechen. Wenn man von Evita Perón absieht, war die demagogische Manipulation der Massen schon immer ein männliches Territorium. Eine Frau auf dem Podium mit einem Mikrofon in der Hand wird immer als aggressiv, anmaßend oder ›etwas schrill‹ empfunden, wie die amerikanische Presse über Margaret Thatcher urteilte, als sie ihr Amt übernahm – es spielt also keine Rolle, ob sie makellos frisiert ist. Viele Zuhörer reagieren gereizt auf hohe Stimmen über Lautsprecher. Es verbessert die Situation auch nicht, dass die Elektronik auf niedere Tonhöhen eingerichtet ist oder dass die Rednerpulte ganz selbstverständlich auf Männergrößen abgestimmt sind.«[89]

Spricht eine Frau hingegen kraftvoll mit tiefer Stimme, wird sie, wenn nicht als kalt und herzlos, so doch zumindest als unweiblich abqualifiziert. Ich erinnere nur an die ehemalige österreichische Nationalratspräsidentin und spätere Gründerin des Liberalen Forums, Heide Schmidt ... Ähnlich typisch, aber amüsant ist beispielsweise, dass der Paracelsusring, welcher zwei Wappen trägt und den ich als erste (und bisher einzige) Frau erhielt, damals erst mühevoll auf Frauenfingergröße verengt werden musste ...

Das alles zählt nicht nur zur Identitätsbildung der Souveränität, und die gibt es innerhalb wie auch jenseits des egozentrischen Bestrebens, zur »Elite« zu gehören, sondern auch zur Ausformung eines prosozialen verantwortungsbereiten Gewissens. »Soziale Empathie ist die positive Folge der Aussperrung von der Macht«, schreibt Trautl Brandstaller.[90] Ich meine, sie muss zur Voraussetzung von Machtverleihung werden.

Königin

Obwohl es in den letzten Jahrzehnten so viele berühmte Frauen gegeben hat, ist in der öffentlichen Meinung eine herausragende Frau noch immer umstritten. In Interviews erwartet man von ihr das Glaubensbekenntnis, dass Ehemann und Kinder an erster Stelle stehen – oder stehen würden, wenn sie das Glück hätte, eine Familie zu haben.

S. Brownmiller[91]

Die spezifische Königinnenenergie bedeutet Würde – und die besteht in der Sicherheit der übernommenen Aufgabe, der Gewissheit der dazu erforderlichen Fähigkeiten und des Bewusstseins des damit verbundenen eigenen Wertes.

Sie ist in der eigenen Person begründet, in der aufrechten und aufrichtigen Haltung, in der Standfestigkeit, in der Ruhe. Sie ist nicht auf Anerkennung durch andere angewiesen. Und die sollte sie vorausblickend auch nicht erwarten. Nicht von Männern – denn nur sehr selbstsichere Männer fühlen sich in ihrem Selbstverständnis durch eine gleich starke oder sogar stärkere Frau nicht gefährdet. Aber auch nicht von Frauen – vor allem nicht von wesentlich jüngeren, denn auch die halten den – völlig unnötigen – Vergleich mit sich selbst oft nicht aus.

Sie hat Macht – Eigenmacht. Eigenverantwortung. Eigen-Sinn.

Und eben weil sie diese Form der Unabhängigkeit pflegt, muss sie damit rechnen, das man(n) versuchen wird, ihr klarzumachen, dass sie nichts ist. Der Schlager »Zusammen sind wir ein Feuer« von Bergfeuer fällt mir in diesem Zusammenhang ein, worin es – von einem Mann gesungen – heißt: »Denn was wär ich ohne – ohne deine Liebe? / ich würde da draußen ganz bestimmt erfrieren. / und du wärst auch ohne – ohne mich so wenig / wärst nur eine Königin ohne König ...«[92]

Eine Königin ist eine Königin, ist eine Königin, ist eine Königin – auch ohne König. Ein echter König wird sie auch als Gleichberechtigte respektieren – und dieser Respekt zeigt sich unter anderem darin, dass er sie offen und unter Einhaltung der unter Ebenbürtigen anerkannten Kampfregeln bekämpfen wird, wenn er das will. Er (oder sie, wenn es eine königliche Opponentin oder Rivalin ist) wird weder hinterrücks verleumden, vergiften, meucheln noch ins Gesicht höhnen. Durch solches Verhalten würde er (oder sie) sich nur selbst disqualifizieren, daher ist es unter der Königswürde. Das tun nur Dummlinge, denen Informationen fehlen, oder Schwächlinge, die zu unlauteren Mitteln greifen, weil sie vermeinen, mit lauteren ihre – wohl auch nicht lauteren – Ziele nicht erreichen zu können.

Kurz bevor ich meine Professur für Prävention und Gesundheitskommunikation an der Donau Universität Krems antrat, bewarb ich mich auf Aufforderung des Bildungsmanagers des ORF für die Konzeption und Leitung eines frauenspezifischen Führungskräftetrainings. Eine Aufgabe, für die ich nicht nur die theoretische Qualifikation und praktische Routine, sondern vor allem im Gegensatz zu möglichen Konkurrentinnen jahrzehntelange Erfahrung als Führungskraft in Politik und Wirtschaft mitbrachte. Auch war ich schon Jahre zuvor erfolgreich für das Unternehmen tätig gewesen – allerdings waren seitdem die HR-Manager (Human Ressources Manager) mehrfach ausgewechselt worden. Bei dem aktuellen handelte es sich um einen ehemaligen Journalist und PR-Mann, bei dem ich sogar vor Jahren einmal privat zu Gast gewesen war.

Eingeladen zu einem Vorstellungsgespräch im Beisein eines Mitarbeiters und der Gleichbehandlungsbeauftragten, fand ich mich folgender Gesprächseröffnung gegenüber: »Wieso wollen Sie trainieren – Sie sind doch eine Sexualtherapeutin?« Ich darauf: »Sie zielen jetzt aber genau in meine Achillesferse! Seit Jahren bemühe ich mich, Journalisten aufzuklären, dass ich Juristin und Psychoanalytikerin bin ...« Er, mich überheblich unterbrechend: »Sie brauchen sich doch nicht zu verteidigen ...« Ich, lächelnd: »Ich verteidige mich nicht – ich ziehe nur den Giftpfeil aus meiner Wunde, den Sie mir soeben verpasst haben!«

Den Auftrag bekam ich nicht. Möglicherweise nur deshalb, weil ich nicht die Zeit fand, ausführliche Bewerbungsunterlagen nachzuliefern, sondern nur ein knappes Konzept eines anderen Führungskräftetrainings zumailte. Da ich aber an der Universität unter anderem auch Sozialkompetenz unterrichte (und dazu ein Fachbuch verfasst habe[93]), konnte ich sein Kommunikationsverhalten gut als Beispiel für soziale Inkompetenz verwenden. Dabei beschäftigten mich zwei Aspekte: Einerseits die Frage, ob es legitim ist, wenn jemand versucht, sein Gegenüber in eine Stresssituation zu bringen, egal aus welchen Gründen (etwa um dessen Belastbarkeit, Schlagfertigkeit, Devotion zu testen oder um eigene Vorurteile, Ressentiments, Misogynie auszuleben), andererseits die Taktik, einem anderen ein diminuierendes Etikett anzuheften.

Üblicherweise kontere ich, wenn mich jemand als Sexualtherapeutin – eine Berufsbezeichnung, die nach dem österreichischen Psychotherapiegesetz gar nicht existiert – bezeichnet, mit der freundlichen Zurechtweisung: »Ich bin Psychoanalytikerin mit einer Zusatzausbildung (u.a.) in Systemischer Sexualtherapie; für mich ist Ihre Namensgebung so, wie wenn sie Luciano Pavarotti als Folkloresänger bezeichneten – nur weil er manchmal auch ›O sole mio‹ trällert.«

»Ich würde es als Einschränkung empfinden, mich restlos einer einzigen Disziplin oder Auffassung anzuschließen oder mich auf ein einziges Gebiet zu beschränken«, positioniert sich ebenso die niederländische Sozialwissenschaftlerin, Journalistin, Schriftstellerin, Dozentin, Abgeordnete und immer feministische Politaktivistin Anja Meulenbelt. »Ich erlebe meine Arbeit, genau wie mein Leben, mit all ihren verschiedenen Themen und Erscheinungsformen als Ganzheit. Ich empfinde mein Leben als reich, vielschichtig und rund. Aber viele, die mich in erster Linie als Schriftstellerin sehen oder als Feministin, akzeptieren nur einen Aspekt.«[94]

Aber genau darum geht es oft: die Fülle eines Frauenlebens zu beschneiden, Selbstbestimmung zu verhindern und Energie abzuzapfen, indem man unnötige Fronten eröffnet, Breschen schlägt oder Duelle anzettelt, nur damit die ambitionierte Königin nicht zu ihrer Regentschaft, damit meine ich die Gestaltung ihrer Lebenswelt, kommen soll. Sie soll nur nicht »ohne König« wirken – sprich ohne Kontrolle durch einen Mann (der wiederum von seiner männlichen Bezugsgruppe kontrolliert wird).

Namensgebung

Etwas zu benennen, ist ein schöpferischer Akt: Er schafft Wirklichkeit. Er gebiert »Meme«. Als Beispiele für seine Wortschöpfung »Mem« bezeichnet der Zoologieprofessor Richard Dawkins »Melodien, Gedanken, Schlagworte, Kleidermode, die Art, Töpfe zu machen oder Bögen zu bauen. So wie Gene sich im Genpool vermehren, indem sie sich mit Hilfe von Spermien oder Eiern von Körper zu Körper fortbewegen, so verbreiten sich Meme im Mempool, indem sie von Gehirn zu Gehirn überspringen mithilfe eines Prozesses, den man in einem allgemeinen Sinn als Imitation bezeichnen kann.«[95] Wenn etwa ein Wissenschaftler einen beeindruckenden Gedanken hört oder liest, gibt er ihn an StudentInnen und KollegInnen weiter. Kommt er damit an, wird sich dieses Mem vermehren – als lebendige Struktur nicht nur im übertragenen, sondern auch im technischen Sinn. »Wenn jemand ein fruchtbares Mem in meinem Geist einpflanzt, so setzt er mir im wahrsten Sinn des Wortes einen Parasiten ins Gehirn und macht es auf die gleiche Weise zu einem Vehikel für die Verbreitung des Mems, wie ein Virus dies mit dem genetischen Mechanismus einer Wirtszelle tut ...«[96]

Wir alle kennen die Wirkung von Memen, nennen sie Ohrwürmer – oder auch Zwangsgedanken, sprechen von erfolgreicher Markenwerbung oder Grübelsucht, je nachdem, wem solch eine Verankerung im Gedächtnisschatz angenehm ist oder nicht. Es zählt zu den wesentlichen Erfolgen von Psychotherapie, wenn es gelingt, ängstigende oder behindernde Gedächtnisspuren und folglich Verhaltensmuster schnell zum Verschwinden zu bringen. Am schwersten ist dies bei Zuschreibungen von Charaktereigenschaften, besonders wenn diese in früher Kindheit erfolgt sind. Manche

Eltern wissen keine anderen pädagogischen Interventionen als derartige »Flüche«, manche geben gutgläubig, wenn auch bewusst das weiter, was sie selbst an Leib und Seele erfahren haben. Manche aber sind echte Sadisten und freuen sich, wenn ein Kind stellvertretend für ihr todesgleich erstarrtes »Inneres Kind« weint.

Rollen- und Funktionszuschreibungen zählen auch zu den traditionell übermittelten Memen, meist in Form geistiger Bilder oder Filme, oft aber auch als Ge- und Verbote mit mehr oder weniger harten Strafen. Deshalb finden ja auch mancherorts rituelle Namensänderungen statt, um den so Umbenannten den Umstieg in eine neue Position (und den damit verbundenen Verhaltensvorschriften) leichter zu machen. Beispielsweise nehmen manche Königsfiguren – Päpste etwa – anlässlich ihrer Krönung einen neuen Namen an, meist einen mit proklamatorischer Wirkung, oder sie ziehen einen ihrer meist vielen Namen vor und schaffen sich mit ihm eine Markierung für den Neubeginn. So mutierte etwa die US-Schauspielerin Grace Kelly zur Fürstin Gracia Patricia von Monaco.

Umgekehrt gibt es aber – ebenso wie den Königstattoos die Verbrechertätowierungen gegenüberstehen – auch Namensgebungen ohne sozialen Aufstiegscharakter, denken wir nur an Krankenschwestern oder Friseurinnen. Positiv gesehen schützen sie damit ihre private Identität vor Verletzungen ihrer Privatsphäre, negativ betrachtet werden sie damit in die Riege jener Dienerinnen eingereiht, deren Persönlichkeit nur optisch zum genehmigten Ausdruck kommen darf.

Warum mussten/durften aber so lange Zeit in unserer Kultur immer nur Frauen anlässlich ihrer Eheschließung den Namen ändern? Weil sie und nicht die Männer ihre bisherige Identität verlassen und eine neue als Accessoire des

Ehemannes annehmen sollten. Bis ins 12. Jahrhundert galten Frauen bei uns noch als Sachen mit den dazugehörigen Besitzern und nicht als eigenständige Rechtspersönlichkeiten, dafür durften sie an den Standesrechten ihres Ehemannes teilhaben. Frauen ohne Besitzer/Beschützer hingegen wurden diskriminiert, als Freiwild betrachtet oder als »alte Jungfern« verspottet.

Als Königin muss frau damit rechnen, dass sie mit bösen Namensgebungen herabgemindert werden soll – quasi als Schadzauber zur Angstbewältigung all derer, die sich unterlegen fühlen, aber auch, um ihre mögliche Vorbildwirkung zu zerstören. So ist mir beispielsweise aufgefallen, dass sowohl in den sogenannten Qualitätszeitungen als auch in denen des Boulevards anlässlich des Rücktritts der ersten österreichischen Rektorin Ingela Bruner wie auch des angekündigten Wechsels der französischen Justizministerin Rachida Dati die Formulierung, sie »gibt auf«, getitelt wurde. Wie ein Boxer im Ring ... und so wurde ihr »Antreten« wohl auch klassifiziert: als Herausforderung für unsichtbare Champions, nicht als Berufung einer kompetenten Frau in eine verantwortungsvolle Funktion, die sie nun nach ihrem Gutdünken gestalten kann und soll. Bei Ovid heißt es in den »Metamorphosen« lautmalend von den geizigen lykischen Bauern, die der Göttin Latona das Wassertrinken verweigerten und von ihr in quengelnde Frösche verwandelt wurden: »quamvis sunt sub aqua / sub aqua maledicere temptant« – locker übersetzt: »Selbst wenn sie im Nassen hocken, versuchen sie immer noch übel nachzureden«.[97] Die Gefahr, unbedacht den »Sagern« nachzuquaken, betrifft uns alle. Solidarische Frauen sollten daher darauf achten, dass sie solche Mem-Bildungen vermeiden. Solidarität sollte selbstverständlich sein (unabhängig von Kritik an konkretem Verhalten) – man bastelt sonst an den Sprachstrategien mit, die gegen alle Frauen, also auch gegen einen selbst, angewendet werden können.

Zur Veranschaulichung ein Beispiel: Sylvia Wörgetter schrieb in den Salzburger Nachrichten über die österreichische Bundesministerin Doris Bures: »Doris Bures war einst von einem natürlich ungenannt bleiben wollenden Parteifreund ›Kampfkreischen‹ attestiert worden.«[98] Auf diese Weise wird das jeweilige Gedächtnisbild der initiativen Spitzenpolitikerin mit kakophonen Tönen verbunden. Überhaupt stellt die Verunglimpfung hoher Frauenstimmen eine beliebte Form der Negativetikettierung dar; außer Acht gelassen wird dabei, dass deren Signalwert ebenso Sinn macht wie schrilles Babygeschrei. Sie könnten sonst kaum den dumpfen Einheitsklang männlichen Gemurmels übertönen (was ich als Frau mit dunkler Stimmlage häufig als vergebliche Mühsal erlebt habe, wenn es gilt, sich in Sitzungen ohne Sprachdisziplin Gehör zu verschaffen). Königinnen dürfen langsamer sprechen als eine Magd, die sich gehorsam abhetzt und damit schnell atmet. Das macht die Stimme hell.

Es liegt am konkreten Selbstverständnis als selbst- oder fremdbestimmter Mensch, ob eine Frau ihren Atem- und Bewegungsrhythmus bewusst selbst steuert oder ob sie sich einfach gewohnheitsmäßig lenken lässt: Selbstverständnis beruht in nicht geringem Maße auf dem »inneren Dialog«, der »inneren Namensgebung« und den inneren Bildern, die aus Anleitungen und der Imitation von Vorbildern stammen. Katholische Priester werden von einem »Magister elegantiarum« geschult, würdevoll zum Altar zu schreiten. Das entspricht der Magierenergie, aber auch der Königsenergie.

Sich abzuhetzen hingegen entspricht der befohlenen Kriegerenergie. Sie gehört zum Dienen. Es gibt auch eine andere – die des Befehlshabers. Der wird meist männlich gedacht, überlegt und überlegen, meist daher auch in erhöhter Position – er muss ja den Überblick behalten. Genau diese Verhaltensmuster braucht die Königin auch. Und: Chronisches Verhalten wird zum Charakter, zur Identität, zur Marke.

»Es macht durchaus Sinn, den Namen der Marke ICH® an gewissen Schlüsselstellen der persönlichen Entwicklung zu überprüfen«, schreibt der österreichische »Bierpapst« und Innenpolitikredakteur des *Standard*, Conrad Seidl; dazu zählt, Koseformen aus der Kindheit abzulegen, meine ich, aber auch die innerseelischen Selbstdefinitionen, die meist auch aus der Kindheit stammen. Oft ist eine Psychotherapie nötig, um diese »Kopfbewohner«[99] verabschieden zu können. Dass das mühsam sein kann, wissen alle PR-Profis, die an einer bewussten Umstellung arbeiten, besonders wenn Unternehmen fusioniert werden, wobei durch das Aufgehen in der stärkeren Marke Namenskombinationen (wie Ciba-Geigy) oder neue Namen (wie Novartis) möglich sind.[100] Ich persönlich würde ja auch begrüßen, wenn man bei Eheschließungen Kunstnamen ersinnen dürfte, »Immertreu« oder »Liebegut« (und bei Scheidung zurückgeben müsste), vielleicht würden dann Ehen (derzeit jede zweite, in Großstädten bereits 60 %) nicht so überschnell geschieden ...

Eine Königin definiert ihr Reich und sich selbst dazu, und wenn sie klug ist, »tauft« sie beides auch, gibt ihm und sich damit nicht nur einen Namen, sondern auch Energie und Bedeutung. Conrad Seidl zitiert das Misstrauen, wonach in vielen Personalbüros Patchwork-Lebensläufe als Makel gälten; sie sind es nicht, zeigt er sich hoffnungsfroh: »Denn die Vorurteile gegen Menschen, die ihre vielfältigen Talente ausgetestet haben, nehmen ab – und umgekehrt: In einem Unternehmen, das profilierte, mehrdimensionale Persönlichkeiten nicht akzeptiert, kann eine individuelle Marke ICH® ohnehin nicht weiterkommen.«[101]

Etikettierungen

MedienmitarbeiterInnen schwelgen oft in kabarettreifen Wortschöpfungen, bieten sich gleichsam der Leserschaft als SatirikerInnen an, immer auf der Suche nach einer »G'schicht«, einem Skandal oder auch einem Wunder.

Während ich diese Zeilen schreibe, echauffieren sich die Gazetten über die Beharrlichkeit, mit der die gegenwärtige französische Justizministerin Rachida Dati den Vater ihres Neugeborenen verschweigt – wie wenn es die Öffentlichkeit etwas anginge, wem sie gelegentlich in ihrer Freizeit ihr Herz und einiges darunter »schenkt«. Angeblich mokieren sich Frauenverbände über ihren Solidaritätsbruch gegenüber all den Müttern, denen verlängerte Schutzfristen zugutekommen sollten, weil sie schon fünf Tage nach der Geburt ihr Amt wieder auszuüben wagte – in skandinavischen Ländern eine unkommentierte Selbstverständlichkeit für Regierungsangehörige (die ja auch die dazu hilfreichen Helferpersonen finanzieren können) – und bei Landwirtinnen und selbstständigen Unternehmerinnen und Freiberuflerinnen auch (meist ohne die Finanzprivilegien).

Um die Nachfahrin nordafrikanischer Einwanderer aus ihrem Amt drängen zu können, wird ihr zusätzlich »zu schrilles«, vor allem »autoritäres« Verhalten vorgeworfen samt einer »Schwäche für Luxuskleider und Stöckelschuhe«[102]. Wie erinnert dies an die medialen Vorwürfe an die seinerzeitige österreichische Infrastrukturministerin Monika Forstinger! Der ebenfalls bildschönen Landschaftsplanerin wurde allerdings vorgehalten, ihre Mitarbeiterinnen aufgefordert zu haben, nicht in High Heels über die Ministerialgänge zu klappern. Insider meinten damals erkannt zu haben, dass es sich »nur« um eine aus der Parteikollegenschaft gesteuerte Mobbingstrategie handle, um wieder einen genehmeren, weil »gleicheren« Mann an die Spitze des Ministeriums zu hieven.

Business-Dress-Fragen spielen bei Frauen offenbar eine wichtige Rolle: Man kann sie leicht emotionalisieren und damit Negativ-Meme in Umlauf setzen. Das beginnt schon mit der Frage, ob es sich für eine First Lady wie Michelle Obama schicke, nackte Arme zu zeigen – denn sie solle sich zwar glamourös, zugleich aber bodenständig zeigen, und auch Souveränität ausstrahlen, »aber sie darf nicht auftreten wie eine Königin«.[103] Und sie soll offensichtlich von ihrer Praktik, einen eigenen Stil zu kreieren, abgeschreckt werden.

Man kann aber auch anders mit Verwirrung über Traditionsbrüche umgehen. Mich konsultierte beispielsweise einmal der Leiter der Rechtsabteilung der Bundeswirtschaftskammer mit folgendem Problem: Seine beiden etwa gleich alten Sekretärinnen waren in Pension gegangen und zwei junge Mädchen nachgefolgt; deren Outfit – Hotpants und Tops mit Spaghettiträgern – überforderten den soignierten Herren. Er wolle nicht, dass seine männlichen Besucher fantasierten, er hätte sich absichtlich zwei »Häschen« ins Büro geholt ... Ich riet ihm, nach dem Motto »Die Wahrheit wird euch frei machen ...«, den jungen Frauen eben diese, seine (!) Fantasien zu gestehen und für die Dauer der Arbeit um Wechsel der Privatkleidung in eine der Außenwirkung der Rechtsabteilung angemessene zu ersuchen.

Andererseits habe ich selbst einer Kollegin, auch Psychotherapeutin, Unrecht getan, als ich mich über ihr Outfit im Rahmen einer betriebsinternen Diplomverleihung in meiner Zeit als Führungskraft im Verein Jugendzentren der Stadt Wien mokierte: Die rothaarige Frau hatte sich in Kurzstiefeletten, Netzstrümpfe, Ledermini und Bikerjacke gekleidet, und ich klassifizierte dies in der nachfolgenden Teamsitzung, bei der sie nicht anwesend war, als »huriös« à la Irma la Douce (nach dem gleichnamigen Film von Billy Wilder, 1963). Ich wurde aufgeklärt: Sie hatte sich für den Festtag besonders schön machen wollen, und das war ihr »bestes Gewand«. Da schämte ich mich. Seitdem verteidige ich Frauen, die vielleicht etwas extravaganter gekleidet sind als üblich; »Mägde« können oft nicht einsehen, dass Königinnen an Ansehen verlieren, wenn sie wie ihre eigenen Zofen auftreten, weil sie selbst ja in ihrem Bereich – »backstage« – mit ihrer demonstrierten sexuellen Attraktivität Erfolg haben, leider nur zu oft auch beim Prinzgemahl der Königin, der sich so subtil für seine Nachrangstellung rächen kann.

Aber nicht nur mit Beiworten wie »schrill« oder »autoritär« werden Frauen als inkompetent abqualifiziert. Der neu ernannten österreichischen Justizministerin Claudia Bandion-Ortner wird sogleich ein »Brillen-Tick« nachgesagt, wenn sie es wagt, Kleidung und Brille aufeinander abzustimmen – eigentlich eine Selbstverständlichkeit für Frauen, die auch repräsentieren müssen (und die Brillen nicht als Heilbehelf oder Krücke definieren wollen). Als Richterin im sogenannten BAWAG-Prozess[104] schleuderte ihr der Hauptangeklagte, der ehemalige Generaldirektor Helmut Elsner, während der Hauptverhandlung entgegen, sie hätte »abgetanzt«, während er hart gearbeitet hätte – eine persönliche Attacke, die in den Medien freudig wiedergekäut wurde, nachdem sie als parteifreie Ministerin ins Ministeramt berufen worden war.

»Wir werden eben auch danach beurteilt, mit wem wir Sport betreiben (und welchen Sport), wen wir in Lokalen treffen (und in welchen Lokalen) und mit wem wir ins Bett gehen«, mahnt Conrad Seidl, denn: »Wenn wir uns Sorgen darum machen, mit wem sich unsere 14-jährige Tochter herumtreibt, ist das verantwortungsvoll. Aber wir müssen für uns selber dieselbe Verantwortung übernehmen: Mit wem treiben wir uns eigentlich herum? Und was sagt es über uns aus, mit wem wir unsere Freizeit verbringen? Noch mehr natürlich: Was sagt es über uns aus, mit wem wir Geschäfte machen?«[105]

Fragen, die sich eine Königin regelmäßig stellen muss, denn auch in ihrem Umfeld werden diese Fragen berechtigterweise gestellt werden. »Mit welchem Ziel tue ich, was ich tue?« Mägde dürfen sich auf Befehlsnotstand berufen – aus Unerfahrenheit, Widerstandsschwäche, Dienstbeflissenheit, Angst vor Existenzgefährdung ... Eine Königin muss Standhaftigkeit beweisen, Verantwortungsbereitschaft und Prinzipientreue. Das muss sie in ihrer Prinzessinnenzeit eingeübt haben.

Energetisch bedeutet dies, dass sie mittels der Alternativsichten der Magierin die Kriegerinnenenergie mit der Liebesenergie in Balance bringen kann. Sie muss wissen: Sie wird immer wieder erleben, dass man versucht, sie persönlich zu beschädigen. Daheim, wenn ihre Mutter die Abweichung vom eigenen Lebensweg nicht anerkennen mag, von sogenannten Partnern, die um ihre Vormachtstellung fürchten, von neidischen KollegInnen, und je höher sie hinaufkommt, je öffentlicher ihr Wirken einem breiten Publikum bekannt wird, desto mehr auch medial. Wir finden diese archetypischen Konflikte in Märchen und Mythen; es sind immer Vergleiche, Konkurrenzdenken und Feindschaften, die zu Beseitigungswünschen und Vernichtungtaten führen.[106] Man sollte ihnen nicht schon vorab Munition liefern ..., aber man muss wissen: Gegen Gewalt hilft nur Öffentlichkeit – der Beweis, dass man nicht so ist, wie behauptet wurde.

Als ich 1991 mein erstes wissenschaftliches Buch[107] veröffentlichte und darin den damaligen medialen »Sexpapst«

Ernest Borneman wegen »Blindheit auf dem Gewaltauge«
kritisierte, verklagte er mich wegen übler Nachrede sowie
Ruf- und Kreditschädigung und polemisierte in etlichen
ihm zugeneigten Gazetten gegen mich, wobei er mich
durchgängig nur mit Vornamen zitierte – wie eine Kellnerin.
Borneman hatte beispielsweise behauptet: »Jeder, der sich je
mit dem Studium der Kindersexualität befasst hat, weiß natürlich, dass die Anzahl der sexuellen Beziehungen zwischen
Frauen und Knaben in fast allen Kulturen der Welt höher ist
als die zwischen Männern und Mädchen.«[108] Oder: »Eine
Gesellschaftsordnung, die jeden Geschlechtsverkehr zwischen Kindern untersagt, darf nicht überrascht sein, wenn
viele Erwachsene nachholen möchten, was sie in der Kindheit versäumt haben.«[109] Zweimal wurde ich von seinen be-
leidigten Vorwürfen freigesprochen, aber nur *EMMA* berichtete darüber. Die österreichischen Zeitungen glaubten
Borneman, den sie seit vielen Jahren durch seine Kolumnen
in der Yellow Press kannten, und seiner Darstellung, ich
wäre nur eine eifersüchtige Konkurrentin um mediale Aufmerksamkeit. Mir ging es aber um die Beseitigung des ver-
dummenden Mems vom (vorpubertären) Kind, das sich Geschlechtsverkehr mit Erwachsenen wünscht – der klassischen
Schutzbehauptung von Tätern im Gerichtssaal[110], die inzwischen endlich durch die vielen mutigen Selbstzeugnisse von
Frauen, aber auch Männern widerlegt ist. Jahre später erfuhr
ich noch zweimal dergestaltige Versuche des sozialen Mordes mittels Medienschelte, wieder vonseiten der KollegIn-
nenschaft der sogenannten SexualtherapeutInnen, aber da
war ich schon routinierter. Die auf mich abgeschossenen
Giftpfeile haben mich dennoch getroffen, verletzt und in
meiner Berufstätigkeit kurzfristig massiv behindert. Seitdem bin ich eine anerkannte Spezialistin im Umgang mit
Mobbing. Die Methoden der psychischen Selbstverteidi-

gung habe ich erst nachfolgend erlernt und teilweise auch selbst entwickelt. Aber dazu später mehr.[111]

Feindschaften

Eine Königin muss konfliktfähig sein, was bedeutet, Konfliktpotenzial frühzeitig zu erkennen, zu benennen, anders als mit Vernichtungsversuchen zu agieren und selbst bei offenkundiger Feindschaft souveräne Gelassenheit nicht zu verlieren.

Nur Mägde und Knechte regen sich auf, attackieren unter der Gürtellinie und verlieren so ihr Gesicht. Sie sind ja üblicherweise nicht geschult, mit feiner Klinge zu parieren, statt mit dem Messer zuzustechen oder mit dem Holzknüppel zuzuschlagen, wie überhaupt Konflikte mittels Sprache auszuhandeln und nicht mit Fäusten oder Flüchen. Einen offenen Brief an die mächtige Kronenzeitung mit »unbeeindruckt« zu unterschreiben, wie es die (übrigens 1,90 m große und damit im wahrsten Sinn hervorragende) Berufsdiplomatin und damalige Außenministerin Ursula Plassnig 2008 tat, wäre so eine souveräne Standfestigkeit.

Ähnlich, vielleicht ein wenig freundlicher, zeigte sich die gebürtige Schwedin Ingela Bruner, die erste Rektorin einer österreichischen Universität, als sie nach einem Jahr ihren Dienstvertrag – offiziell einvernehmlich – auflöste. »Vertrauensverlust«[112] wurde als Ursache angegeben, »unüberbrückbare Auffassungsunterschiede mit dem Senat, anonyme Briefe, massive Versuche der Einschüchterung«[113]; bei der Pressekonferenz am 26.1.2009 wies die scheidende Rektorin auch auf »Mobbing im Zusammenhang mit ihrer im

112

Vorjahr akut gewordenen Krebserkrankung«[114] hin. »Männer-Seilschaft schoss Rektorin ab« titelte darauf die eher dem Boulevard zuzuordnende Tageszeitung Österreich, und »Anonyme Dossiers über Krebskranke als ›Party-Queen‹«[115]. Im *Standard* dagegen (per Selbstdefinition eine Qualitätszeitung) schrieb der Sprecher der Grün-Alternativen Studentenliste (GRAS) der Universität für Bodenkultur (Boku), Ilja Messner: »Wäre Frau Bruner ein habilitierter Professor, vernetzt mit den ›richtigen‹ politischen Kreisen, hätte sie manchen universitätsinternen Meinungsbildner nicht enttäuscht – wäre außerdem der Universitätsrat der Boku immer noch ein ausschließlich mit Interessensvertretern aus Politik und Wirtschaft besetztes Gremium, so dürfte möglicherweise auch sie, wie ihre Vorgänger, bis zum Ende ihrer Periode weiterwerken.«[116]

Da fällt mir »Krankheit als Metapher« von Susan Sontag ein. Sie schreibt, dass man glaubte, TBC als »nasse Krankheit« durch Ortswechsel in trockenere Gebiete besiegen zu können, dass aber ein Auswechseln der sozialen Umgebung den Krebspatienten helfen könnte, denke niemand, weil der Kampf ausschließlich im Inneren des eigenen Körpers stattfände.[117] Denn, so zeigt Sontag: »Der Mythologie des Krebses zufolge gibt es im Allgemeinen eine anhaltende Gefühlsunterdrückung, die die Krankheit verursacht«, und man hielt diese Gefühle früher für solche sexueller Natur; »heutzutage stellt man sich – nach einer bemerkenswerten Verschiebung – vor, dass die Unterdrückung gewalttätiger Regungen krebsverursachend sei. Die enttäuschte Leidenschaft, die Insarow[118] tötet, war Idealismus. Die Leidenschaft, die nach Ansicht vieler krebsverursachend ist, wenn sie sich nicht entlädt, ist Wut.«[119] Aber Frauen sollen ja nicht wütend werden oder sein und krank schon gar nicht. »Mutters Hände dürfen niemals ruh'n«, wie es in einem Muttertagsgedichtlein heißt. Eine Suggestion mit Aufforderungscharakter!

Nur zum Kontrast: Als ich in den späten 1960er-Jahren als volkswirtschaftliche Referentin in der Oesterreichischen Nationalbank tätig war, konnten wir miterleben, wie deren Präsident, der ehemalige Finanzminister Kamitz, gelegentlich im Rollstuhl ins Haus gebracht wurde; da er nach seinem Schlaganfall auch nicht mehr sprechen konnte, hatte er eine persönliche Assistenz, die für ihn dolmetschte. Dennoch konnte und durfte er die Währungsgeschicke Österreichs leiten, ohne dass irgendjemand seine Fähigkeit dazu infrage gestellt hätte.

»Wenn man einen Hund prügeln will, findet man einen Stecken«, weiß der Volksmund; je mächtiger eine Königin ist oder zu werden droht, desto eher wird man auf sie losprügeln, damit andere sie für eine Hündin halten. »Er schafft sich einen Popanz, damit er auf ihn einschlagen kann«, sagte mir der legendäre Erfinder des ursprünglichen Club II, der Historiker Peter Huemer, als ich mir bei ihm Rat holte, wie ich mit Bornemans Attacken umgehen sollte. Borneman hatte sich gegenüber einer Journalistin des Magazins *Tirolerin* perfide über mich mit dem Satz »Schade, dass sie jetzt lesbisch geworden ist!« geäußert. Eine klassische Doppelmühle: Hätte ich die Unterstellung empört von mir gewiesen, hätte er mich als homophob diskreditieren können, hätte ich nicht reagiert, hätte man das als Zustimmung werten können ... Die Lösung bestand darin: die Wahrheit zu sagen – die ganze Wahrheit, die da lautete: »Das ist ein Versuch, mich in eine Doppelmühle zu verstricken.«

Das meinte wohl auch Erich Kästner, als er dichtete: »Was immer auch geschieht: Nie dürft ihr so weit sinken, von dem Kakao, durch den man euch zieht, auch noch zu trinken!« (Kakao steht dabei farb- und lautmalerisch als

114

Metapher für »Kacke«). Ausführlich rechtfertigende Antworten zu geben, käme einem Kakao-Bad gleich, zum analogen Gegenangriff überzugehen hingegen, davon den »Mund voll zu nehmen«.

Bei dem Psychoanalytiker Hans Strotzka, einem meiner Lehrmeister, lautet die Botschaft in Hinblick auf Unterdrückung und Abwertung des einen Geschlechts durch das andere: »Das Bedürfnis, ein Feindbild zu produzieren, in das alle eigenen abgelehnten Eigenschaften hineinprojiziert werden können, scheint eine weitverbreitete sozialpsychologische Erscheinung in einer unsicheren, paranoid-ängstlichen Gesellschaft zu sein; eine Erscheinung, die in einer Atmosphäre der Rivalität und Feindseligkeit gedeiht.«[120]

Von der böhmisch-österreichischen Schriftstellerin Marie von Ebner-Eschenbach stammt der Ausspruch: »Eine gescheite Frau hat Millionen geborener Feinde: – alle dummen Männer.« Dumm sein bedeutet für mich, dass jemand etwas – noch – nicht verstanden hat. Also muss man ihn oder sie mit Informationen versorgen, damit sich der geistige Horizont erweitern kann. In der Energieform der Kriegerin wird das mit ziemlicher Sicherheit zu einem Machtkampf führen, und solch einer raubt Energie.

Selbstbehauptung ist nicht gleichbedeutend mit Kämpfen. Selbstbehauptung heißt nach meiner Interpretation, die Kampfenergie des Protests, die Magierenergie der Aufklärung und die Liebesenergie des Verbindens in Einklang zu bringen. Damit entsteht eine andere Qualität des Reagierens, eine »mesoziatorische«: Bei der von mir entwickelten Methode der Mesoziation® wird nicht nur diplomatisch nach einem Kompromiss gesucht oder mediatorisch so lange verhandelt, bis der Konflikt bereinigt ist, sondern es werden auch die gesamtgesellschaftlichen wie individuellen Lernerfordernisse (und Abwehrhaltungen) mit einbezogen.

Aus diesem königswürdigen Blickwinkel der Erzielung des »größtmöglichen Glücks der größtmöglichen Zahl«[121] sind Verbündete unabdingbar. Verbündete, die unterstützen, Verbündete, die Meme multiplizieren, Verbündete, die Schutz bieten und die auch Verteidigung nicht scheuen.

Im Olymp der Meinungsmache, im universitären Lehrbetrieb, wird sorgsam darauf geachtet, dass sich keine – vor allem weibliche – Parvenüs in die Heiligen Hallen einschleichen. So zeigt die Bremer Sozialwissenschaftlerin Heike Wiesner auf, dass Zitationsanalysen beweisen, dass Geistes- und Naturwissenschaftlerinnen sich bescheidener und rechtschaffener als ihre männlichen Kollegen gebärden, indem sie beispielsweise jeden Gedanken bis auf den sogenannten Ursprungsgedanken zurückdatieren.[122] (Kenne ich auch von mir selbst!) Demgegenüber enttarnte der Wiener Soziologieprofessor Roland Girtler die von ihm so bezeichneten Zitierkartelle, mit deren Hilfe sich Professoren gegenseitig verschriftlichte Anerkennungsenergie spenden.[123]

»Sobald ich etwas von mir gebe, gebe ich etwas von mir«, schreibt Friedemann Schulz von Thun[124] in Nachfolge von Gregory Bateson. Das muss allerdings nicht immer salutogen sein. Für die anderen nicht, aber auch nicht für sich selbst – wenn man sich beispielsweise zur Waffe macht … oder sich selbst als Norm nimmt, daher die eigenen Fantasien auf andere projiziert. So sagte mir einmal mein erster Lehranalytiker Harald Picker, ihm falle auf, dass alle, wenn sie sich auf mich bezögen, ihre eigenen Charakterschwächen auf mich projizierten – die Faulen sähen in mir die arbeitsunwillige Schwätzerin, die Fleißigen die betriebsame Gründerpersönlichkeit, die Kreativen lobten meine Originalität, die Fundamentalisten meine wehrhafte Prinzipientreue – ich solle doch einen Beruf draus machen und Psychoanalytikerin werden. Und so geschah es ja auch.

»Honi soit qui mal y pense« – »Ein Schuft, wer Böses dabei denkt«, lautet das Motto des englischen Hosenbandordens ... Über Frauen, besonders widerstandsfähige, schlechte Worte zu verlieren, ist aber weniger Schurkenart als übliche Methode, eigene Vormachtstellungen nicht aufgeben zu müssen. Sozialer Krieg mit Worten, oft auch nur Blicken – oder Mundwinkeln. So berichtete die Tageszeitung Österreich über die 2007 aufgelöste »Kooperation« von Staatsoperndirektor Ioan Holender mit der Hotelmanagerin Elisabeth Gürtler als Opernball-Chefin: »Schon ›Sacher-Lady‹ Elisabeth Gürtler scheiterte vor zwei Jahren an den theatralischen Einlagen des Opern-Zampanos. Als sie sprach, schnitt Holender zum Gaudium der Journalisten Grimassen. Gürtler fand es weniger lustig, gab nach dem Ball die Leitung zurück.«[125]

In der politischen Konfrontation ist es üblich, sofort verbal zurückzu»schlagen«. Das aber bindet energetisch an den »Feind«: Frauen pflegen dann oft schneller zu atmen, ihre Stimme wird höher, denn die Energie strömt nach oben, in die Arme, in die Stimme. Das wäre richtig, wenn sie ihr Gegenüber wie eine Raubkatze anspringen wollten. Eine Königin tut das nicht – Könige und Königinnen geben sich mit trivialem Nahkampf nicht ab. Dafür haben sie ihre Bodyguards, und da Frauen wie du und ich üblicherweise keine haben, muss frau sich geistig eine Schutzmacht konstruieren (ein Selbstverteidigungskurs schadet aber auch nicht!). Dazu braucht sie Magierenergie: aufrichten, Situation überblicken, merken, was ihre Feinde bewirken wollen (sie wollen frau einschüchtern, lächerlich machen, bei ihr Wut oder Scham auslösen), Rückzug antreten. Man enttarnt feindselige Menschen, indem man ihnen entwächst. Ich benütze in meiner therapeutischen oder coachenden Arbeit gerne die Metapher eines verletzten Baumes. Dann erinnere ich dar-

117

an, wie der Baum emporwächst und die Wunde, die ihm geschlagen wurde, vernarbt und unten verbleibt. Ich ziehe den Vergleich: »Jetzt spüren Sie die Verletzung noch im Herzen (oder im Sonnengeflecht), aber wenn Sie wachsen, befindet sie sich irgendwann irgendwo an der Wade und die Narbe verblasst und Sie sehen sie nur mehr, wenn sie sehr genau hinsehen ...«

»Man merkt die Absicht und man wird verstimmt«, heißt es bei Goethe – und das Wort »Absicht« kann sinngemäß auch durch das Wort »gerichtete Energie« ersetzt werden: Wie ein Pfeil dringt sie ein – oder in der Sprache der TCM[126]: lokalisiert sich im Bereich eines der sieben Hauptenergiezentren (Chakras), und dort spürt man sie auch, als »Schlag in die Magengrube«, als »Stich ins Herz«, als »Knödel im Hals«, als »Faust im Nacken«, als »Brett vor dem Kopf« ... Man nimmt unbewusst eine sehr wohl intuitiv verstandene Botschaft auf, und meist kristallisiert sich ein Mem heraus, und die damit verbundene negative Energie nistet sich im Geist wie im Körper ein – und deshalb gehört sie schleunigst entsorgt. Techniken dazu gibt es viele.[127] Ich bevorzuge Visualisierungen, in denen ich das, was ich spüre, in ein adäquates Bild kleide und im Bild beseitige (oder auch nur verändere). Das sind Methoden in der Tradition psychotherapeutischer Schulen[128] oder sie gehören, wenn man in der Geschichte weiter zurückgehen will, in den Bereich des Schamanismus, also zu den energetischen Fähigkeiten der Magierin.

Nachdem wahrhafte, d. h. sensible MagierInnen (im Gegensatz zu den ScharlatanInnen, deren Ziel nur Macht über andere heißt), vorausahnen, wo ihnen Gefahr droht, suchen viele sich vorausblickend zu schützen. Auch dazu gibt es passende Visualisierungen, Schutzkreise, die man um sich zieht, oder Nebelwände, Waberlohen à la »Walküre« von Richard Wagner, Waldesdickicht à la Dornröschen – der Fantasie sind da keine Grenzen gesetzt. Es reicht aber auch, den Bereich des Sonnengeflechts zu schützen, indem man ein Schutzsymbol – etwa ein paar Blätter Papier – bewusst davorhält oder die Hände in weiten Ärmeln birgt, wie es Nonnen und Mönche tun. Ich selbst richte mich nur auf, wachse also symbolisch, und hole mir mit meinem Atem Kraft aus dem Boden – ich erde mich, entspanne meine Schultern und vertraue auf meine schutzlose Aufrichtigkeit. Ich gehe nämlich davon aus, dass ich flexibel genug bin, auszuweichen (da steckt auch das Wort »weich« drin, also eine Yin-Qualität), denn ich habe immer die Worte meines Jungianischen Lehrtherapeuten im Ohr: »Yang auf Yang bricht die Knochen – Yang muss man mit Yin beantworten.« Und ich gehe weiterhin davon aus, dass die anderen spüren, wenn ich mich schütze, quasi verhärte (selbstverspannend oder mithilfe eines Adjutums) und dann misstrauisch/er werde; ich möchte aber Vertrauensbasis und wertschätzendes Entgegenkommen verstärken.

Abwertungen

In ihrer Paraphrase über die Sozialgeschichte der Kleidungsvorschriften für »bürgerliche« Frauen – nämlich dergestalt, dass sie sich kaum bewegen geschweige denn arbeiten konnten – zitiert Susan Brownmiller die »geistigen Kreuzigungen«[129], die Frauen erfuhren, die wagten, sich Hosen zuzulegen, und wenn es auch nur für die Gartenarbeit war. »In den größeren Städten verfolgten Männer und Burschen die Frauen auf den Straßen unter Johlen und Pfeifen und zögerten auch nicht, ihre Missbilligung zu zeigen, indem sie Steine und Stöcke nach ihnen warfen.«[130] Mir ist etwas Ähnliches Ende der 1990er-Jahre passiert – nur war der Auslöser eine Aktentasche, mit der ich, sichtlich unter Zeitdruck, quer über den Platz Am Hof Richtung Ministerien eilte. Meine »männlich« schnellen großen Schritte, noch dazu in Hosen – im Rock lässt sich meist nur trippeln –, provozierten offensichtlich zwei junge Männer im Alter meiner Söhne, meine Gangart johlend und pfeifend und mit den Sätzen »Na schaut's euch die an!« und »Ist wohl eine Frau Wichtig!« nachzuahmen. Um nicht als Flüchterin wahrgenommen zu werden, das Kampfangebot aber auch nicht anzunehmen, nickte ich im Vorüberziehen nur mit einem freundlichen »Genau!«

Abgeschaut habe ich mir diese Reaktion von einer »Hassfreundin«[131], der Exgattin eines Psychoanalytikers, die einmal in einer Frauenrunde irrige psychoanalytische Thesen von sich gab. Um sie nicht bloßzustellen, ihr aber doch zu vermitteln, dass sie sich quasi auf Glatteis bewege, ohne passendes Schuhwerk zu besitzen, sagte ich zu ihr: »Du bist offensichtlich noch immer total identifiziert mit deinem Exmann?« Sie sah mich daraufhin überrascht an und bestätigte: »Ja – total!«

Eine ähnliche Reaktion erlebte ich, als mich ein von den Medien als rechtsradikal eingestufter späterer Europaabgeordneter im Auftrag eines Ministers zu einem Vortrag vor einer Seniorenvereinigung gebucht hatte; damals fragte ich ihn, wie rechtsradikal er denn nun wirklich sei. Auch er blickte mir offen ins Gesicht und sagte: »Na total!« Mich erinnert das immer an eine Szene, in der der Ehemann seine Frau fragt: »Wo gehst du hin?« und sie wahrheitsgemäß antwortet: »Zu meinem Liebhaber« und er daraufhin in ungläubiges Gelächter ausbricht ...

Es bedarf besonderer Aufmerksamkeit oder Sensibilität, unterschwellige Abwertungsversuche zu erkennen. Meist dienen sie dazu, einen von fetten Futtertrögen fernzuhalten. So kann ich mich gut daran erinnern, wie mich in den späten 1980er-Jahren der Direktor einer Volkshochschule aufforderte, eine psychoanalytisch fundierte Dialogreihe zu organisieren und sich dabei als meinen Gast unter anderen den als Pornografiesammler bekannten Fotokünstler Erwin Puls wünschte; ihm, so teilte er mir mit, könnte ich ruhig ein höheres Honorar anbieten als den anderen Gästen, und nannte eine Summe, die genau dem Doppelten meines eigenen Honorars entsprach. Ich lehnte den Auftrag ab: Ich wäre nicht bereit, sagte ich dem verblüfften Auftraggeber, ein Konzept zu entwickeln, Gäste zu suchen und dazu zu überreden, für ein relativ bescheidenes Honorar einen Abend lang mit mir zu diskutieren (und dabei die sprachlich weniger Gewandten mit zu »tragen«), um mich dann mit einer Entlohnung abzufinden, die meinem Arbeitsaufwand nicht entsprach. Mir stand, wie ich meinte, zu Recht das Doppelte der Honorare der Gäste zu.

Den Geldwert ihrer Arbeit herabzusetzen, ist aber nicht die einzige Strategie, Frauen auf die hinteren Ränge zu verweisen. Die Strategie, eine Frau erst gar nicht in die üblichen Dreiervorschläge mit aufzunehmen, ist bereits legendär. Ich habe unzählige Hochschullehrerinnen gecoacht, die nach Möglichkeiten suchten, den Steinbrocken, die ihnen auf dem Weg nach oben in den Weg gelegt wurden, elegant auszuweichen. Das waren Frauen, denen die Unterschrift unter das Ansuchen um ein Habilitationsstipendium verweigert wurde (ebenso wie die Auskunft über die Motive oder überhaupt ein Gespräch), Frauen, denen von ihren Vorgesetzten verboten wurde, zu publizieren oder Kongresse zu besuchen, Frauen, die bei der Zuteilung von Terminen freier Operationssäle übergangen wurden, sodass sie nicht nur finanziell geschädigt, sondern im Sammeln der nötigen Anzahl nachgewiesener Operationen wie auch in ihren Forschungsvorhaben blockiert wurden, Frauen, die unter dem Vorwand der Neckerei verhöhnt oder sexuell belästigt wurden – und die immer noch loyal bleiben wollten. Doch, wie ich stets betone: Gegen Gewalt hilft nur Öffentlichkeit. Welche, muss frau sich gut überlegen.

Verlässt dann eine Frau die Universität und geht vielleicht sogar zur kommerziellen Konkurrenz wie die renommierte Ernährungswissenschaftlerin Ingrid Kiefer, tun alle überrascht: »Ja, wieso denn?« Und: »Ja, ist dir denn die Forschungsmöglichkeit nicht wichtiger?« Und liefern auf diese Weise indirekt die so lange verweigerte Anerkennung. Frau ist dann ja auch nicht mehr gefährlich, wenn es um die künftige Besetzung von Leitungspositionen geht. »Sie werden dich nicht ermutigen, deine Träume zu verwirklichen, weil sie Angst haben, dich zu verlieren«, zitiert Konrad Heidkamp die Komponistin und Sängerin Annette Peacock.[132] Sie meinte damit zwar ihre Liebhaber, aber das Gleiche gilt für alle, die von der Kreativität, Unterstützungsbereitschaft und Disziplin von Frauen profitieren.

Auch indem »eine Frau die Priorität einer Entdeckung für sich beansprucht oder – noch schlimmer – reklamiert, steht sie in Gefahr, diffamiert und ausgegrenzt zu werden«, weiß die Wissenschaftsforscherin Heike Wiesner, denn »das Beharren auf Priorität fällt schließlich aus dem Definitionsmodus vom weiblichen Arbeitsvermögen heraus ...«[133] Frauen kennen das: Da sagt eine was Kluges, niemand reagiert darauf, einige Redner später wiederholt ein Mann den Inhalt mit seinen Worten, und alle jubeln. Ich habe in Fachkreisen wie in politischen oft erlebt, wie Frauen daraufhin versucht haben, ihre Gedankenurheberschaft zu verteidigen, erfolglos, denn entweder wurden sie dann als kleinlich, rechthaberisch oder egozentrisch gemaßregelt oder gar als zickig beschimpft. Ich löse diese Strategie immer so, indem ich anerkennend lobe: »Es freut mich, dass Sie sich meiner Ansicht angeschlossen haben. Wie ich schon ... gesagt/angemerkt/geschrieben ... habe« – denn da ich bereits sehr viel publiziert habe, kann ich meine Urheberinnenschaft leicht nachweisen. Und ist es nicht tatsächlich erfreulich, weil Zeichen von Anerkennung, wenn man kopiert wird? (Und ob frau die Copyrightverletzung, falls es überhaupt einen Urheberrechtsschutz gibt, einmahnen will, hängt vom zu erwartenden Nutzen ab. Meist gibt es gar keinen!)

Wiesner zitiert in diesem Zusammenhang Robert K. Mertons »vier institutionelle Imperative«[134] für die wissenschaftliche Arbeit; ich sehe deren Inanspruchnahme aber auch in anderen Bereichen als dem wissenschaftlichen. Sie lauten:

- Universalismus: Darunter ist der Anspruch auf unpersönliche, »objektive« Wahrheitsgeltung zu verstehen. Meist heißt es dann: »Das ist aber nur Ihre subjektive Ansicht!« Ja, ist es – kein Grund, die eigene Sichtweise zu verleugnen! Denn wie schon Albert Einstein formulierte, kann man die Ereignisse nur am Beobachter beobachten.[135]

- Kommunismus: Das geistige Eigentum darf nicht beansprucht werden, sondern hat sofort allen (daher auch Konkurrierenden) zur Verfügung zu stehen. Der Volksmund scherzt in diesem Sinne: »Was dir gehört, gehört auch mir, und was mir gehört, geht dich gar nichts an!« Ich denke, dass erst mit einer Publikation ein Forschungsergebnis, ein Gedankenwerk oder auch eine Unternehmensidee allgemein »frei« ist. Ideenklau ist einfach fies – wenn auch üblich. So hat mein jahrelang engster

Mitarbeiter, den ich ausgebildet und mit vielen Aufträgen versorgt hatte, zwei meiner für nahe Zukunft geplanten Vorhaben für sich selbst realisiert und mir »nur so nebenbei« mitgeteilt; als ich gegen seine mangelnde Fairness protestierte, tat er so, als hätte ich ihn beleidigt. Von meinen Klientinnen kenne ich diese männlichen Raubzüge nur zu gut – vor allem von denen in Kreativberufen – allerdings von unsensiblen Heteromännern; mein Kollege war ein prononcierter Vertreter der Homosexuellenbewegung – aber eben leider doch ein ganz gewöhnlicher Mann (es gibt aber schon auch besondere, denen Ethik nicht nur ein Lippenbekenntnis ist).

- Uneigennützigkeit: Dies bedeutet die Unterwerfung unter »kollegiale« – ehrlicher wäre »rivalisierende« – Kontrolle. Ich habe immer wieder erlebt, wie manche Personen aus dem KollegInnenkreis für sich das Recht beanspruchten, ohne Respekt vor der geistigen Leistung einer anderen Person diese in Grund und Boden zu verdammen, ihr fachliche Kompetenz abzusprechen und vor allem unlautere Motive zu unterstellen, ohne dafür irgendeine Beweisführung anzutreten. Es werden einfach Meme in die Welt gesetzt und auf deren Vermehrung gehofft; als besonders perfide erlebe ich die Unterstellung, jemand täte etwas nur aus kommerziellen Interessen – wie wenn es verboten wäre, einen Beruf auszuüben. Wenn ich einen solchen Vorwurf höre, schlage ich den UrheberInnen immer vor, der kritisierten Person Unterhalt zu zahlen – dann könnte diese ja auf Gewinnstreben verzichten ...

- Organisierter Skeptizismus: Wiesner benützt dafür die klärenden Worte »unvoreingenommene Prüfung von Ansichten und Überzeugungen anhand empirischer und logischer Maßstäbe«[136]. Allerdings weiß Wiesner auch,

»schon wer bloß Fakten zu einem Fall zusammenstellt, sieht sich dem Vorwurf ausgesetzt, er wolle das Ansehen unbestreitbar bedeutender Wissenschaftler beflecken«.[137] Hier wird die Parallele zur Kritik an »sakrosankten« Personen des öffentlichen Lebens besonders offenbar – denken wir nur an Korruptionsfälle von Managern oder Missbrauchsvorfälle von Klerikern. Nur wenige Männer wagen, »nach oben« zu kritisieren (aber tun es gerne »nach unten«), Frauen kritisieren nach allen Richtungen, sich selbst eingeschlossen, und werden deshalb als die ewig Unzufriedenen auf Distanz gehalten; ihre Bemühungen um Verbesserung werden nicht gesehen geschweige denn anerkannt. Darin liegt meiner Erfahrung nach ein Grund für die »gläsernen Wände« und »Decken«.

Steherqualität

Männer denken in Quantitäten, Frauen in Qualitäten.[138] Männer denken in Hierarchien, Frauen in Wirksamkeiten. Sehr gut kann man das in der Kandidatenauslese für politische Mandate beobachten: So wurden der enorm aktiven späteren Familien- und Umwelt- sowie noch späteren Gesundheits- und Frauenministerin Maria Rauch-Kallat am Beginn ihrer Politkarriere in ihrem Wohnbezirk sowohl bei der Besetzung der Bezirksrats- als auch Landtagsliste immer Männer vorgezogen. Ihr erstes Landtagsmandat konnte die engagierte Pädagogin, deren eine Tochter im Kindesalter erblindete, nur gegen große Widerstände in einem Bezirk am anderen Ende Wiens erlangen, eine reine Schikane, wenn

125

man die dadurch anfallenden Wegzeiten in Betracht zog. Zuerst hieß es, sie hätte »keine Hausmacht«, dann baute sie das Hilfswerk zu einer hoch effizienten Institution aus und erfand das erste nicht nur auf Charity ausgerichtete Frauennetzwerk (»Club Alpha«), ebenso das erste Journalistinnen-Netzwerk; daraufhin hatte sie plötzlich zu viel Hausmacht und musste erst recht verhindert werden. Nach der letzten Nationalratswahl bekam die nunmehr langjährige Frauenvorsitzende ihrer Partei nicht einmal mehr ein Abgeordnetenmandat und auch sonst keine Funktion, in der sie ihre Erfahrung und ihr Können nutzbringend einsetzen konnte – wie es bei Männern immer üblich ist, auch wenn diese nicht ähnlich so viel Kompetenz besitzen. Von außen betrachtet, fragen sich alle, die die Brutalität nicht kennen, mit der Männer um Abgeordnetensitze rangeln, wieso auf solch eine Spitzenkraft verzichtet wird, die weder gegen den Obmann aufgetreten ist, noch sich in Lack und Leder (wahrlich kein Königinnen-Outfit!) hat ablichten lassen wie die bayrische Betriebswirtin und CSU-Abgeordnete Gabriele M. Pauli. Die Antwort lautet schlicht: weil sich kein Einflussreicher von ihr einen Vorteil für sich selbst erwartet.

Ähnliches beobachte ich immer, wenn es um die Aufstellung von KandidatInnenlisten geht – derzeit auch am Beispiel der international hoch angesehenen deutschen Bundeskanzlerin zu erkennen: Die nächste Wahl naht, und die Hyänen beginnen mit der Imagedemontage. Wie bei mittelalterlichen Papstwahlen werden Paktationen abgeschlossen, geht ja auch leicht so nebenbei in der Herrensauna, in Bars oder »Nachtclubs« – dort, wo sich schwer arbeitende Karrierefrauen üblicherweise nicht herumtreiben.

Dennoch darf eine Königin nicht zur Bettlerin mutieren. Sie muss Zurücksetzungen und die darin versteckten Abwertungen sowie andere Niederlagen königlich ein- und wegstecken können. Sie darf nicht auf die früheren Stufen von aggressiver Kriegslust und schmeichlerischer Anbiederung zurückfallen. Sie darf sich auch nicht von falschen RatgeberInnen »in den Krieg schicken« lassen. Sie muss königlich stehen bleiben, darf keinesfalls in die Knie gehen, denn nur Steherqualitäten imponieren.

Während die meisten Männer darauf zählen können, dass sie schon von irgendwem »nicht im Stich gelassen« werden, fehlt Frauen, die sich nicht in Naheverhältnissen zu einflussreichen Großindustriellen oder Bankdirektoren befinden, fast immer der quasiberufliche Schutzraum. Dass der abgelöste Bundeskanzler Alfred Gusenbauer an seinen alten Schreibtisch als Europareferent der Niederösterreichischen Arbeitskammer zurückkehrte, war mehreren Gazetten eine Seite Berichterstattung wert (oder ein gelungener Schachzug seiner PR-Berater, immerhin wurde gleichzeitig die Botschaft transportiert, dass er auch eine eigene Beratungsfirma gegründet hatte). Jaja – die Kunst der Manipulation, so bekam ich in meiner Politausbildung gelehrt, besteht darin, dass man seinen eigenen Vorteil mit dem eines Mächtigeren verbindet. Beispielsweise der Medien, die eine »G'schicht« brauchen ... Vielleicht hat auch er denselben Trainer genossen? Dass die gleichzeitig aus dem Amt geschiedene Außenministerin Ursula Plassnig auch an ihren »alten« Arbeitsplatz als Beamtin im Außenministerium zurückkehrte, war keine »home-« oder besser »office-story« wert. Exhibieren ist eben nicht ihre Art. Auch nicht die von Bankdirektorinnen und Wissenschaftlerinnen, daher sind sie als mediale Vorbilder weitgehend unsichtbar.

Es sollte aber das Anliegen einer Königin sein bzw. werden, Manipulationen zu durchschauen und offenzulegen, Verleumdungen wie der von Frankreichs Justizministerin Rachida Dati entgegenzutreten, auf »Weibchen- bzw. Venus-Muster« zu verzichten, auch wenn ein amerikanischer Bestseller-Autor (und ehemaliger Priester!) Frauen ausschließlich auf dem Planeten Venus isolieren möchte[139], und sich vor allem nicht in die Konkurrenzfalle »Wer ist die Schönste (Beste, Klügste, Bravste, Liebste, Anziehendste ...) im ganzen Land?« hineinlocken zu lassen.

Konkurrenz

»Wo sind sie geblieben?‹ – die Schwestern nämlich? Man erwidere bitte nicht: Die Schwestern gehörten dazu oder mindest, sie seien in neuerer oder neuester Zeit etwa dank des Feminismus, dieser jüngsten großen Demokratisierungsbewegung, dazugekommen. Dagegen spricht mindestens, dass in der kompletten Geschwisterlichkeit die entscheidende Ersetzung der Eltern durch Geschwister, der Bezug zur elterlichen Erbmasse sozusagen konstitutiv erhalten bleibt, und damit erhalten, ja vorausgesetzt bleibt die bestätigende Referenz auf alle patriarchalen Hinterlassenschaften«, kritisiert der Düsseldorfer Philosophieprofessor Rudolf Heinz in seinem Beitrag für das Buch »Geschwisterlichkeit«, herausgegeben von Hans Sohni. Und: »Kommt die Schwester gerechterweise zur Bruderhorde hinzu, nimmt sie ebendort Platz, so gerät sie in ein Großprogramm der (Selbst)Abschaffung von Weiblichkeit, das alle vorhergehenden Versionen derselben überbietet: Stoff, Form, Vollzug und Ziel dieser Aneignung bleiben männlich bestimmt, und entsprechend liefe die Selbstwahrnehmung von Frau darauf hinaus, deren traditionelle Platznahme zu stärken, eine Platznahme der ›Nicht-Existenz‹ ...«[140].

Konkurrenz ist eine zutiefst männliche Form, Rangordnungen festzustellen und festzulegen. Sie stammt aus der Organisationstechnik, ein Heer zu befehligen. Und selbst dort hat sich seit dem weitgehenden Verschwinden von Stellungskriegen, ersetzt durch Guerilla-Taktiken, Terrorismus und Hightech-Einsatz, eine Alternative herausgebildet. Auch wird seit den »Terminkalender-Studien« von Henry Mintzberg nicht nur dem Strukturaufbau von Planung und Organisation – also dem statischen Überblick – Augenmerk gewidmet, sondern mehr der Dynamik, wie Manager (Könige) zu ihren Interventionen gelangen. Das Ergebnis seiner nur an Männern durchgeführten Forschung war: Sie arbeiteten in gleichbleibender Geschwindigkeit, ohne Pausen, ihre vorgenommenen Arbeitsvorhaben ab, hielten sich ungern mit Schriftlichem oder Störungen auf und verzichteten auf Zeit zum Nachdenken ebenso wie auf die Weitergabe von Informationen.[141] Demgegenüber befragte die Zeitungsherausgeberin Sally Helgesen weibliche Führungskräfte, und die planten im Gegensatz dazu regelmäßig Pausen ein, empfanden Unterbrechungen nicht als Störung, sondern als eine Gelegenheit, mit anderen in Kontakt zu kommen und Informationen zu erhalten, widmeten auch mehr Zeit persönlichen Antworten auf Posteingänge, vor allem aber auch der Weitergabe von Informationen und Vernetzung mit anderen Menschen. Überhaupt waren ihnen die persönlichen Beziehungen zur Kollegenschaft wie Kundschaft sehr wichtig.[142] Das war auch ihr besonderer Erfolgsfaktor. Helgesen sieht die Ursache für diese Geschlechterdifferenz darin, dass Frauen ein »weniger enges Weltbild« haben und es ihnen leichter fällt, mit anderen zu kommunizieren und Prioritäten zu setzen.[143]

Weil Männer – noch immer – dazu erzogen werden, in den Kategorien Sieg und Niederlage zu denken, stellt sich für Sieger die Frage, wie sie ihren Sieg »nachhaltig« kommunizieren können. Üblicherweise dient ihnen dazu die Demonstration von Besitz, dazu zählen Statussymbole wie Autos etc., ein Mannequin[144] als devote Partnerin sowie die Errichtung von bewegungslosen Denkmälern. Frauen ist das eher egal, ihnen sind lebendige Beziehungen wichtig. So zitiert die Anthropologieprofessorin und Schamanin Barbara Tedlock Befragungen, wonach Frauen sich davon distanzierten, »Trophäen einzuheimsen«, und die »weidmännische Schule der Ausstopfer und Aussteller« verachteten.[145]

Betrachtet man aber diese männlichen Raubzüge aus energetischem Blickwinkel, geht es vor allem darum, das im Kampf akquirierte Mehr an Energie festzuhalten, ohne »in Beziehung« sein zu müssen – das wiederum würde Nähe bedeuten und die Gefahr, in der permanent fantasierten Konkurrenz den Kürzeren zu ziehen. Dem Steinzeitmann genügte es, sich die Felle und Zähne der erlegten Tiere umzuhängen, um sich deren Kraft verfügbar zu machen. Heute stehen dafür ersatzweise Titel und Orden zur Verfügung ... Das ist männliches Protz- bzw. Einschüchterungsverhalten; es zielt auf Beherrschung. Und damit klar ist, wer sich wem unterzuordnen hat, werden »Ordnungen« geschaffen, Ausweisungen für Zutritt und Ausweisungen zum Ausschluss.

Als ich mich in der zweiten Hälfte der 1980er-Jahre als Psychotherapeutin und Projektberaterin selbstständig machte, fiel mir bald auf, dass ich nun nicht mehr von einem klar erkennbaren »Revier« aus agierte. Als ich noch Führungskraft im Verein Jugendzentren der Stadt Wien war und mir zu dieser Zeit auch einen Namen als Nachwuchspolitikerin gemacht hatte, genügte der Beisatz dieser Institution oder meiner Funktion bzw. Partei hinter meinem Namen, um mir meinen Platz in Gruppen zu sichern, Respekt inbegriffen. Das fiel plötzlich weg. Also gründete ich schnell mein eigenes Beratungsinstitut, »organisierte« mir »mithelfende Familienangehörige« und schuf mir so eine Art von Hierarchie, an deren Spitze ich zu thronen schien, und war damit wieder »qualifiziert«. Als ich kürzlich bei Margit Schönberger die Passage fand, wo sie ihre Erfahrungen aus beruflicher Selbstständigkeit mit »Ich musste alles, was vorher durch die Nennung des berühmten Firmennamens schon halb erledigt war, nun ausführlich und absolut wasserdicht erklären«[146] beschreibt, musste ich schmunzeln: Zu den »magischen« Ritualen der »Heiligen Ordnung der Männer« gehört die Inszenierung von Rangordnungen nach Zugehörigkeit. So erinnert der Wiener Philosoph und Gruppendynamiker Gerhard Schwarz an den experimentell geführten Nachweis, dass Gruppen eine furchtreduzierende Wirkung besitzen, auch wenn die vorhandene Gefahrenquelle nicht beseitigt ist.[147] Frauen sind für Etablierte ebenso potenzielle Gefahrenquellen wie nachrückende männliche Konkurrenten, wie vermutete Oppositionelle oder Tabubrecher – wie alle, die noch nicht auf die »Stammesregeln« eingeschworen sind. Zutrittserlaubnis wird daher gerne von Initiationen abhängig gemacht, von »Krönungen«. Das ist aber nur eine »Spielregel« für Herrschaft. Sie ist ebenso änderbar wie Herrschaftsformen, Herrschaftsrechte und -pflichten und die Person der Herrschenden.

Macht ist aber etwas anderes als Herrschaft. Herrschaft ist etwas Äußerliches. Sie wirkt durch äußere Rahmenbedingungen und Handlungen. Macht ist etwas Innerliches. Sie wirkt durch eine innere Haltung und Ausstrahlung. Es gibt sie als

- Macht der Liebe (oder nur des Begehrens und Besitzwillens),
- Macht der Kampfgewalt (oder nur der sozialen Mordlust und Zerstörungswut),

- Macht der Entängstigung (oder nur der Angstmache und Manipulation),
- Macht der Lenkung (oder nur der Ausbeutung und Tyrannei).

In der Königinnenenergie vereinen sich die lichten Seiten dieser vier Formen der Macht – im Vollbewusstsein und in der Kontrolle der destruktiven, missbrauchenden Anteile.

Sexualität

Und dann passiert Folgendes auch einer Königin. Ich zitiere Vicki Baum: »Und da war es wieder da, der elektrische Schock, die prickelnde Süße, die Schwere in den Knien, das Verlangen nach mehr davon, mehr, mehr, alles –.« Dergestalt beschreibt sie (wieder in »Vor Rehen wird gewarnt«)[148] die Körpersensationen einschießender Sexualhormonausschüttungen, was ich gerne als »geistige Deckungsstarre« bezeichne, und wozu Polly Peachum in der »Dreigroschenoper« singt: »Ja da muss man sich doch einfach hinlegen, ja da kann man doch nicht kalt und herzlos sein –.« Ebenso dichtete Goethe: »Wenn's dir in Kopf und Herzen schwirrt / Was willst du Beßres haben! / Wer nicht mehr liebt und nicht mehr irrt / Der lasse sich begraben!«[149]

Dann aber kommt die große Enttäuschung. Bei der niederländischen Feministin Anja Meulenbelt liest sich das so: »Ich glaubte, Männer würden mein Angebot einer kameradschaftlichen Beziehung zu schätzen wissen, denn mit mir konnten sie schließlich über Politik reden, ich engte sie in ihrer Freiheit nicht ein, ich forderte von ihnen keine Versprechungen für die Zukunft, sie brauchten nie für mich zu bezahlen, nicht einmal für mein Bier in der Kneipe, ich benutzte weder den Sex als ein Mittel, um etwas bei ihnen zu erreichen, noch hatte ich im Bett jemals Kopfschmerzen. Ich entsprach genau dem Bild der flotten progressiven Frau! Doch dann stellte sich heraus, dass sie eigentlich sehr gerne eine Frau zu Hause hatten, die für sie kochte und ihre Bluejeans flickte, während sie sich bei mir darüber beklagten, wie langweilig sie sei, und mit mir Sex hatten, weil ihre Ehefrau ewig unter Kopfschmerzen litt ...«, und Meulenbelt stellt fest: »Mir wurde schlagartig bewusst, dass Frauen überall die zweite Geige spielten, nicht nur in der traditionellen Familie, sondern auch in den sogenannten progressiven Kreisen, wo Männer ständig das Wort Freiheit im Mund führten. Überall waren Frauen in erster Linie dazu da, die Männer zu bedienen, ihre Bedürfnisse zu befriedigen.«[150]

Da wir alle Weiblichkeit primär an unseren Müttern wahrnehmen und zwar als Versorgerinnen (oder Versagerinnen im doppelten Sinn des Wortes: Mütter verbieten und lassen sich verbieten), ist es für die meisten Männer selbstverständlich, dass geliebt zu werden gleichbedeutend ist mit der alles verzeihenden, alles gewährenden, bedienenden Mütterlichkeit, sexuelle Dienste inbegriffen. Eine gleichberechtigte Mann-Frau-Beziehung ist aber keine Mutter-Sohn- oder Vater-Tochter- und auch keine Bruder-Schwester-Beziehung, wie harmonisch letztere auch nach außen wirken mag.

Der Psychoanalytiker Hans Strotzka bezeichnete Sexualität sogar als »ein ernst zu nehmendes Machtproblem«[151] und meinte, über die individuelle Paarbeziehung hinausblickend, es sei ein an sich paradoxes und nicht leicht verständliches Phänomen, dass die Herrschenden fast immer und überall die freie Sexualität der Untertanen zu unterdrücken versuchten. Eigentlich könnte eine freie Entfaltung der Sexualität der Unterprivilegierten ein Ventil darstellen, das politische Ruhe und Unterwerfung in anderen Bereichen eher fördere. Das Unterdrücken der Lust der anderen erschien ihm als starkes Symbol für Macht im Sinne von potentia, also Potenz, die nichts anderes neben sich dulde – und das sei ein klassisch narzisstisches Phänomen.[152]

Bei Meulenbelt heißt es ähnlich: »Er ist ein Mann, ich bin eine Frau. Für eine gute Beziehung stellt das schon ein ernsthaftes Hindernis dar.«[153] Und sie warnt auch, dass Sex für Frauen nicht gefahrlos sei. Nicht nur wegen ungewollter Schwangerschaft, sexueller Misshandlung und Inzest, sondern auch wegen der noch immer vorherrschenden Doppelmoral, nach der Frauen, die wirklich frei mit ihrer Erotik umgingen, nach wie vor ein großes Risiko eingingen – nämlich das des Statusverlusts und der Geringschätzung.[154]

Mir hat einmal in meiner »wilden Zeit« ein Linkspolitiker, dem ich erlaubt hatte, mir ein paar einsame Stunden zu versüßen, zum Abschied, als ich ihn endgültig meinem »Archiv« einzureihen gedachte, geraten, mich länger umwerben zu lassen, weil ich sonst an Wert verlieren würde! Von selbst bestimmter Partnerwahl hatte der angeblich so progressive Kämpfer für die Gleichberechtigung der Frau offenbar ebenso wenig gehört wie davon, dass Frauen meist auch über ein knappes Zeitbudget verfügen und ihre Lebenszeit für wichtigere Dinge aufwenden als Erregung steigerndes Tändeln. Wenn frau eine/n PartnerIn wirklich will, braucht sie keine chemischen oder mentalen »Krücken«, ebenso wenig wie ein Mann so etwas benötigt; wenn psychische Hemmungen blockieren, hilft ein therapeutisches Gespräch (kann oft auch miteinander, ohne Fachbegleitung, gelingen); wenn aber Sex nur Zeitvertreib darstellt, darf Necken durchaus sein. Machen Tiere ja auch. Nur: Die sogenannte »Kunst der Verführung« ist eine subtile Form der Manipulation und gehört daher in die Kategorie Gewalt.

Was ein anderer fantasiert, liegt außerhalb unserer Macht. Es lohnt sich selten, sich damit zu beschäftigen – es wäre doch nur ein meist vergeblicher Versuch, Vorurteile – »Glaubenssätze« – verändern zu wollen, und würde Energieverlust nach sich ziehen. Konsequent bei der – wohlüberprüften – eigenen Position zu verharren und darauf zu vertrauen, dass andere diese Prinzipientreue zu sich selbst schon erkennen werden, halte ich für zielführender. Und wer es nicht erkennen mag, will oder kann, egal ob männlich oder weiblich, sollte ohnedies nicht die Macht zugesprochen bekommen, die eigene Befindlichkeit beeinflussen zu können. Wer Königin bleiben will, muss auf den eigenen Energiehaushalt achten. Auch wenn jede Faser des Körpers nach Hingabe drängt, hat die Königin darauf zu achten, dass ihre Macht nicht verloren geht – und das würde sie, wenn sie nur gibt und nicht Gleiches zurückempfängt.

Nur Muttermacht?

Darf eine Königin Sexualität haben? Und welche? Nur die in Mutterschaft perfektionierte, nämlich abgeschlossene? Oder darf sie auch charmant sein? Ein Liebesleben haben? Ein herzeigbares? Und wer entscheidet, was herzeigbar ist? Und weshalb? Damit sie kontrollierbar ist?

Warum werden Politikerinnen beim Blumengießen gefilmt wie die ehemalige österreichische Frauenministerin Helga Konrad? Oder gar auf Knien mit Gummihandschuhen und Eimer wie die ehemalige Familienministerin Marilies Flemming? Damit die Wählerschaft weiß, es handle sich hier nicht um eine männerhassende »Emanze«, sondern um eine ganz normale – »drinnen züchtig waltende«[155] – Frau wie Mutti? Oder weil den PR-Beratern, Pressefotografen und Journalisten bei einer Frau nichts anderes einfällt – und den betroffenen Frauen auch nicht?

Erinnern wir uns an die Formulierung Roger-Gérard Schwartzenbergs, Politikerinnen an der Spitze bemühten sich, ihre weibliche Identität vergessen zu machen. Sie stimmt nur bedingt. Diese Taktik verfolgen vor allem die Kriegerinnen, nach Schwartzenberg Heldinnen bzw. Technokratinnen. Für solche Frauen, denen Kampfmacht und Fachwissen zugestanden wird, wird anderes als Stilbruch ausgelegt: Wagte es Hillary Clinton im Präsidentschaftswahlkampf, einen ohnedies bescheiden tieferen Ausschnitt unter ihrer Kostümjacke zu zeigen, wurde dies bereits als unpassend kritisiert, und dass Kanzlerin Angela Merkel bei einer Galaveranstaltung an der Seite ihres attraktiven Ehemannes tiefst dekolletiert (wie es für echte Monarchinnen üblich ist) auftrat, rief einen ebensolchen Sturm im Blätterwald hervor. Zu viel Haut ... Wladimir Putin hingegen darf durchaus mit nacktem Oberkörper beim Angeln urwüchsige Männlichkeit demonstrieren ... Er fällt dabei nicht aus der Rolle des »starken Mannes«, obwohl er damit weder dem Bild des Helden noch Technokraten und schon gar nicht des Vaters entspricht – eher dem des kleinen Mannes von nebenan –, aber so wurde er nicht inszeniert.

Frau hat gefälligst Mutter zu sein, Landesmutter oder Firmenmutter, aber ja nicht mit einem echten Baby. Eine Frau mit Baby gehört für viele sofort ins Kinderzimmer unter Quarantäne, egal wie qualifiziert sie ist und welche Verantwortung sie trägt – nur bei Bäuerinnen oder selbstständigen Unternehmerinnen gilt dies wiederum nicht ... Stillende

Ministerinnen werden offensichtlich nur in skandinavischen Ländern als normal betrachtet, in deutschsprachigen Ländern ruft bereits eine stillende Abgeordnete Empörung hervor. Dahinter stehen aus meiner Sicht zwei Meme:

- einerseits die eigene nostalgische Sehnsucht, die Mutter ganz für sich zu besitzen, und damit die Forderung nach totaler Selbstaufgabe zugunsten des Kindes, die auf andere Mütter projiziert wird;
- andererseits die Ausläufer der gezielten Polarisierung zwischen aufopferndem heldischen Kriegermann und aufopfernder liebender Mutterfrau, wie sie im Nationalsozialismus mit Orden und Mutterkreuzen propagiert wurde.

Diese Propagandabilder vom tötenden Mann und von der das Leben fördernden Frau wirken noch immer – auch wenn die Geschichte ganz etwas anderes aufzeigt. So schreibt auch die Europapolitikerin Christa Randzio-Plath: »Die Geschichte erklärt, dass Frauen für sich das von Männern erfundene weibliche Prinzip akzeptieren. Das männliche Prinzip wird diesem weiblichen entgegengesetzt. Es wird mit weltlicher Macht gleichgesetzt und der Inbegriff der Macht bedeutet Töten. So haben nur männliche Eigenschaften mit Herrschaft, Ordnung und Transzendenz zu tun. Nur Männer legen Menschenordnungen fest, wie z. B. die Kodifizierung von Gesetzen, Hierarchien, Sitten oder Gebräuchen. Bei dieser Weltsicht haben Männer Angst, Frauen in der Hierarchie Macht einzuräumen. Sie fürchten Chaos, Gefühle und Sittenverfall.«[156] Ich füge eine wichtige Ergänzung hinzu – das Adjektiv »eigen«: sie fürchten ihr eigenes Chaos, ihre eigenen Gefühle, ihren eigenen Sittenverfall.

Mit Mutterschaftsideologien lassen sich Frauen wunderbar verunsichern – denn welche Mutter hat nicht zumindest gelegentlich Versagensängste? Das Damoklesschwert der Rabenmutter hängt über jeder, aufgehängt oft von der eigenen Mutter, Schwiegermutter, vom Schwiegervater, Ehemann oder, wenn frau prominent ist, von den Medien. Jede Mutter soll allwissend, allgütig und immerfort liebend sein. So berichtete mir eine Kindergartenpädagogin in der Supervision, ihre Vorgesetzte habe ihr auf ihre Klage, ihre eigenen Kinder gingen ihr derzeit auf die Nerven, streng geantwortet: »Ein Kind haben heißt, es 365 Tage im Jahr und 24 Stunden am Tag immer zu lieben – sonst darf man keine Kinder haben!« Was solche überfordernden und unsensiblen Worte für die beistandsbedürftige seelische Gesundheit bei dieser Mitarbeiterin auslösten, kann sich wohl jeder halbwegs sensible Mensch vorstellen.

In ihrer Mutterrolle können Frauen hervorragend verunsichert und verletzt, vor allem aber im Stich gelassen werden – das wissen wir wohl alle, die wir Kinder haben. Folglich gibt es »seelisch kranke Mütter, unreife Mütter, unglückliche und unzufriedene Mütter, von Selbstzweifeln geplagte, unsichere und ängstliche Mütter, launische und unbeständige Mütter, übermäßig selbstbezogene oder fremdbestimmte Mütter, es gibt geplagte und überlastete Mütter, harte und unsensible Mütter, haltlose und haltsuchende Mütter, es gibt ganz einfach sehr viele Mütter, die ihren Kindern die für die optimale Entwicklung ihres Gehirns erforderlichen Bedingungen nicht bieten können«. Das schreibt der Neurobiologieprofessor Gerald Hüther.[157] Fairerweise stellt er gleich dazu fest, wie wichtig es für das Kind ist, Bindungen zu weiteren Bezugspersonen zu erwerben, denn nur so ließen sich allzu einseitige, ausschließlich von der primären Bezugsperson verursachte frühe Programmierungen der im kindlichen Gehirn angelegten Verschaltungen vermeiden. Starke Unterschiede wären durchaus am besten, meint der Wissenschaftler, Väter optimal, aber auch diese sind nicht alle gleichermaßen befähigt – und ich ergänze: willens! –, ihren Kindern Gelegenheit zu bieten, eine Welt zu entdecken, die anders als die ihrer Mütter aussieht. Denn vielfach ist das, was Väter ihren Kindern bieten, ein Kontrastprogramm, das alternativ oder gar autoritär neben das der Mutter gesetzt wird, und das Kind anstatt zu einer Synthese zu einer fatalen Entscheidung zwingt: entweder sein Gefühl oder seinen Verstand zu benutzen, sich entweder nach innen oder nach außen zu orientieren, entweder in Abhängigkeit gebunden zu bleiben oder bindungslos autonom zu werden.[158]

Ich erinnere mich an einen Workshop im Rahmen der Tagung »Manager von morgen« 1987 an der Wiener Wirtschaftsuniversität, in dem mehrere Männer, junge wie ältere, ernsthaft die Meinung vertraten, Frauen wären während einer Schwangerschaft aus hormonellen Gründen nicht in der Lage, weitreichende ökonomische Entscheidungen zu treffen. Ich meldete mich damals zu Wort und erinnerte nach einigen Hinweisen auf die Herrscherinnen der österreichischen Geschichte mit bissigem Humor daran, dass sie das selbst im Wochenbett allemal noch besser könnten als die vielen alkoholumnebelten oder -entzugsgeschwächten Männer. Susan Brownmiller wird noch direkter, wenn sie schreibt, wenn Mutterschaft, Kindererziehung und Haushaltspflichten zu einem sozioökonomischen und kulturellen Ideal erhoben werden, das gleichzeitig die Frau von gewinnbringenden Arbeiten ausschließt, »dann wird die weibliche Sexualität zu einer männlichen Angelegenheit, die sich an männlichen Interessen orientiert«.[159]

Dennoch: Teile ihrer Energie den eigenen Kindern zu widmen, schwächt nicht, solange den Kindern nicht Macht über die eigenen Gefühle und Körperreaktionen gegeben wird. Machtkämpfe sind vermeidbar: Wer ruhig – »geerdet«

– bleibt, also nicht »in die Luft geht« (und damit den sicheren Stand und Standfestigkeit verliert), hat die Macht, freundlich und wertschätzend zu erklären, was und weshalb etwas angeordnet wurde und zu befolgen ist. Die Personen des sozialen Umfeldes sollten dabei nach Tunlichkeit unterstützend wirken, jedenfalls nicht oppositionell. Das geschieht aber dann, wenn diese Personen sich als Besserwisser profilieren – auch eine Form von Machtkampf – oder das Kind aus unbewussten Rachegefühlen heraus auf die eigene Seite ziehen wollen. Leider passiert das häufig, wenn sich der Erzeuger des Kindes – von wem auch immer – nicht ausreichend anerkannt fühlt und sich daher mit der »Frucht seiner Lenden« verstärken will.

Mesalliancen

Viele Frauen meinen, ohne Mann an ihrer Seite würden sie diskriminiert. Das stimmt nur teilweise. Denn tatsächlich erleben viele Frauen, dass sie etwa nach einer Scheidung keine Einladungen mehr in den vertrauten Freundeskreis bekommen, ihre ehemaligen Männer aber schon. Das hat weniger mit dem Geschlecht zu tun oder gar mit der Angst der Ehefrauen vor einer »Wildschützin« (analog zum »Schürzenjäger«), als mit der Auswahl von Gästen nach Nützlichkeits- oder zumindest Unterhaltungswert – und damit doch wieder mit dem Geschlecht.

Nützlich ist beispielsweise nicht nur, wen man als Lobbyisten brauchen kann, sondern auch, wer das Ansehen hebt. Ich kann mich erinnern, dass mein Ehemann und ich einmal abends bei einem seiner Schulkollegen eingeladen waren, einem Rechtsanwalt, den wir mit einer Studienkollegin von mir »verkuppelt« hatten. Mein Ehemann, Journalist, hatte gerade sein erstes (und einziges) Buch herausgebracht – in der Öffentlichkeit unbemerkt gebliebene Texte zu Aquarellen eines gemeinsamen Künstlerfreundes. Er wurde von seinem Schulfreund dafür in den Himmel gelobt; ich saß mit dem deutlichen Gefühl der Diskriminierung daneben, denn meine Fachpublizistik wurde mit keinem Wort erwähnt. Als ich mich durchrang, in einem Nebensatz auch auf mein – damals noch bescheidenes – Werk hinzuweisen, setzte der Schulfreund ein herablassendes Lächeln auf. Vermutlich waren meine Gefühle deutlich spürbar – zumindest für ihn. Erst später erkannte ich, dass er meinen Ehemann als Fürsprecher für einen seiner Klienten »gewogen« stimmen wollte. Und dass er mich ebenso wenig in meiner Fachkompetenz anerkennen mochte wie seine Ehefrau, auf deren Mithilfe als Konzipientin in seiner Anwaltskanzlei – neben der Führung eines »großen Hauses« und der Erziehung von drei Kindern – er gerne mit »neckischem« Spott hinwies.

»Der adelige Besitz, der edle Erben braucht, und das Wissen um die Bedeutung der Familie als eine wichtige Instanz, die vornehme Identität und Schutz verleiht, gebieten, dass gerade im Hochadel bei den Verehelichungen auf das Prinzip der Ebenbürtigkeit geachtet wird«, weiß Roland Girtler.[160] Üblicherweise waren es in der Vergangenheit die Eltern, die vorausblickend Mesalliancen gutbürgerlicher Töchter mit »untermassigen« Männern zu verhindern suchten – ging es doch darum, den existenziell von einem Ernährer abhängigen Mädchen (und damit auch sich selbst) einen so gut wie möglichen wirtschaftlichen Aufstieg zu verschaffen. (Diese rechtshistorisch nachweisbare Usance steht in krassem Widerspruch zu der Behauptung sogenannter Evolutionspsychologen, Frauen würden Männer nach den bes-

ten Genen für die zu erwartende Nachkommenschaft er-
wählen. Außerdem kann man ja auch viele »karitative«
Paarungen beobachten; dabei rührt die – echte oder gespiel-
te – »Schwäche« des Mannes an das Fürsorglichkeitssenso-
rium der Frau.) Seitdem diese Einflussnahme vielfach nicht
mehr akzeptiert wird, und seitdem die sogenannten Muss-
Ehen durch die Allzeitverfügbarkeit von Empfängnisverhü-
tungsmitteln fast gänzlich verschwunden sind, wählen Frau-
en selbst – nach Gefühl; dabei dominieren narzisstische
Bedürftigkeiten (mehr Ansehen in der Bezugsgruppe oder
Heilung emotionaler Verletzungen aus der frühen Kindheit), aber auch wirtschaftliche Überlegungen (Teilung der
Mietkosten oder Aufbau einer gemeinsamen Firma). Ebenbürtigkeit ist kein Thema mehr. Leider. Oder doch?

Ich habe bei etlichen meiner Klientinnen, Königinnen im
besten Wortsinn, ihre Ent-Täuschung begleitet, wenn sie auf
der Suche nach Mr. Right über Partneragenturen an verhei-
ratete Seitenspringer, potenzielle Abzocker oder vereinsam-
te Kulturbanausen gerieten – und sich schämten, dass ihnen,
erfolgreichen Geschäftsfrauen, »so etwas« passierte –, statt
es als Erfahrung von Realität in ihr Überblickswissen einzu-
ordnen. Prinzessinnenträume waren an der Oberfläche ihres
Bewusstseins aufgetaucht ... aber statt ihrem »Inneren Juror«
zu danken, dass er die potenziellen Freier »hin richtete« –
wie die gespenstischen Patriarchengeister in den Märchen
von Turandot oder dem »Reisekamerad« von Hans Christian Andersen –, protestierten sie selbstanklägerisch gegen die
Erkenntnis mangelnden Zusammenpassens.

Eine Königin – im Vollbesitz der Magierenergie – sollte
Manipulationen erkennen. Zuerst muss jeder Mensch mit
sich selbst auskommen, für sich stehen und einstehen, daher
auch allein sein können – dann erst kann Paarung Doppe-
lung bringen und nicht Ausbeutung. Mutter-Sohn- und

Vater-Tochter-Beziehungen sind Formen der Macht des einen über den anderen, selbst wenn sie als Bedienen getarnt sind. Gerade starke Frauen laufen Gefahr, als quasi alles gewährende, alles verzeihende, immer getreue Mutterfigur, Inzest inbegriffen, definiert zu werden – und nebenbei hat Bubi halt auch noch eine kleine Freundin für Schmuddelspaß (die er oft auch wieder »vermuttert« – beispielsweise, indem er sie ganz selbstverständlich das Stundenhotel zahlen lässt). Solche Konstellationen nehmen Kraft, vor allem, wenn die Frau noch versucht, den Flattermann zu halten.

Eine Königin zielt nicht auf Besitz; wenn der Mann sie nicht erkennt in ihrer Kraft und Würde und ihr nicht ebenso begegnet, ist er die Beziehung nicht wert, er dürfte maximal einmal fensterln kommen – aber auch davon rate ich ab. Es macht erpressbar. Es ist klüger, dem potenziellen Freier wie im Märchen Rätsel aufzugeben, dann merkt frau schnell, ob er ein König ist oder ein Tagedieb.

Anja Meulenbelt analysiert in schonungsloser Offenheit: »Wenn ich heute zum Beispiel die Episode meiner frühen Ehe beschreiben würde, könnte ich nicht darüber hinweggehen, dass es dabei nicht nur um Unterschiede zwischen Mann und Frau ging, unter denen jede Ehe leidet, sondern auch um Klassenunterschiede. Ich stammte aus einem sogenannten besseren Milieu als mein junger Ehegatte. Ich glaubte, dass ich bessere Manieren hätte, mehr von Kultur verstünde, kultivierter sei als er, und das habe ich ihn zweifellos auch spüren lassen. Und er wiederum reagierte darauf wie ein Mann, der sich gedemütigt fühlt: mit Schlägen, mit sexueller Demütigung.«[161]

Ich kenne unzählige Vergleichsbeispiele: So kam die Chefin der Putzfirma, die meine Praxis säubert, einmal – buchstäblich! – grün und blau geschlagen zu mir. Die per-

fekt deutsch sprechende Polin hatte gewagt, die Gewerbe-
prüfungen für Gebäudereinigung abzulegen und mit den
Frauen ihrer Verwandtschaft einen florierenden Reini-
gungsbetrieb aufzuziehen. Das allein war die Provokation,
die ihr – kaum des Deutschen mächtiger – Ehemann, Inha-
ber eines kleinen Speditionsunternehmens, bei dem sie nun
nicht mehr »mitzuhelfen« gedachte, nicht auf sich sitzen lassen wollte. Eine andere Klientin von mir, Medizin studie-
rende Krankenschwester, wurde von ihrer Schwiegermutter
aufgefordert, dass Studium ab- oder zumindest zu unterbre-
chen, denn es ginge doch nicht an, dass sie früher im Besitz
eines Doktortitels sei als ihr parallel studierender Ehemann.

Ich beobachte immer wieder, wie Partnerschaften zerbre-
chen, wenn die Frau den Mann überrundet. Deswegen das
eigene Entwicklungspotenzial verwesen zu lassen, als
menschlicher Bonsai dahinzuvegetieren oder aus lauter Zurückhaltung depressiv oder darüber hinaus noch suchtkrank
zu werden, ist nicht salutogen. Einem so etwas zuzumuten,
ist gelinde gesagt eine Frechheit. Partnerschaft bedeutet gegenseitige Förderung, zumindest aber Nicht-Behinderung.

Es gibt aber auch den umgekehrten Fall. Ich erinnere
mich beispielsweise an eine Klientin, die während eines Tu-
nesienurlaubs eine leidenschaftliche Affäre mit einem Kell-
ner ihres Hotels durchlebte. Wie staunte sie, als der jugend-
liche Liebhaber ein halbes Jahr später mit Koffern vor ihrer
Wohnungstür stand. Für ihn war die Lehrerin eine Art Mil-
lionärin – und von der gedachte er sich ein paar Jahre »fördern« zu lassen – eine klassische Mutter-Sohn-Beziehung
am Zukunftshorizont. Ein »Mann für gewisse Stunden«
zählt immer zur Dienerschaft – ein künftiger König dient
nicht er herrscht und zwar im selbstgeschaffenen Revier
(sonst wäre er ja ein Schmarotzer).

Energieausgleich

Ein König spendet Wertschätzung, und deswegen kann er auch teilen – Arbeit, Gedanken, Gefühle, Macht. Er ist loyal. Er weiß, dass er der Königin seine Kraft spenden muss – so wie sie ihm ihre, damit ein sich ewig regenerierender Kraftkreislauf entstehen kann. Solch ein Kreislauf darf keine Lücke haben, sonst fließt Energie ab. Außenbeziehungen, ja sogar jedes augenblickliche Dulden eines Eindringlings würden ihn zerstören. Psychisch unverletzte Frauen spüren das, sie sind ja die Vertreterinnen des aufnehmenden Schalenprinzips. Männer als Vertreter des gebenden Pfeilprinzips brauchen mehr Information und Einfühlung, um dieses Anderssein zu verstehen und zu fördern.

Ich kenne aus meiner Privatpraxis als Coach viele Biografien erfolgreicher Spitzenfrauen, denen von ihren Partnern Schaden zugefügt wird, weil die vermeintlichen Prinzen nicht königlich genug sind, den Platz neben einer gleich großen oder größeren Königin auszufüllen. Manche versuchen die Frau psychisch kleinzukriegen, um selbst größer zu erscheinen. Manche beweisen sich in der Annäherung an andere Frauen, dass sie die Macht haben, ihrer Partnerin wehzutun. Ich denke dabei an einige Spitzenpolitikerinnen, deren Männer die Beanspruchung der Frau durch ihre verantwortungsvolle Arbeit nicht akzeptieren wollten. Mami soll daheim beim erwachsenen Baby sein und nicht in Sitzungen. »Dann suche ich mir eben eine andere« lautet die Trotzdrohung. Manche gehen dann auf Distanz und treiben sich in Männergruppen oder den klassischen Auffanglagern »heimatloser« Ehemänner herum – Sport- und anderen Clubs, Bars, Bordellen. Heimat kann aber nicht ein Ort sein, der von einer Muttergestalt gemütlich gemacht wird, sondern Heimat ergibt sich aus einer emotionalen Besetzung, aus Beziehung.

Wenn Anja Meulenbelt schreibt, es gelte ein Gleichgewicht zu schaffen zwischen der Energie, die man für sich selbst braucht, und der Energie, die man für die Veränderung der Gesellschaft aufwenden will, weil frau sonst irgendwann auf der Strecke bleibt[162], so heißt das auch: Paarung sollte die Energie, die frau für sich selbst braucht, inspirieren, stärken, veredeln (und umgekehrt). In irgendeinem ihrer Lieder singt Joan Baez: »to rescue each other«. Das ist es! Tut eine Liebesbeziehung das nicht, versucht eine/r die andere Person zur Dienerschaft zu drängen, wird Ebenbürtigkeit verhindert oder verletzt.

Und wieder warne ich vor den Memen, die in Liedern, Legenden, Romanen und Filmen versteckt sind, und die kindliche Abhängigkeiten als Liebe verkaufen. Dazu zählen beispielsweise:

- Das »umgekehrte« Pygmalion-Syndrom: Ähnlich wie der Bildhauer Pygmalion in der griechischen Sage sich die »schöne Galathee« als Wunschfrau aus Stein meißelte (sie sich aber nach der Erhörung seiner Bitte an die Götter, die Prachtgestalt doch zum Leben zu erwecken, dann charakterlich anders erwies als geplant), hoffen viele Frauen, durch einen Fachmann (Vaterersatzmann) zu wahrer Perfektion geführt zu werden, geben ihm daher zu viel Macht und wundern sich, dass er ihre Weiterentwicklung über die von ihm gesetzten Grenzen zu verhindern sucht.

Solche Pygmalion-Paarungen habe ich vielfach in der Politik erlebt, aber auch in der Kunst- und Medienbranche. Mir selbst hat einmal ein Topmanager des ORF, als ich für die Moderation einer psychologischen Fernsehserie zur Auswahl stand, in einem Vier-Augen-Gespräch gesagt, ich wirke für diese Aufgabe zu sexy – ich gehörte aber unbedingt »gefördert«, wir müssten noch öfter und intensiver miteinander »reden«, dann würde ihm schon was Maßgeschneidertes für mich einfallen. Die Ambivalenz der starken Frau besteht in der Gefährdung ihres Bedürfnisses nach Freiheit und Autonomie durch das Bedürfnis nach Geborgenheit und Nestwärme[163] – besonders dann, wenn frau fremdes Terrain betritt; dann ist die Neigung, einen übergeordneten Mentor zu suchen, groß – und ebenso die Gefahr, an eine inzestuöse Vaterfigur zu geraten. Ich jedenfalls habe mich dann doch entschieden, meinen eigenen Entwicklungsweg zu suchen, auch wenn er durch dichtes Gestrüpp führte – ohne Leuchtturm oder Irrlicht. Der war zwar weniger lukrativ und publicityträchtig, aber energetisch salutogener.

- Das Brunhilden-Syndrom: Dahinter steht die Suche nach einem Mann, der gleich stark oder stärker ist, den die kämpfende, konkurrierende Frau wertschätzen kann, weil er sich ihr nicht unterwirft. Mir hat einmal eine prominente feministische Schriftstellerin im intimen Freundinnengespräch gestanden, dass sie im Privaten immer auf Machos fliege, dann aber unter deren Siegergehabe leide, aber eben Schwächlinge nicht attraktiv finde. Nur: Zwischen »übersicher« und »untersicher«[164] gibt es auch eine balancierte Mitte – und das wäre der reife, weil bereits »ausgeglichene« Mann, der bereits zu seiner Königsenergie gefunden hat. Aber der ist selten (und meist gebunden).
In der Nibelungen-Sage wählt der starke Siegfried die anscheinend sanft-loyale Krimhild, die ihn zu guter Letzt verrät, anstelle der anstrengenden Brunhild, die er zuerst besiegen muss, damit sie friedlich wird (und sie bekommt den langweiligen Gunther zum Gemahl, und da sie ihn nicht liebt, ist sie auch nicht motiviert, sich seiner Gleichmut anzupassen, daher gelingt diese Paarbildung nicht).

- Das Senta-Syndrom: So wie in Richard Wagners Oper vom »Fliegenden Holländer« meint die starke Frau, den sichtlich wunden Mann heilen zu sollen (und zu können, eine Art Helfer-Syndrom. Sigmund Freud sprach ähnlich von »Heilungs-Neurosen« bei Ärzten). Oft handelt es sich hier um einen erfolglosen Künstler oder ein anderweitig »verkanntes Genie«, den die starke Frau quasi zum Sohn macht und für den sie ihre Energie einsetzt, um ihm zum Triumph zu verhelfen, damit sie sich dann von dem endlich stark gewordenen Mann beschützen lassen kann.

Viele Frauen entwickeln Schuldgefühle, wenn sie erfolgreich sind und der Partner nicht. Schuldgefühle sind aber immer insgeheim abgewehrte Aggressionen: Eigentlich ist frau wütend, dass er sich so gar nicht effizient um Erfolg bemüht, sondern mehr oder weniger weinerlich die Ungerechtigkeit der Welt – den »Fluch«, nicht anzukommen – beklagt. Da es aber erfolgreichen – und daher oft gestressten – Frauen meist an der Zeit (und therapeutischen Neugier) zu einer grundlegenden Analyse seiner Eigenanteile an dieser Lage mangelt und auch an der Lust, sich in den überfälligen Konflikt hineinzubegeben, schleppen sie lieber die Drohne mit und helfen bei der Errichtung seiner Potemkinschen Fassade. »Gestresste Menschen laden sich nur zu leicht immer größere Belastungen auf. Paradoxerweise machen gestresste Menschen sich regelrecht auf die Suche nach immer größeren Herausforderungen«, berichtet die Seminarleiterin Judi James[165]. Gar nicht so paradox, kontere ich: Energieverlagerung ist eine durchaus effiziente Burn-Out-Prophylaxe – sie sollte nur uns selbst zum Kraftgewinn reichen und nicht einem anderen.

- Das Käthchen-von-Heilbronn-Syndrom: Hier wählt die Frau von vornherein die kraftlos-unterwürfige Kom-

munikationsform und suhlt sich, bewusst oder unbewusst, im moralischen Masochismus, was sie nicht alles
aushält aus lauter Liebe. Ähnliche Botschaften vermitteln das Märchen von der duldsamen Griseldis, das Ge-
dicht von der »Einfältigen Frau« von Annette v. Droste-
Hülshoff, die ihrem unwirsch-ignoranten Mann zuletzt
ihr über all die Jahre Erspartes bringt, als er Bankrott
gemacht hat, »und weinend hielt er sie umfangen« –
und die unkritische Leserin identifiziert sich mit der
Märtyrerin aus Liebe, die endlich – endlich! – Dank-
barkeitsenergie bekommt für all ihren Energieeinsatz
über die langen Ehejahre hin, für den ihr bis dato nie
gedankt worden war.

Solchen Gehirnwäschen in Gedichtform ausgesetzt, womöglich noch durch die Pflicht zum Auswendiglernen fest
ins Gedächtnis eingeprägt wie die Sätze aus Schillers »Lied
von der Glocke«: »Der Mann muss hinaus ins feindliche Leben« ... »doch drinnen waltet die züchtige Hausfrau«, werden Sehnsüchte nach Unterwerfung programmiert. Durch
Sätze also, die das leib-seelische Hinströmen der Sexualenergie zu der geliebten Person von der Paarungsbereitschaft
zu generell devotem Sozialverhalten umformen.

Belohnung für braves Dienen gehört zu den Spielregeln
militärischer Aufstiegsoptionen. Im Sexualbereich haben sie
keine Geltung. Selbst wenn manche Fundamentalisten die
Bibel zitieren, um Frauen vorzuhalten, dass Gott zu Stamm-
mutter Eva nach dem Sündenfall spricht, »Er soll dein Herr
sein!«, so gilt es der Wahrheit halber das komplette Zitat
(Gen 3,16) zu lesen; es lautet nämlich: »... unter Mühen
sollst du Kinder gebären. Und dein Verlangen soll nach deinem Manne sein, aber er soll dein Herr sein.«[166] Gott sagt
nicht, dass Eva und ihre Nachfahrinnen unter Schmerzen
gebären sollen – nur unter Mühen, und er sagt nicht, dass

der Mann grundsätzlich der Herr der Frau sein soll, sondern nur, dass Frauen mit ihrem sexuellen Verlangen nach Männern diese nicht werden beherrschen können. Auch nicht durch brave Unterordnung – wie sie es vielleicht als kleine Mädchen beim Vater erprobt haben.

Eine Königin braucht andere Formen, den Auserwählten für sich zu gewinnen. Humorvolle, herausfordernde, Fantasie anregende, auch munter-spritzige ... Kleists Minna von Barnhelm fällt mir ein; zur Melancholie neigen die meisten Männer ohnedies ab der Pubertät, wenn sie ihre Sexualkraft sozial adäquat zügeln müssen, und bekämpfen diese Verstimmungen bestenfalls mit Sport und Ausdauertraining, schlechtestenfalls mit Drogen (Alkohol und Nikotin mitgezählt) und anderen selbstschädigenden Verhaltensweisen wie beispielsweise riskantem Autofahren, oder aber mit Gewaltakten. Dazu zähle ich auch den Missbrauch von Frauen als Energiespenderinnen.

Vampir-Männer

»Spätestens in der Mitte des Lebens muss man sich klar darüber werden, dass man weder Wohlverhalten noch Sympathie oder gar Liebe erzwingen kann«, mahnt Margit Schönberger.[167] Ich ergänze: und auch nicht Anerkennung, Beistand oder gar Schutz. Würde die Königin all dies einfordern, gäbe sie Macht ab, denn der Adressat dieser Forderungen, Sehnsüchte, Wünsche bekäme dadurch die Erlaubnis, quasi wie ein Richter Ja oder Nein zu sagen. Und schon gar nicht darf die Königin sich so weit vergessen, dass sie um solche Energiespenden bettelt – sie muss andere Wege finden, sich mit Energie zu versorgen, wenn sie sie – noch – nicht aus sich selbst schöpfen kann.

Umgekehrt muss sie sich vor Energiesaugern hüten – männlichen wie weiblichen. Volker Elis Pilgrim hat in seiner »Forschungsnovelle« über »Schlaf, Depression und die Weiblichkeit« den Vampirismus vieler Ehemänner als »unlauteren Liebesakt«[168] angeprangert. »Die Tendenz der Weiblichkeit zum Ammenwesen nutzt der Vampirmann in seinem Verhältnis zur Frau aus. Die Frau öffnet sich dem Embryonen gegenüber blind«, schreibt er. »Ein Mann kann noch so brutal, fies, gewalttätig sein – je mehr er es ist, umso embryonaler zeigt er sich –, er findet Frauen, die ihn ›unter ihre Fittiche‹ nehmen. Alle größten politischen Verbrecher waren umgeben von Frauen, wurden von ihnen bestätigt und getragen. Vampirmänner kitzeln die adoptive Stimmung der Frau an und springen in deren Gefühle hinein. Mit der geborgten Kraft beschädigen und manchmal vernichten sie die Frauen und sich selbst ...«[169]

Eine Königin ist keine Amme. Sie ist eine Königin. Als Prinzessin hatte sie eine, und wenn sie eine sein will – was zu respektieren ist –, heißt das, dass sie auf Königinnenwürde und damit Selbstbestimmung zumindest vorübergehend verzichten mag, denn als Amme hat sie dem abhängigen Baby zu dienen, aber nur dem. In einem ähnlichen Sinn erinnere ich mich an die Aussage eines katholischen Priesters in einer Podiumsdiskussion, an der auch ich teilnahm, hinsichtlich der »Himmelskönigin« Maria. Ihr Satz, »Ich bin die Magd des Herrn«, so der Priester, bedeute »und nur des Herrn – und sonst niemandes«.

Das – männliche wie weibliche – Königscharisma zieht Bedürftige an: Solche, die sich daran laben wollen, die sich darin sonnen, es stehlen oder zerstören wollen, und solche, die es abstreiten und damit aber auch beschädigen.

Die Schweizer Psychoanalytikerin Andrea Gysling hat Anfang der 1990er-Jahre eine bemerkenswerte Abhandlung über »wahre und fragwürdige Männlichkeit« veröffentlicht, in der sie die Pathologie männlicher Charakterzüge enttarnte. Auch sie strukturiert ähnlich den schon aufgezeigten Grundformen misslungener Persönlichkeitsentwicklung fünf Arten von »Grenzlosigkeit«:

- aufgeblähte und bodenlose Männer mit einer narzisstischen Persönlichkeitsstruktur[170]; sie fordern Zuwendung/en, sind daheim permanent unzufrieden und fordernd, holen sich dagegen außerhäuslich ihren Energiezuwachs dadurch, dass sie sich anderen gegenüber als Charmeure oder Kümmerer andienen. Neben ihren Familienangehörigen schlagen sie Pfauenräder, beanspruchen die Perlen der Frau für ihre eigene Krone und lassen kaum eine Gelegenheit aus, ihre Frau (aber auch andere Männer, die eigenen Kinder sowieso) »in den Schatten zu stellen«. Wert ist nur, was ihrer eigenen Gloriole nützt, und das lassen sie all diejenigen spüren, die sich nicht der Befriedigung ihrer Gier widmen – nur: Das füllt das Loch in ihrer Seele ebenso wenig wie die Suchtmittel, zu deren Missbrauch sie neigen.

Narzissten brauchen die Sonnenenergie des Scheinwerferlichts, je mehr, desto besser; und selbst wenn sie selbst in Glanz und Gloria stehen, bevorzugen sie darüber hinaus eine Königin als Partnerin, die den Glanz noch verstärkt. Diese sind häufig trotz Schönheit, Charisma und Erfolg etc. mangels Anerkennung selbst unsichere Königinnen und meinen, dadurch, dass sie der Blender als Frau an seiner Seite auserwählt hat, die quälenden Minderwertigkeitsgefühle loszuwerden. Solche Minderwertigkeitsgefühle haben viele von ihnen; sie sind auf Spott und Hohn seitens der SchulkameradInnen, oft auch der Eltern zurückzuführen, die auf diese Weise unerträgliche Konkurrenzempfindungen bewältigen wollen oder auch glauben, durch permanente Herabsetzung Selbstgefälligkeit verhindern zu müssen (was ja allerbestens gelingt).

Wenn aber solch ein Narzisst aus welchen lebensgeschichtlichen Gründen auch immer seinen beruflichen oder sozialen Sonnenplatz verliert oder gar in den Schatten der Königin gerät, wird er fast immer bösartig. Er findet oder erfindet dann schon irgendwelche Taktiken, die die Königin vor oder neben ihm bloßstellen, durch Weibergeschichten oder auch »nur«, indem er rassistische Bemerkungen fallen lässt, wie man sie des Öfteren vom britischen Prinzgemahl Philip lesen kann.

- gepanzerte und geizige Männer mit Zwangspersönlichkeit[171]; sie kontrollieren ihre eigene Energie und halten sie zurück; Bewegung, Veränderung, Flexibilität gefährden ihre Ordnung, die sie brauchen, um gegen die Gefahr von eigenen wie fremden Gefühlsüberflutungen, erotischen wie aggressiven, gewappnet zu sein. Versuche, von ihnen irgendeine emotionale Reaktion zu erhalten, führen oft nur zum Verlust der eigenen Energie, oft sogar zu sadistischen Abwehrhandlungen. Bei solch einem Mann an ihrer Seite muss frau mit psychischen Verletzungen rechnen, und dazu noch, dass er dies nicht realisieren mag. Als pflichtbewusster Arbeitsroboter erfüllt er jedoch alle Erwartungen, vorausgesetzt, es wird von ihm keine menschliche Nähe erwartet.

- gespaltene und gewalttätige Männer mit Borderline-Problematik[172]; ihnen gelingt es schwer, ihre hingabebereiten wie auch hasserfüllten Seelenanteile in eine stabile Identität zu integrieren, sie neigen daher zu »unerklärlichen«, extrem raschen Stimmungsschwankungen, vor allem unkontrollierten Zornausbrüchen und anderen Verletzungen sozialer Grenzen – wie ein Zweijähriger, der auf seine Mutter losschlägt und im nächsten Moment wieder ganz zutraulich ist. Er sucht Sicherheit – die Sicherheit, dass er nicht verlassen wird, egal, was er anstellt. Und er stellt viel an. Damit lebt er oft die unbewussten Ausbruchswünsche seiner disziplinierten Partnerin, die er wiederum unbewusst gewählt hat, weil sie für ihn die Ordnung repräsentiert, die in seiner Seele fehlt. Solche Männer sind anstrengend, zeitraubend, unberechenbar und meist auch gefährlich, denn sie betrachten andere Menschen, inklusive ihre Partnerin, als Engel oder Teufel, und das in raschem Stimmungswechsel. Ein Mann mit Borderline-Problematik kämpft permanent um sein Überleben und gegen alle, die er als feindlich erlebt, und damit raubt er ihnen Energie. Frauen sollten vor solchen Männern schützende Distanz einhalten, sich »seelische Luftschutzkeller« (© André Heller) einrichten und für ein gut funktionierendes Helfersystem, Polizei inbegriffen, sorgen.

- abweisende und kalte Männer mit schizoider Persönlichkeit[173]; Gysling schreibt, mithilfe von niederträchtigen Manipulationen wie Distanz und Gleichgültigkeit versuchen sie, sich psychisch auf Kosten der Menschen ihrer Umgebung zu sanieren, die sie als Sachen betrachten, die man beherrschen kann. Da aber viele Frauen Gefahr laufen, traditionell kaputte männliche Systeme zu stabilisieren, werden sie nur allzuleicht zur »Seelenkrücke« dieser »Beziehungsanalphabeten«.

Gysling schreibt weiter: »Versagen wir es uns, weiterhin vor Mitleid zu zerfließen oder uns mit Selbstverachtung dem grenzenlosen Vater und allfälligen Nachfolgern dieses unreifen Mannes vor die Füße zu werfen. Geben wir es auf, den schizoiden Mann in seinem Elfenbeinturm verstehen zu wollen, lassen wir ihn links liegen in seiner psychischen Verarmung, seiner Unfähigkeit zu fühlen, zu geben, sich hinzugeben. Die Zeit der Unterwerfung, die Zeit der Idealisierung, die Zeit der Rettungsaktionen und die Zeit der Wut über den Missbrauch sind nun zu Ende. Entdecken wir ein neues Zeitalter, die Zeit des erhobenen Hauptes. Geben wir dem Stolz eine Chance, königlichem, weiblichen Stolz. Und geben wir nur noch Männern mit Identität eine Chance, die unseren Respekt tatsächlich verdienen.«[174]

- unterwürfige und vorwurfsvolle Männer mit depressiv-masochistischer Persönlichkeitsstruktur[175]. Gysling sagt von ihnen, dass sie eine Existenz als Laufbursche anstatt einer Ehe führen, es jedermann nur recht machen wollen und sich damit laufend selbst verraten.
  Ich sehe dahinter eine Strategie der Tauschgeschäfte, der Inszenierung von Schuldgefühlen und vampiristischen Energieraubs – denn auch der Vampir kommt in der Maske des Liebhabers, aber er spendet keinen Kuss und keine Energie – er hat ja gar keine als Untoter –, sondern beißt und saugt aus.

Kaum jemand aus dem Kreis der Psycho-Berufe kennt nicht die Klagen seelisch verletzter oder verhungerter Frauen, Mägde wie Königinnen, die immer wieder Energie an einen Mann abgegeben, ohne von ihm Gleiches zurückbekommen zu haben, und die nicht wahrhaben wollen, dass sie in ihm einen kraftvollen »Partner« oder »Beschützer« gesehen haben, der aber in Wirklichkeit un- oder fehlentwickelt, wenn nicht invalide war. Viele Frauen suchen sogar verletzte Männer, weil sie unbewusst annehmen, diese besser bemuttern sprich gängeln zu können – und weil ihnen ein unversehrt starker Mann zu viel Angst machen würde. (Gilt alles umgekehrt auch!)
Um aber mit einem Mann mit einer derartigen Charak-

terneurose eine dauerhafte Beziehung ohne eigene Beschädigung leben zu können (wenn frau das wirklich will), ist viel eigene Seelenstärke, zumindest eine gut funktionierende Kraftquelle zur Regeneration und Distanz notwendig. Distanz verstehe ich hier nicht nur als Rückzugsmöglichkeit zur Erholung, sondern auch als Fähigkeit, sich jemanden auf Abstand zu halten, sonst geht das eigene Leben flöten und es fehlt die Energie, die die Königin braucht, um ihr Reich zu sichern, auszubauen, zum Blühen zu bringen. Das mögen die so Abgewehrten gar nicht, ziehen sich entweder beleidigt zurück, trotzen (verweigern jegliche Kommunikation) oder verstärken ihr Dominanzgehabe bis hin zum Stalking oder lebensgefährlichen Vergeltungs- und Bestrafungsaktionen.

Die neuen Zuhälter

»In vielen Fällen weigern Weibchen sich, sich mit einem Männchen zu paaren, das kein Revier besitzt«, belehrt der Zoologe Richard Dawkins und verbreitet damit das Mem von Angebot und Nachfrage im Gefolge von »Wie angelt man sich einen Millionär?«[176]; es werden ja noch immer gerne animalische Verhaltensweisen 1:1 auf Menschen übertragen – vor allem, wenn dies die klassische Geschlechterhierarchisierung stützt. »Es kommt sogar häufig vor, dass ein Weibchen, dessen Männchen besiegt wird und sein Territorium verliert, sich prompt dem Sieger anschließt. Selbst bei augenscheinlich treuen, monogamen Arten ist das Weibchen möglicherweise eher mit dem Revier als mit der Person des Männchens verheiratet.«[177] Und wenn schon – Reviere dienen bekanntlich mehr der Existenzsicherung als der Hoffnung auf männliche Treue. Von Männern wird hingegen erwartet und sie werden auch dafür gelobt, dass sie primär mit dem Revier – dem beruflichen wie dem ihrer Freizeitgestaltung im Männerbund – verheiratet sind und nicht mit ihrer Frau. Mit zunehmender Reviereroberung und -sicherung durch Frauen verkehrt sich allerdings das Bild.

Seit etwa fünfzehn Jahren beobachte ich die zunehmende Verbreitung einer weiteren Form, Frauen Energie abzupressen. Und zwar, indem sie finanziell ausgenommen werden. Damit sind nicht die Gigolos und Heiratsschwindler gemeint, die sich immer schon an zahlungskräftige Frauen herangemacht haben; und auch nicht die kühlen Rechner, die ihre Partnerschaft aus wirtschaftlichen Überlegungen eingegangen sind. Ich beziehe mich auf die Männer, die sich zunächst unbewusst, aber scheinbar vorausblickend, mit erfolgsträchtigen tüchtigen Frauen verbinden, kurzfristig auch partnerschaftlich agieren, dann aber in Passivität erstarren und nur mehr von ihren Frauen finanziert werden wollen, selbst noch nach erfolgter Trennung. Ich nenne diese Männer »die neuen Zuhälter« – auch wenn sie nicht im Rotlichtmilieu beheimatet sind, ja solch eine gedankliche Verbindung entrüstet von sich weisen würden.

Zu diesen Ausbeutern gehört etwa der türkische Zahnarzt, der seiner deutschen Ehefrau, auch Zahnärztin, langsam die gemeinsam genutzte Praxis ausräumt; jedes Mal, wenn sie aus der Zweitpraxis in einer fünfzig km entfernten Kleinstadt in die Großstadt zurückkehrt, fehlt das eine oder andere Instrument. Schließlich entdeckt sie, dass er in seiner Heimat gemeinsam mit einer türkischen Kollegin ohne ihr Wissen eine eigene Praxis eingerichtet hat; als sie mit ihm, durchaus kooperativ, über Ausgleichszahlungen verhandeln will, droht der Mann mit Entführung der beiden Kinder. Seine Familie findet das alles ganz in Ordnung, war ihnen doch die westliche Ehefrau immer schon ein Dorn im Auge. Wenn man nun aber meint, das wäre ein Problem der Kulturdifferenz, irrt man: Seitdem Frauen erfolgreich eigene »Königreiche« aufbauen, werden sie von ihren Partnern häufig nur kurzfristig zum Schein unterstützt, insgeheim beneidet und bestohlen – ein unreifes, unwürdiges Verhalten, ganz so wie Halbwüchsige der Mutter Geld aus der Brieftasche klauen.

Das Marilyn-Monroe-Klischee aus den Filmen »Blondinen bevorzugt« oder »Wie angelt man sich einen Millionär?« habe ich in den letzten zehn Jahren nur mehr bei Frauen aus dem Osten, der ferne Osten miteingeschlossen, erlebt – und bei diesen hatte dies oft bittere ökonomische Motive. Bei den »neuen Zuhältern« hingegen lautet das Motiv Rache an der erfolgreichen Frau, die eigene Unzulänglichkeiten – sei es Herkunft, Ausbildung, Reputation oder Finanzkraft – sichtbar macht.

Als ich noch Jura studierte, war ich mit einem Studenten der Bankwissenschaft verlobt; diese Verbindung ging auseinander, als ich mein Studium beendet und mit dem Berufseintritt mein Freizeitverhalten verändert hatte – und auch, weil ich plötzlich damit konfrontiert war, wie sich der karrierebedachte Mann beziehungsstörend sehr um ein junges Mädchen, Tochter aus reichem Fabrikantenhaus, bemühte. Nachdem er es geschafft hatte, in ihre Familie einzuheiraten, inszenierte er – quasi ein Pionier auf diesem Gebiet – die Legende vom braven Ehemann mit der bösen Ehefrau, indem er allabendlich seine Freunde zu sich bat, damit sie, schon als Zeugen der künftigen Scheidung, sehen konnten, wie er nackt im Bett auf seine Ehefrau wartete, während sie sich – emotional unterversorgt – bis spät in die Nacht ihrem

Beruf als Juniorchefin (aber auch einem Kollegen) widmete. Bei der Scheidung der kurzen Ehe akquirierte er nebst einer beträchtlichen Summe Geldes ein Penthouse in bester Lage und einen Porsche, mit dem er wenige Jahre danach einen tödlichen Zusammenstoß mit einer Straßenlaterne erlitt.

Männer, die keine Alimente zahlen wollen, gibt es zuhauf. Aber dass sie gegen die Mütter ihrer Kinder mit den absurdesten Begründungen klagen, um von ihnen Geld zu erpressen, beispielsweise indem sie trotz der verfeinerten Nachweismöglichkeiten ihre Vaterschaft abstreiten, nimmt erst in den letzten Jahren zu. Andere wollen rückerstattet bekommen, was sie in den gemeinsamen Haushalt investiert haben, und kürzlich ging die Meldung durch die Weltpresse, dass ein amerikanischer Arzt von seiner geschiedenen Ehefrau die Niere zurückhaben wollte, die er ihr gespendet hatte – oder 165.000 $. Ich habe hierauf im Kollegenkreis geätzt, demnächst würden die »neuen Zuhälter« noch ihre Spermien zurückfordern – oder einen entsprechenden Gegenwert.

Auffallend ist, dass es sich hier nicht um Notlagen handelt, die zu der verzweifelten Suche nach Finanzspritzen führen, sondern um scheele Blicke auf Frauen, die sich mit viel Fleiß, Disziplin und Verzicht ein geordnetes Reich aufgebaut haben. »Reich« – das Wort hat Doppelsinn. Es wird nur der Endpunkt der Bemühungen gesehen – der Lohn der »Goldmarie«, der steinige Weg dorthin, den man(n) nicht gehen wollte, aber wird verleugnet, abgewertet, mit bösartigen Unterstellungen beschmutzt. »Pechmarie« ist heute oftmals männlich und ein »Ex«. Die »Goldmarien« sollten präventiv auf der Hut sein.

Mit einem Partner beginnt man die Konstruktion einer gemeinsamen Biografie, dazu gehören soziale Fantasie und
Verantwortung, schreibt Mathias Jung.[178] Ich ergänze: und
Kommunikation! Und zwar nicht nur verbale. Denn die eigene Intimität mit der eines anderen zu verschmelzen, erfordert Abstimmung, daher Zeit, Einfühlsamkeit, Mut zum
Risiko der Selbstoffenbarung und die Kraft, Fehlreaktionen
des anderen auszuhalten ... und die sind wahrscheinlich,
auch wenn der andere kein Knecht, sondern ein König ist.
Denn je stärker uns Gefühle überfluten und körperliche Erregung aufsteigt, desto mehr verschiebt sich unsere Energie
nach unten und die Vernunft kommt zum Erliegen ebenso
wie die Fantasie, über mögliche Folgen nachzudenken bzw.
unerwünschte zu verhüten.

Genau das aber ist die Kunst der Königsenergie: die
Vierheit

- Körper (Kampf- oder Fluchtenergie)
- und seinen Gegenpart Intuition (Wunsch- oder Horror-
  fantasien)
- und Gefühl (Liebes- oder Angstenergie)
- mit Gedankenkraft (Vernunftenergie) ins Gleichgewicht
  zu bringen.

Es geht immer um Balance, und diese wird durch den Atemrhythmus verwirklicht. Genau darauf wies die Körperthera-
peutin Anne Kent Rush Frauen bereits 1974 hin: »Du
kannst deinen geistigen und emotionalen Zustand ganz einfach durch Veränderung deiner Atmung ändern. Wer handelt, atmet durch die Brust; wer nachdenkt und sich entspannt, atmet mit dem Bauch. Wenn du nervös oder
aufgeregt bist, entspanne die Muskeln deines Bauches und
lasse deinen Atem in deinem Bauch; das macht dich fried-

lich und bewusst. Wenn du ›aufwachen‹ willst, dann atme schneller und höher in deinem Körper. Außerdem solltest du ausprobieren, wie es geht, weder in der Bauchhöhle noch in der Brust zu atmen, sondern in beiden Bereichen gleichzeitig. In einem solchen Zustand bist du sowohl gefasst als auch aktiv, sowohl auf dich selbst als auch nach außen gerichtet, bewusst, die inneren und äußeren Welten im Gleichgewicht haltend.«[179] Das bedeutet auch, für sich sein und bei jemand anderem sein – also Einsamkeit und Verbundenheit – gleich-gültig halten zu können.

Zum inneren Reichtum gehört zum Beispiel die Fähigkeit, ohne Männer genauso gut leben zu können wie mit Männern, so Andrea Gysling – also wiederum eine Kunst des Balancierens! –, wie auch die Fähigkeit, sich selbst zu achten, zu betreuen und zu ›halten‹, die Freude an der eigenen Weiblichkeit, die Kraft, sich wirklich zu behaupten und ohne Szenen durchzusetzen, aber auch die Fähigkeit, sich restlos hinzugeben, mit Leib und Seele. Sie warnt: »Wenn du das nicht schaffst, dann findest du einen Mann, der das auch nicht kann, und schon sitzt ihr miteinander in der Tinte, und der gegenseitige Missbrauch beginnt. Jeder erwartet vom anderen, dass er ihn ganz macht, jeder erschlägt den anderen mit seinen Fehlerwartungen.«[180]

Wenn also eine Königin erkannt hat, dass sie vielleicht keinen Feind, aber einen (wohlwollend ausgedrückt) Ignoranten dauerhaft in ihr Bett gelassen hat, ist es Zeit, keine Energie mehr auf seine Verbesserung aufzuwenden, sondern die so frei werdenden Kapazitäten dem eigenen Lernbedarf zu widmen. Was braucht eine Frau, um als Königin souverän mit der Situation umzugehen, wenn der »ewige Junge«, Playboy (dazu zähle ich Golfspieler, Paragleiter, Wildtierjäger, Hochseesegler – denen gemeinhin »savoir vivre« attestiert wird), »homme aux femmes« (»Weiberer«) oder einfach

peinliche Fettnäpfchentapser an ihrer Seite ihr Energie-
gleichgewicht zu stören droht?

Sie braucht die innere Freiheit, um sich

● von dem Gefühl »mütterlicher« Verantwortung für sein
Verhalten loszusagen,

● von eigenen aggressiven oder resignativen Impulsen zu
befreien und

● sich nichts von höhnischen GiftspritzerInnen weisma-
chen zu lassen, Medien inbegriffen.

Äußere Freiheit gibt es nicht. Wir sind immer in Beziehung
zu irgendwem und irgendwas, wir sind immer von irgendwem oder irgendwas abhängig. Gleichzeitig sind wir immer
allein, allein mit unseren Entscheidungen. »Zu sagen: Hier
herrscht Freiheit, ist immer ein Irrtum oder eine Lüge. Freiheit herrscht nicht«, weiß Erich Fried. Ich meine: doch. Und
damit beziehe ich mich nicht auf die Narrenfreiheit, der gelegentlich Herrschermacht gegeben wird. Ich meine die Erkenntnis, dass wir die Möglichkeit haben, unsere Bewertungen und Geisteshaltungen nach eigenem Willen zu
konstruieren. Für den Augenblick. So ist Freiheit immer nur
das vorübergehende Ergebnis eines Erkenntnis-, Auswahl-,
Loslass- und manchmal auch Reinigungsprozesses.[181]

Energiearbeit

Leben ist immer Bewegung. Einatmen – ausatmen. An-
spannen – entspannen. Mal oben – mal unten. Leben und
die jeweils augenblicklichen Körper- und Seelenzustände
können gut als Wellen dargestellt werden, und je höher die
Amplituden emporstreben oder am Boden bleiben, desto

mehr besteht die Gefahr des psychischen »Schleuderns« oder »Klebenbleibens« (mit klinischer oder ohne klinische Diagnose). Die Kraft der Königin findet sich in der Mitte – in der gleichmäßig fließenden Verbindung von »Himmel« und »Erde«. Sie verkörpert sich im Atemrhythmus. Daher wird die Königin ihren Atem kontrollieren, danach trachten, dass sie ihn immer wieder in ihrer Leibmitte sammelt und so ihren Gleich-Mut verkörpert. »Für einen Schamanen ist Energie der Ausdruck der Wandlung von Geist zu Materie«, weiß auch die Anthropologin Barbara Tedlock. »Lebensenergie ist die Form des elektrischen Stroms, die uns bei der Heilung hilft, doch Neurowissenschaftler haben erst vor Kurzem mit der Entwicklung von Messinstrumenten begonnen, die fein genug sind, sie zu erfassen.«[182]

Wandlung von Geist zu Materie – das bedeutet: Die innere (und für sensible Menschen energetisch spürbare) Haltung bestimmt die äußere, sichtbare. Geist kann auch als Synonym für den energetischen Spannungszustand verstanden werden. Karlfried Graf Dürckheim schreibt vom »nach oben hin« verspannten Europäer[183], C. G. Jung benannte das kognitive Denken als überwertige Bewusstseinsfunktion gegenüber dem Fühlen als der minderwertigen (und dem körperlichen Empfinden und der Intuition als den beiden Hilfsfunktionen)[184], und so ziemlich alle KörpertherapeutInnen wie etwa auch der Arzt Wolfgang Runge[185] widmen derartigen »Energiestauungen« besonderes Augenmerk.

Wer achtsam in sich selbst – in seiner Mitte – ruht, balanciert all seine Möglichkeiten, Liebhaber, Krieger und Magier, hat also die Liebes-, Kampf- und Gedankenenergie im Gleichgewicht. Das ist Königinnenenergie: Sie macht heil – sich selbst wie andere –, gelassen, widerstandskräftig. Resilient.[186]

Diesen Zustand zu erlangen, gibt es mannigfache Zugänge. Meditation etwa. Exerzitien. Oder das Überleben psychischer Leidenszustände. Manchmal bringt es das Erleben bestimmter psychotherapeutischer Interventionen. Immer aber sind dabei bestimmte Gehirnpartien aktiv, und es folgen bestimmte Neurotransmitterausschüttungen. Wer bei sich das Wirken dieser chemischen Botenstoffe erkannt und ihre Auslösung eingeübt hat, kann den Zustand auch schnell bei sich hervorrufen. Das ähnelt der Praktik der Kurzformel im Autogenen Training (»Wärme – Schwere – Ruhe« oder einfach nur mehr »Ruhe«.) Autogenes Training besagt allerdings, dass man diese Methode nicht nur gedanklich vollzogen, sondern leibhaftig eingeübt haben muss! Hat man dies aber, kann man auch – mehr oder weniger – den ganzen Tag in diesem Zustand durchleben. Dann wird man aber auch darauf achten, diesen »state of excellence« nicht leichtfertig zu verlieren – also Königin zu bleiben und nicht auf ein niedliches oder trotziges Prinzesschen zu schrumpfen. Das bedeutet, nicht nur auf die Gefahr körperlicher Vergiftungen zu achten, sondern ebenso auf seelische oder geistige.

Es gehört zu den Aufgaben der Prinzessin, diese Erfahrungen zu machen und Schutz- und Reinigungsmethoden zu erlernen; für die Königin sollten sie bereits zur täglichen Hygiene gehören. Ich selbst bin unter anderem auch ausgebildete Prana-Heilerin[187] und praktiziere gerne die Methoden dieser Disziplin. Dazu später mehr, wenn es um die Weisheit der Königinmutter geht. Es ist die Weisheit der Achtsamkeit, der allumfassenden Wertschätzung, des Integrierens. Eben wie eine gute Mutter alle ihre Kinder liebt, fördert, begleitet und – sie als eigenständige Persönlichkeiten betrachtet.

Es gibt aber auch »Weisheiten« der anderen Art. »Wer sich bewähren und behaupten will, muss undurchschaubar sein. In der Distanz zum Nächsten liegt die respekteinflößende Würde begründet. Die menschliche Nähe gehört allzu rasch den

Versuchungen, den falschen Hoffnungen, der Wollust, dem Straucheln und Verworfensein. Haltet Abstand zu anderen und zu euren eigenen Begierden und den gefährlichen Luftspiegelungen der Sentimentalitäten. Dann gibt es kein Heimweh, keinen Herzenskummer, keine Enttäuschungen in den Freundschaften, und nichts stellt sich zwischen euch und die einzige Nähe, die lohnt: jene zu Christus und der Gemeinschaft der Heiligen«, predigt der Generalpräfekt in André Hellers Erzählung »Wie ich lernte, bei mir selbst Kind zu sein«[188]. Die hier angeregte Form, Energie bei sich zu behalten, führt zu Erstarrung. Zurückhaltung bedeutet, sich zu verschließen – in Gedanken, Worten, Taten.

● Gedanklich bedeutet dies die Abwehr unbewusster Ängste – was nämlich alles passieren könnte, wenn man Nähe zulässt – seelische Schmerzen etwa. Genau diese sind aber ein wesentliches Zeichen von Lebendigkeit!

● Seelisch bedeutet es Stillstand und damit Vermeidung von Entwicklung.

● Und auf der Körperebene wird dies vor allem durch Verspannungen und Fehlhaltungen sichtbar, aber auch durch andere psychosomatische Symptome angezeigt.

Wenn hingegen die Königin Energie bei sich behält, so ordnet sie diese Erregungsqualität in ihren Atemrhythmus ein: Sie atmet ein, integriert sie in ihrem ganzen Körper – nicht nur im Denkapparat – und bewahrt sie so für den Augenblick auf, wo sie sie, vielleicht, wieder freisetzt.

Sie hält sich damit im Gleichgewicht, denn sie weiß: Gesundheit und Weisheit hängen von der Aufhebung des Ungleichgewichts ab.[189] In diesem Sinne zitiert die Tiefenpsychologin und Sinologin Sukie Colegrave einen Ausspruch von Chuang-tzu: »Auf einem bestimmten Punkt einer Sache oder einem bestimmten Stadium des Lebens zu beharren, bedeutet, die Ganzheit zu übersehen.«[190]

Königinmutter

»Bis zu ihrem letzten Atemzug bewahrte sie
sich das Vorrecht der sehr Alten: gerade herauszusagen,
was sie dachte.«
Vicki Baum[191]

Und dann kommt der Tag, an dem frau die Stafette an ihre Nachfolgerin weitergeben muss, soll und hoffentlich auch will – eine Nachfolgerin, die sie ausgebildet hat oder deren Mentorin sie zumindest sein konnte. Nun muss sie sich nicht mehr als Königin mit Konkurrenz und anderen Kampfangeboten herumschlagen – das ist ja nun die Aufgabe ihrer EpigonInnen. Sie muss auch nicht mehr verwalten, verbessern, verteidigen. Sie kann sich jetzt ganz dem Heilen widmen.

Heilen

Heilen bedeute, Verhalten mit Lebenseinstellungen und insbesondere dem geistigen Leben in Einklang zu bringen, so die Ethnologin und Schamanin Barbara Tedlock. Sie zeigt, wie Hoffnung, Suggestion, Erwartungen und Rituale dafür nutzbar gemacht werden können.[192] Heilen beruhe auf einer Sichtweise, die die Welt und ihre Bestandteile miteinander integriert, unter der Voraussetzung, dass es im Universum eine gemeinsame Lebenskraft gibt, die alles Lebende miteinander verbindet; und dass diese ›Lebensenergie‹ als Heilkraft in die zwischenmenschlichen Beziehungen, in die Beziehungen aller Lebewesen, mit eingebracht werden kann, der Überzeugung ist Anne Kent Rush. »Wenn der Fluss der Lebensenergie in jemandem gering ist oder blockiert wird, dann fühlt er sich krank oder deprimiert, ›ohne Leben‹.« So ginge es vielen Frauen, deren Potenzial von klein auf nicht gefördert, sondern unterdrückt, ausgebeutet oder abgewertet wurde. Rush weiß aber auch von einer Reihe von Techniken verschiedener Herkunft, die lehren, wie Energie, Heilkräfte vermehrt und in die richtigen Bahnen gelenkt werden können. Der Vorgang des Heilens lehrt, anderen oder sich selbst zu helfen. Rush betont dabei: »Für das Heilen sind Begriffe wie Gleichgewicht und Wahrheit von grundlegender Bedeutung.«[193]

Ich definiere Heilen als Ganzmachen, Fehlendes oder Verworfenes integrieren, Übermächtiges redimensionieren, Balance herstellen. In meinem Buch »Sein wie Gott« habe ich dies als Aufgabe von (so auch der Untertitel des Buches) »Priestern, Psychotherapeuten, Politikern« beschrieben – alles Elternersatzpersonen, an die diese Notwendigkeiten üblicherweise wegdelegiert werden. Königinnen auf dem Entwicklungsweg zur Königinmutter holen sie sich zurück: Sie sind nicht mehr mit der reinen Existenzsicherung der »Kinder« befasst und daher ausgelastet, ja oft überlastet, sondern können sich viel mehr Zeit und Muße zur fördernden Seelenbegleitung der Nachfolgerinnen nehmen.

Wahrhaftigkeit

Heilen beginnt mit dem Wort. So doziert der Theologe und Gynäkologieprofessor Johannes Huber: »Und so soll das, was in der griechischen Antike gut war, auch als Konzept in die moderne Medizin übertragen werden: Am Anfang steht das Wort – dann kommt die Pflanze – und dann erst kommt das Messer.«[194] Worte können aber täuschen – andere genauso wie sich selbst. Wenn Judi James und Mike Edden zum Thema Selbstvertrauen schreiben: »Die Hoffnung und der Glaube an ein positives Ergebnis sind besonders wichtig. Und diese Hoffnung wird durch unser Selbstvertrauen genährt. Krumme Pfeile erreichen ihr Ziel nur selten«[195] und damit raten, Ziele geradlinig zu verfolgen, übertrage ich diesen Leitsatz auch auf die Botschaften, die wir an andere weitergeben: Was redlich ist, kann man aussprechen, was nicht redlich ist, sollte man nicht einmal denken. Keine krummen Pfeile! Sie könnten zum Bumerang mutieren ... Überhaupt sind Pfeile tabu! Sie gehören zur Kriegerin. Für Königinnen genügt es, im eigenen Königreich zu bleiben, das eigene Vorhaben anzukündigen – oder durch andere, Magierinnen oder Königinnenmütter, ankündigen zu lassen – und die Vorteile darzulegen, die sich aus dem eigenen Vorhaben für andere ergeben. Die wahren Vorteile.

Lügen, manipulieren – die dunklen Seiten der Magie –

lohnen nicht. Sie fressen nur Energie – eigene, die fürs Täuschen, Verbergen, Merken aufgewendet werden muss, und fremde, weil die anderen verunsichert werden und nun wiederum Energie zur Wahrheitssuche benötigen. »Unsere eigene Wahrheit zu vertreten, sie zu leben und zu schützen war in vielen unserer Leben Todesurteil gewesen«, schreibt die reinkarnationsgläubige Transformationsarbeiterin Karin Handl.[196] Nun – man muss sich nicht auf das Glatteis der Wiedergeburtslehren begeben, um sich an »lebensrettende« Unwahrheiten zu erinnern – zu viele haben noch im Ohr, wie Wahrheit oft Haft und Tod im Konzentrationslager bedeutete, und schauen auch heute nicht weg, sondern protestieren, wenn manche Staaten noch immer die gleichen Verfolgungsstrategien gegenüber DissidentInnen anwenden. Hochdiplomatie »schont« Menschenrechtsverletzungen. Geld geht vor Ehre.[197]

Die Königinmutter braucht nicht mehr diplomatisch zu agieren. Sie hat ihr letztes Lebensdrittel begonnen und weiß aus Erfahrung, dass Kritik unvermeidbar ist – sie liegt außerhalb der eigenen Macht, egal, ob jemand aus ideologischer Opposition heraus kritisiert, aus narzisstischem Auftrumpfen oder aus Lust am Streit oder gar an der Verletzung.

»Man kann es den Kritikern also kaum recht machen«, erinnert Anja Meulenbelt, »entweder wird man als zweitrangig abgetan, oder man wird abgetan, weil man sich der traditionellen Weiblichkeit zu sehr anpasst oder weil man von diesem Bild zu sehr abweicht, folglich bedrohlich ist.«[198] Aber es gibt eine Gegenstrategie: »Das Problem zu lösen, besteht zum Teil darin, sich nicht darum zu kümmern«, zitiert Konrad Heidkamp Jane Birkin: »Ich denke, es hilft, wenn man eine Frau über fünfzig ist ... Man ist dann jenseits der Kritik.«[199] Vorausgesetzt, eine Frau sieht altersgemäß und würdig aus und verhält sich auch so. Nicht dass ich das empfehlen würde – ganz im Gegenteil: Ich meine, egal wie alt eine Frau ist, sie sollte immer Anspruch darauf erheben, ernst genommen zu werden, besonders dann, wenn sie sich in ihrem Potenzial eingeschränkt fühlt.

Als ich einmal einen PR-Unternehmer zur Gestaltung der Präsentation eines Forschungsberichts engagierte, den ich für einen Subventionsgeber produziert hatte, verwehrte sich der Startfünfziger heftig gegen meine kritischen »Eingriffe« mit der Bemerkung, er sei schließlich der Experte. Ich ließ mich von ihm aber nicht einschüchtern, sondern konterte, ich sei genauso gut Expertin – immerhin hätte ich im Rahmen meiner Politausbildung als Abgeordnete wie auch als Führungskraft einer Nichtregierungsorganisation grundlegende Ausbildungen in integrativer Öffentlichkeitsarbeit genossen, und der Erfolg meiner Unternehmungen lege dafür auch Zeugnis ab. Außerdem wolle ich auch als über Sechzigjährige mehr Respekt für mein Lebenswerk beanspruchen. Da stutzte der Mann und meinte, er verstünde jetzt sein eigenes Verhalten: »Es ist ein Problem, wenn jemand [gemeint war ich] zwanzig Jahre jünger aussieht als er ist.«

In meiner Familie sehen alle viel jünger aus, als sie sind, und das hat sich in unseren Berufen (pädagogischen, psychologischen, beratenden, forschenden) nicht als förderlich erwiesen. Im Gegensatz zu manchen Kolleginnen, die ihre grauen Haare schon früh rot färbten und ihre Schmallippigkeit aufpolstern ließen – auch eine Form des Lügens –, habe ich mich über jedes Anzeichen des Älterwerdens gefreut. Ich bin nämlich der Meinung, dass wir uns als Frauen insgesamt nichts Gutes tun, wenn wir unsere besondere Individualität, damit auch unsere Altersweisheit, verbergen – nur um irgendwelchen Männern, Redakteure inbegriffen, zu Gefallen zu sein. Da gibt frau Macht ab. Vertochterung nenne ich dies. Irgendwann wird es peinlich, äußerlich mit körperlichen Reizen reüssieren zu wollen statt mit innerlichen Vorzügen, Herz und Hirn inbegriffen. Und Humor.

Wenn wir fühlen, auf andere eingehen, uns öffnen und daher auch entspannen, ändert sich auch unsere Atmung und unsere Stimme. Aus der Anspannung der Königinnenzeit in die Entspannung der Königinmutter zu wechseln, kann Entzugserscheinungen verursachen und damit Rückfälle. Das bringt aber nicht weiter. Gerade in der heutigen Zeit müssen wir – die 68er-Generation – auch hier neue Verhaltensmuster, daher auch Neurosignaturen, finden, auch erfinden. Das braucht Mut.

Die veränderte Hormonlage nach dem Wechsel könnte dies fördern, weil sich dadurch das eigene Energiemuster ändert (oder ändern könnte): Männer werden oft friedlicher, Frauen bestimmter, vor allem selbstbestimmter. Das hat auch mit der eigenen Stimme zu tun, die oft männlicher, dunkler, lauter wird.

»Eine Stimme ist aber nur dann eine Stimme, wenn sie von jemand gehört wird«, erinnert auch Sally Helgesen[200]. Jemand: Das sind nicht nur die anderen – das sind wir auch selbst!

Stimme – das ist durch den Kehlkopf und die Stimmbänder kanalisierte Atemluft. Wenn uns Angst die Kehle zuschnürt, ist dies an der Stimme ebenso hörbar; andere reagieren darauf – von besorgt bis triumphierend.

Ebenso lösen wir Reaktionsmuster aus, wenn wir entspannt, in uns, das heißt in unserer Mitte ruhend sprechen, egal, wie brisant der Inhalt unserer Rede ist. Das lässt sich trainieren. Das ist der dunkle Zugang – der Weg des Vortäuschens. Dann sind wir nur Schauspielerinnen, die versuchen, Gelassenheit darzustellen. Der andere, der lichte Weg, führt über die Selbsterforschung.

»Ob der Mensch in Bezug auf sein Verhältnis zu Himmel und Erde in Ordnung ist, wird vor allem an seiner ›Haltung‹ sichtbar, das heißt an der Art und Weise, wie er die ihm als Menschen im Unterschied zum Tier zugedachte Vertikale erlebt. Ist er in der rechten Weise ›aufrecht‹, dann verbindet er in seiner Haltung Himmel und Erde«, so Karlfried Graf Dürckheim, und: »Ist die lebendige Gestalt dem rechten Verhältnis des Menschen zur Welt, zu Mensch, Ding und Natur gemäß, so besagt sie: Er ist ihr gegenüber sowohl geschlossen wie geöffnet, zugleich klar konturiert und im durchlässigen Kontakt, von der Welt abgesetzt und zugleich mit ihr verbunden, der Welt gegenüber zugleich ›verhalten‹ und aufgeschlossen. Als in rechter Weise lebendige Gestalt atmet er die Welt gleichsam in sich ein und atmet sich in sie aus.« Denn, so argumentiert er weiter: »Bekundet die lebendige Gestalt das rechte Verhältnis des Menschen zu sich selbst, dann erscheint er in ihr sowohl gehalten als gelassen, sowohl in einer sich bewahrenden Form als auch beseelt von lebendiger Dynamik und im rechten Verhältnis von ›gespannt‹ und ›gelöst‹. So erscheint die rechte Gestalt in der Dreieinigkeit von Haltung, Atmung und Spannung.«[201]

Angst verengt den Brustkorb, lässt den Atem stocken, krümmt die Schultern nach vorn, versucht die Angriffsfläche der Vorderseite zu verkleinern, nimmt Mut und Kraft – und gehört durch die Gegenbewegung des Öffnens balanciert: einatmen, aufrichten, wahrnehmen, was konkret Angst auslöst, vertrauen – sich selbst, aber auch der großen Ordnung, von der wir alle Teil sind. Dann ergibt sich das Gleichgewicht zwischen den Polen Furchtsamkeit und Übermut durch Bewusstheit, Gleichmut und Verkörperung und damit Strahlkraft – Charisma, innere Macht – ohne Kraftverlust durch irgendwelche Maskenspiele. Das ist der rechte Zustand, Politik zu machen.

»Politik ist die Gegenwartsform von Geschichte«, erinnert Anica Vesel Mander.[202]Auch die Gestaltung der eigenen Umwelt ist Schaffung einer Historie – und die der Königinmutter kann eine andere Form von Politik sein als die der Königin. Denn während die Königin primär ihr soziales Umfeld steuert, kann die Königinmutter, befreit von dieser Last, sich der eigenen spirituellen Vervollkommnung und damit der Ausbildung künftiger Königinnen widmen – also der Gestaltung von Wahrnehmung, sozialer Kreativität – Heilung inbegriffen – und Ethik.

Jeder spirituelle Entwicklungsweg führt durch die Angst – die Angst vor Verlusten: von Schönheit, Gesundheit, Einfluss, sozialer Einbindung. Diese Angst wird durch mediale Drohungen vor »Überalterung«, finanziellem Zusammenbruch der Sozialversicherungen, dem Verschwinden familiärer Bindungen und allgegenwärtiger Gewalt auf den Straßen verstärkt. Mit anderen Worten: Aufmerksamkeitsenergie wird auf Horrorbilder gelenkt, gleichzeitig werden kommerzielle Bewältigungsmethoden angeboten – von kosmetischen Korrekturen, Privatfinanzierungen, Konsumenten-Clubs bis zu häuslicher Isolation (Stichwort Cocooning). Im Endeffekt wird aufgefordert, Angstbewältigung durch Experten »machen zu lassen« oder sich daheim einzuschränken (Konsum zu verweigern) und zu verstecken wie ein Kleinkind. Das alles sind Strategien der Entmächtigung.

Sich öffnen – kreativ werden – neue Wege wagen: Das sind Strategien der Selbstermächtigung. Das kann jede! Man braucht dazu keine akademischen Abschlüsse – man braucht nur Mut zum Träumen und Experimentieren, zum Zusammenschluss und zur Trennung. Und die Gelassenheit, sich durch die unweigerlich folgenden Hinderungsversuche (»Wo kämen wir denn hin, wenn das jede/r täte?« Antwort: zu was Neuem!) nicht vom Weg abbringen zu lassen.

Gefahr der Regression

»Wo viel Licht ist, ist auch viel Schatten«, heißt es bei Goethe; ähnlich berichtet die Wiener Lichtarbeiterin Karin Handl in der »Biografie« ihres selbst erfahrenen »spirituellen Missbrauchs«: »Der spirituelle Weg kreierte viel Licht, gleichzeitig stärkte er aber auch das Dunkel, und so erreichten wir alle einmal den Punkt, wo es an unsere dichten und dunklen Themen ging. Je mehr wir also an unserer Lichtwerdung arbeiten würden, desto vehementer würde das Dunkle in uns an die Oberfläche drängen.«[203] Die Integration der persönlichen Dunkelseiten, des »Schatten«, gehört zu den Schwerpunkten der Analytischen Psychologie von C. G. Jung: In diesem Sinn habe ich in meinem Buch »Management macht impotent« geschrieben, je weiter jemand von der Lichtquelle entfernt steht, desto größer ist sein Schatten; steht man aber direkt unter der Lichtquelle, hat man ihn also »unter den Fußsohlen« integriert, wirft man keinen mehr – man ist »erleuchtet« (mehr oder weniger).[204]

Je weiter Lichtquelle und Standort auseinanderfallen, desto größer wird der Schatten und die Balance geht verloren. Die Macht der lichten, Kraft spendenden Anteile vermindert sich, die dunklen, Kraft zehrenden Anteile wachsen. Wir alle kennen das von grippalen Infekten: Wenn wir unsere Kraft zur Bewältigung Kraft raubender Situationen brauchen, besteht die Gefahr, in seelische Zustände der Hilflosigkeit zu verfallen. Bekommen wir Fieber, regredieren wir auf Kleinkindniveau, wollen ins Bett und entweder gepflegt oder in Ruhe gelassen werden, je nachdem, wie wir es in unserer Kindheit erlernt haben.

Permanent durch die Medien auf die »Überalterung Europas« hingewiesen zu werden, gleicht einer seelischen Infektion. »Die falschen Vorstellungen über das Alter sind ebenso mörderisch wie alle anderen Rassismen, in denen Menschen minderwertig gemacht werden«, heißt es bei Frank Schirrmacher, »und zwar mörderisch im wörtlichen Sinn: Wir wissen heute, dass sie die seelische Widerstandsfähigkeit älterer Menschen schädigen und ihre Lebensdauer verkürzen.«[205]Was aber verstehen wir unter »älteren Menschen« – vor allem Frauen? Reife und Erfahrung? Oder Sturheit und Besserwissertum? Welche Bilder haben wir in unseren Köpfen? Die unserer Kindheit, in der Frauen mit 50plus übergewichtige Matronen in Kleiderschürzen waren? Oder die aus der Gegenwart, in der Frauen dieses Alters dank der besseren Ernährung, Wohnwelt, Haushaltselektronik, vor allem aber auch der Verfügung über Gesundheit fördernde Faktoren wie Bildung, Empfängnisverhütung, soziale Unabhängigkeit (weitgehend) und vor allem eigenes Einkommen durchschnittlich zwanzig Jahre jünger aussehen als gleich alte Frauen ihrer Ahnenkette?

Sich als »alt«, »zu alt« diskriminieren und damit seelischer Kräfte berauben zu lassen oder sich selbst derartige Namensgebungen zuzufügen, birgt auch für eine Königin die Gefahr, auf frühere, längst überwundene Entwicklungsstufen zurückzufallen – auf die der Magierin, der Kriegerin oder gar der von Mamas Liebling.

• Zur Entwicklungsstufe der Magierin gehört unter anderem auch die Suche nach Wissen und erweitertem Bewusstsein. In der Regression beruht das oft auf esoterischen Techniken, das eigene Schicksal des Alterns oder Verlassenwerdens, des Arbeitsplatzverlusts oder der Gesundheitseinbrüche abzuwenden oder in eine bestimmte Richtung zu zwingen. Damit wird aber nur zusätzlich Macht abgegeben – an einen Guru oder eine Ideologie. Machtgewinn hingegen besteht im Praktizieren dessen, was ich das Prinzip der Salutogenese nenne: die aktuelle

Situation »wahr«nehmen, Alternativen finden und erfinden, selbst bewusste Verantwortung für das Gewählte übernehmen. Das darf schon auch die Entscheidung für einen spirituellen Weg sein – aber dann bitte nicht als Flucht vor einer unerfreulichen Gegenwart, sondern als kritische Selbstverbesserung.

- Als Kriegerin findet der Kampf meist auf der verbalen Ebene statt: Frauen kritisieren dann unentwegt, statt Veränderungen anzugehen, nörgeln in steter Kampfbereitschaft an Mann und Kindern, Nachbarn und Kollegenschaft herum, werden dann oft mit höhnischen Worten (»klimakteriell bedingt«) ohne Ansehen der auslösenden Bedingungen zurechtgewiesen und dadurch noch aggressiver, verlieren die Kontrolle über ihre Stimme und ihr Idiom (verfallen etwa in derben Dialekt) und mutieren zu Mägden, deren Kraft verpufft.

Eine Kraft verstärkende Alternative dazu wäre das Engagement für politische Vorhaben zur Verbesserung von Rahmenbedingungen, Bildungsinitiativen, Selbstorganisationsprojekte. Da wird dann Unzufriedenheit zum Motor für Analyse, Konzepte, Agitation – man tritt in Energieaustausch mit anderen, wird nützliches Mitglied einer neuen Gemeinschaft und füllt das Leben mit Sinn.

- Allgemein propagiert wird allerdings der erwünschte Rückfall in die Kinderstube – als Liebhaberin für eigene oder fremde Enkelkinder. Ich nenne dies die Gefahr der Babysitterfalle, was eine Abart des Vampirismus wäre. Denn auch wenn man sich in Beziehung zu einem Kind nach der Methode »altes Herz wird wieder jung« neue Energie holen kann, so verzichtet man doch dabei auf die Erweiterung des eigenen Potenzials. Ich konnte immer wieder beobachten, wie Frauen, wenn eine Kollegin mit Baby am Arbeitsplatz auftauchte, sofort das Kind auf den

Arm nahmen und es von Brust zu Brust weiterreichten, was die Kleinen meistens gar nicht wollten und auch kundtaten, indem sie verschreckt dreinsahen, weinten oder mit lautem Protestgeschrei ihren Widerwillen gegen fremde Gerüche zum Ausdruck brachten. Ich sehe darin vor allem eine narzisstische Selbstinszenierung, nach dem Motto: »Seht her, ich bin doch eine ›richtige‹ Frau!«, und geheime Konkurrenz mit der wahren Bezugsperson.

Wenn die Stunde des Abschieds von der Königinnenmacht gekommen ist – egal ob freiwillig oder unter Zwang –, gilt es, den nächsten Reifeschritt zu tun: nicht mit den Jungen, den Nachrückenden zu konkurrieren, sondern das eigene Potenzial der neuen Situation anzupassen. Der Satz Darwins vom »survival of the fittest« bedeutet nicht, dass die körperlich Wendigsten überleben werden – Situationen, in denen es um Sprungkraft oder Schnelligkeit geht, kommen eher in Actionfilmen vor als in der Realität –, sondern dass diejenigen die größten Überlebenschancen besitzen, die sich gut den aktuellen Erfordernissen anpassen können.

Versuchte Kastrationen

Als Königinmutter kann frau im Kreislauf »Liebhaberin – Kriegerin – Magierin – Königin – Magierin – Kriegerin – Liebhaberin« nun vollständig den Archetyp der Weisen Frau erfüllen – aber das verstehen manche nicht, vor allem die Männer, für die bei einer Frau nur »tits and ass« zählen und bei ihnen selbst nur der cock; deswegen denken diese »Halbstarken« auch bevorzugt in der einfachen Kategorie von »kastriert« und »nicht kastriert« und versuchen vor allem, Menschen, die sie nicht verstehen, nicht einordnen können oder vor denen sie Angst haben, verbal und sozial zu kastrieren. Zu diesen AngstgegnerInnen zählen primär jüngere – klügere, schönere, stärkere – Männer und ältere Frauen.

Ageismus – damit ist die Diskriminierung älterer Menschen aufgrund des Alters gemeint, eine Wortschöpfung analog zu Rassismus und Sexismus – besitzt mehrere Wurzeln. Diese sind:

- die Angst vor Enttarnung der eigenen Unzulänglichkeit und Scharlatanerie durch ältere und damit erfahrenere Menschen;
- die Entsolidarisierung mit kritischen Menschen, die es wagen, Widerstand gegen sogenannte Neuerungen zu leisten, die sie als falsch erkannt haben, was ältere Menschen eher wagen als jüngere, da diese sich durch die Verantwortung für Kleinkinder keinem existenziellen Risiko aussetzen mögen;
- die durchaus berechtigte Befürchtung, aus der Arbeitswelt ausgegrenzt zu werden, wenn man nicht immerwährende Verfügbarkeit, Anpassungsbereitschaft und Belastbarkeit signalisiert, daher das Bemühen, zu den »anderen«, nämlich den Jungen, zu gehören;
- die Abwehr eigener Ängste vor künftigem Altwerden, Krankheit und Sterben und
- über allem eine allgegenwärtige Werbeindustrie, die einerseits Jugendlichkeit, Unversehrtheit und körperliche Fitness propagiert, andererseits Produkte und Dienstleistungen zum Körperdesign (kosmetisch wie auch chirurgisch) – vom Gesicht bis zur Vagina – anpreist.

In diesem Zusammenhang wird oft das Klischee sexueller Attraktivität bemüht, und die beruht bei Frauen wesentlich auf der schlanken Taille, die »nicht schwanger« signalisiert. Wenn Frauen – wie auch Männer – im Alter »schrumpfen«, sich daher die inneren Organe verlagern, geht dieses Detail zumindest bei den Rundlicheren verloren (und bleibt bei Männern meist durch wachsendes Bauchfett verdeckt). Dazu eine Anekdote: Die überschlanke Exgattin eines Psychoanalytikers erzählte einmal, ihr Mann hätte einst folgende »Bewertung« von sich gegeben: »Wenn Frauen alt werden, werden sie Kühe oder Ziegen. Du wirst eine Ziege!« Ich antwortete darauf lakonisch: »Und Männer werden Böcke oder Ochsen.«

Eine Frau ohne Mann wird gerne übersehen – außer sie steht »zur Auswahl« – so wie Aphrodite, Hera und Pallas Athene vor dem nachfolgenden Urteil des Paris. Und wie Paris fühlen sich auch viele Couch-Paschas, wenn sie, egal wie unattraktiv sie selbst sind, für sich das Recht in Anspruch nehmen, Frauen zu »klassifizieren«. Mit entwaffnender Ehrlichkeit bietet der chinesisch-amerikanische Literaturprofessor Lin Yutang tiefe Einsicht in männliche Sichtweisen: »Was die amerikanische Frau an wirklicher Achtung genießt, das ist immer noch eine Auswirkung ihres überlieferten alten Thronrechtes: Es gehört zum häuslichen Herd, an welchem sie herrscht als ein glücklich waltender Engel. Ich habe solche Engel gesehen, aber nur im Heiligtum der privaten Häuslichkeit, wo die Frau in der Küche und in der Wohnstube auf und ab geht, die wahre Herrin eines ganz der häuslichen Liebe geweihten Heims. Ein Leuchten geht von ihr aus, das in einem Büro ganz undenkbar und übrigens auch ganz unangebracht wäre. Kommt es nur daher, dass die Frau in einem Chiffonkleide hübscher und zierlicher aussieht als in einer Bürobluse, oder existiert der ganze Unterschied vielleicht nur in meiner Fantasie?«[206] Ich schlage vor, über derartige Männerfantasien von strahlend schwebenden Engeln einfach in der Art der Königinmutter gütig zu lächeln, anstatt sich über die innewohnende Realitätsblindheit zu ärgern. Männer träumen eben nicht nur von fetten Bankkonten und schnellen Autos und sehen daher nicht, wie sich die vielen verlassenen, daher allein erziehenden und meist auch finanzierenden Frauen mit Haushalt, Kindern und Karriere abstrampeln (und leider viel zu oft in der Hoffnung auf Beistand noch für einen Bonvivant dazu). Ärgern kostet nur Energie; schützende Distanz ist besser. Mit Abstand sieht man besser den dieser Fantasie innewohnenden Appell, wie frau zu sein hat, um zu gefallen. Nur: »Gegen eine Junge kann man nicht kämpfen. Aber was ich wirklich liebe, ist Lachen. Da kann man sogar mit dem Alter bluffen. Ein Lächeln liftet alles.« Das sagte die Sängerin Jane Birkin im Alter von 56 Jahren.[207]

Entzugserscheinungen

Die Königinmutter kennt die Falle der Gefallsucht, wobei es egal ist, ob der Juror Mann heißt, Frau oder Medien. Abhängig zu werden vom Applaus als einem Füllmittel für das Loch in der Seele birgt auch die Gefahr von Entzugserscheinungen.

»Du wirst von den Medien völlig aufgefressen, wenn du ihnen freie Hand lässt«[208], warnt Anja Meulenbelt. Aber nicht nur von diesen. So bezeichnet sie den Teil des Publikums, der nie genug bekommt, der zwanzig Seiten lange Briefe schreibt und dann erwartet, dass du sofort reagierst, für sie da bist und sie eigentlich mir nichts, dir nichts bei dir reinspazieren können, als Kannibalen; sie konzediert zwar, dass dies auch eine

Form von Kompliment sei, eine Folge der »Illusion von Nähe«, die ihre Bücher schafften, und von öffentlichem Besitz ihrer Person – aber sie selbst könne nicht mehr bieten als ihre Bücher.[209] Ich korrigiere aus meiner Berufserfahrung: können schon, aber wollen nicht. Immer wieder muss ich AnruferInnen sanft erklären, dass sie zwar – von Grenzsetzungen der Produktionsleitung abgesehen – in einer Call-In-Sendung oder am HörerInnentelefon lange mit mir telefonieren können, denn da würde meine Arbeitszeit bezahlt – nicht aber über mein Praxistelefon, denn mein Beruf sei der Verkauf von Zeit, in der ich mein Wissen, meine Einschätzungen und mein Feedback zur Verfügung stelle, und da bevorzuge ich vor der Vertragsschließung die persönliche Wahrnehmung der Ratsuchenden oder eine schriftliche Problemdarstellung. Mir ist solch eine Grenzsetzung wichtig, damit ich meine Bestimmungsmacht über meine Lebensgestaltung nicht verliere. Das sage ich auch oft – und zwar auch um ein Beispiel für Abgrenzung zu geben. Allerdings wird diese Grenzsetzung nicht immer respektiert, widerspricht sie doch der Erwartung einer stets verfügbaren und unbezahlten »Mutter«. Meulenbelt schreibt dazu: »Manchmal finde ich dieses Suchen nach der starken Frau, die alles weiß, diese Idealisierung und dann die Aggression, wenn du dich weigerst, Vorbild zu sein, richtig schaurig.«[210]

Aber dann tritt frau freiwillig und daher bewusst aus der ersten Reihe in die zweite zurück und lässt den Jüngeren Vortritt. Und die routinierten »Untertanen« – gewohnt, nach oben zu buckeln und nach unten zu treten – meinen, jetzt wäre es nicht mehr nötig, in Aufmerksamkeit oder gar Respekt zu investieren. Und es entsteht eine Leere. Wo früher oft zu viel war, ist plötzlich zu wenig, und wiederum droht die Gefahr des Rückfalls auf längst überwundene Entwicklungsstufen.

In »Vor Rehen wird gewarnt« zieht der Künstler-Vater gegenüber seiner Tochter traurig Bilanz: »Wenn ich zum Virtuosen geboren wäre, mit all diesen Trillern und Tricks und Seiltänzerbravour im Blut, ja, das wäre etwas ganz anderes; aber ich bin ein einfacher Musiker und vielleicht sogar ein Purist, aber so haben mich Gott und die klassische Tradition und meine Lehrer eben geschaffen, und ich hätte mich nie zu Kompromissen hergeben dürfen. Großer Gott – wenn ich an jene Jahre denke – Abend für Abend musst du dem Publikum Kunststückchen vorspielen, vor denen dir graust, und du weißt, wie schlecht du sie spielst – jede Nacht steht man da auf dem Podium, mit einem Gefühl, als wäre man im Nachthemd, in einem nicht ganz sauberen Nachthemd noch dazu, und die Säle werden leerer und kälter und Kontrakte immer seltener und die Kosten immer höher – hast du jemals einem leeren Saal ins Gesicht gestarrt? Diese halbleeren Reihen, wie wenn man in ein riesiges Maul mit schlechten Zähnen schauen würde, lauter Zahnlücken, und was geblieben ist, auch schon schlecht und kariös; das Niesen, das Husten, das Herumrutschen – aber weißt du, was das Allerärgste ist, Kinderl? Wenn der Applaus vorbei ist, bevor man die verdammte Tür ganz weit drüben auf der anderen Seite des Podiums erreicht hat.«[211]

Kränkungsmanagement

In Vicki Baums Rehlein-Roman, geschrieben 1951 (!), meint der weise Vater: »Wir alle kränkeln zur Zeit an zu viel Selbstbeobachtung, wir alle sind uns selbst so verdammt wichtig geworden; was mich anbetrifft, ich glaube ganz im

Gegenteil, dass geistige Gesundheit damit anfängt, sich klarzumachen, wie unbeschreiblich unwichtig unsereiner ist, wie unglaublich, mikrobenhaft winzig und uninteressant. Das ist eine Erkenntnis, die eine erstaunliche Menge von Energie frei macht, und die lässt sich für etwas Besseres anwenden.«[212] Das klingt hilfreich – ist es aber nicht wirklich: Erstens braucht man im Sinne von Salutogenese Selbstbeobachtung, weil man sonst Gefahr läuft, sich für unverletzlich zu halten und nicht mehr auf sich zu achten. Gerade am Übergang von der noch mitten im Geschehen stehenden Königin zur Königinmutter, die nicht mehr in Konkurrenz »läuft«, sondern wie Waldorf und Stettler in der Muppet Show von der Rangloge herab zusieht (und hoffentlich nicht quengelt), ist kritische Selbstbeobachtung wichtig. Die Bestätigung durch andere sollte nicht mehr notwendig sein. Aber: So wie der Vater, ein berühmter Geiger, seine malende Tochter Joy in Vicki Baums brillantem Roman über die Hyänen in der Rehlein-Maske[213] warnt: »... du hast Talent, vergiss das nicht, erlaube keinem Menschen, dich zu entmutigen. Du weißt schon, was ich meine: das ethische Gewebe – lass es dir nicht zerreißen ...«, vergisst er und viele andere, die es wirklich gut meinen, zu zeigen, dass das Wissen auf Verstandesebene hilft – dem Körper hilft es nicht. Denn das, was schädigt, sind nicht die Worte – es ist die Energie, die gedanklich »abgeschossen« wird.

Auf Energie bezogen, bedeutet dieses Zitat: Erlaube nicht, dass dir jemand ein Loch in deinem Energiekörper zufügt – egal wie. Die Gefahr wächst mit dem Erfolg wie mit dem Nichterfolg. Wer in der Kriegerenergie verharrt, denkt nur in Sieg und Niederlage, kann daher nicht verstehen, dass sich die Königinmutter gar nicht mehr um die Feststellung einer Rangordnung bemüht. Die Jungianischen Psychoanalytiker Moore und Gillette wissen: »Je strahlender, fähiger und schöpferischer wir werden, desto mehr fordern wir offenbar die Feindseligkeit von Vorgesetzten und sogar von Gleichgestellten heraus.«[214]

Vor wenigen Tagen nahm ich als Expertin an einer EU-Veranstaltung zu der Methode des wertschätzenden Dialogs teil, in der der Erstredner, der etwa 15 Jahre jüngere Rektor einer pädagogischen Hochschule, in seinem Referat es für nötig befand, meine drei letzten wissenschaftlichen Publikationen (eine davon noch gar nicht im Buchhandel) mit Titelnennung als »Ratgeberliteratur« abzuwerten. Die Stresshormonausschüttung, die er bei mir, die ich vor ihm auf erhöhter Bühne unten im Parterre saß, auslöste, war enorm. Um nicht vom Abschlusspodium weg, wo ich neben ihm sitzen sollte, auf seinem Niveau zu kontern, was für mich unethisch gewesen wäre, sprach ich ihn in der Pause an: »Warum sind Sie auf mich losgegangen?« Er ging sofort in Abwehr, hörte nicht auf meine Botschaft, dass er ein Unwahrheitsmem in die Welt gesetzt hätte, behauptete, er hätte mich doch gelobt, weil er gesagt hätte, Ratgeberliteratur wäre wichtig, und lieferte damit ein klassisches Beispiel dafür, was Dialog nicht ist. Ich habe dennoch darauf verzichtet, mich zu rächen – obwohl mir viele Möglichkeiten durch den Kopf gingen. Er hatte sich selbst disqualifiziert – und dem Publikum traute ich zu, die Verleumdung und mangelnde Fairness zu erkennen. Eine Königin keift nicht zurück wie ein Waschweib – sie veröffentlicht Bulletins (in diesem Fall: den Tagungsbericht, der an alle TeilnehmerInnen geht). Gegen Gewalt hilft nur Veröffentlichung.

Es ist wichtig, sich nicht selbst zu entmutigen oder nach Vergeltung zu sinnen, sondern nach salutogenen Alternativen zu suchen. Dazu zählt Sachlichkeit. Ich habe in meinem Leben von klein auf viele Verleumdungen und soziale Mordversuche erlebt, bin später ohne Rücksicht darauf, was dies für meine PsychotherapieklientInnen bedeutete, ohne reale Basis von KollegInnen in den Medien, aber auch hinterrücks bei Auftraggebern attackiert worden, habe deswegen Arbeitsaufträge verloren und sogenannte Förderer – habe aber auch erlebt, wie andere zu mir standen und Infamie nicht duldeten. Ich habe meine seelische Gesundheit bewahrt, indem ich aus all diesen Erfahrungen Forschungsgegenstände gemacht und Lehr- und Heilungsmethoden entwickelt habe. Sublimieren nennt dies die Psychoanalyse. Deswegen engagiere ich mich gegen Diskriminierungen und für die Förderung sogenannter AußenseiterInnen – so wie es in dem Franz von Assisi zugeschriebenen Friedensgebet heißt: »Nicht dass ich getröstet werde, sondern dass ich tröste«.

Ich habe Folgendes erkannt: Wie andere sich verhalten, liegt außerhalb meiner Macht. Ich kann nur beweisen, dass ich nicht so bin, wie mich KonkurrentInnen gerne darstellen wollen, und zwar all den anderen – nicht den FeindInnen. Das ist verlorene Liebesmüh und Energieverlust. Salutogen ist, die eigene Kraft zum psychischen Wachstum einzusetzen. Salutogen für andere ist, dies auch offenzulegen. Mathias Jung schreibt in »Mut zum Ich«: »Will ich mich ändern, muss ich erst einmal tief in mich hineinschauen und erkennen, was ich falsch mache. Dabei muss ich Mitgefühl mit mir haben, mir meiner eigenen Leistungen bewusst sein und mich selbst mögen. Kant sagt in der ›Metaphysik der Sitten‹: ›Selbstschätzung ist die Pflicht des Menschen gegen sich selbst.‹«[215]

»Das Gefühl, vom Leben gekränkt und enttäuscht worden zu sein, trifft auch auf jene Menschen zu, die aus einem emotionalen Paradies verstoßen wurden beziehungsweise es subjektiv so erlebten«, erklärt Bärbel Wardetzki treffend die »Entthronung«, die so häufig mit tiefen Gefühlen der Kränkung des Selbstwerts verbunden ist.[216] Entthronen kann

185

man aber nur jemanden, der oder die nicht von selbst geht. Dazu gehört das Gespür, wann etwas zu Ende geht – wenn die Energie schwindet. So interpretiere ich auch die Eheformel »Bis dass der Tod euch scheidet« als »Bis in der Beziehung keine Energie mehr fließt«. Das gilt auch für Arbeitsbeziehungen.

Selbstwert heißt aber auch: was Wert bedeutet. Das ist nicht immer nur unverminderte Anerkennung, wie oft leicht spöttisch interpretiert wird. Das sind oft schwer erarbeitete Anteile der eigenen Identität, und die werden oft in Verletzungsabsicht niedergemacht.

Mich hat es einmal ganz arg getroffen, als der Mann meines Herzens mir in einer Konfliktsituation entgegenschleuderte: »Merkst du nicht, wie gewalttätig du bist?« Da hatte er mich im Kern meines Bemühens getroffen, mich vom Wutmenschen zum Gutmenschen zu verändern. Erst viel später wurde mir klar: Er hatte meine Willenskraft gespürt, und das war ihm zu viel geworden, oder anders gesagt: Er hatte – noch – keine Neurosignatur, starke Energie bei einer Frau gelassen zu akzeptieren. Ich aber auch nicht – ich brauchte ein paar Jahre, um mich in der Begegnung mit diesem gleich starken Mann – einem klassischen Krieger, nicht König! – so »dosieren« zu lernen, dass er sich nicht zum Duell herausgefordert fühlte. Ich musste erst lernen, mich zu ent-rüsten: Visier auf, Gesicht und Wahrheit zeigen. Beides scheint es in männlicher Form nicht zu geben – zumindest konnte ich dies bis jetzt noch nicht orten.

Zu den klassischen Kränkungen, mit deren Hilfe die Königinmutter ihres Einflusses beraubt werden soll, gehört:

- sie als nicht mehr sexuell attraktiv zu klassifizieren. Dies entspricht dem klassischen Schwarz-Weiß-Denken, sexuelle Attraktivität mit einem jungmädchenhaften Körper und einem biografielosen Gesicht zu verknüpfen.

Dieses Klischee wird in den Printmedien vermittelt (oder besser gesagt wurde vermittelt, da zu beobachten ist, dass sich hier etwas verändert), weniger, weil sich das Auge der Redaktionsmachos gerne an Barbies und Bunnies erfreut, sondern weil die Werbeeinschaltungen der Mode- und Kosmetikindustrie, die ja den wesentlichen finanziellen Unterbau von Magazinen ausmachen, aus Marketinggründen diese Vor-Bilder propagieren. In Wirklichkeit geht es nicht um die Körperlichkeit junger präklimakterieller Frauen, sondern um die Naivität junger Mädchen, die noch nicht genug Erfahrung und mehr oder weniger gelassene Widerstandskraft gegen Verführungsversuche besitzen. Man(n) tut sich mit ihnen leichter – oder erhofft dies zumindest – als mit erfahrenen »lustigen Weibern« nicht nur von Windsor.

• ihr die verlorene Fruchtbarkeit vorzuwerfen. Von schwangeren Frauen wird oft gesagt, sie seien »guter Hoffnung«, und wenn eine Frau »in den Wechsel kommt«, wird ihr nahegelegt, sich von guter Hoffnung zu verabschieden. Dieses Klischee der »Frau ohne Schatten« stammt aus der monarchistischen Heiratspolitik; es gibt sie auch im Großbauerntum, weniger bei Großindustriellen und füllt nach wie vor die Leute- und Lebensstilseiten der Yellow Press.

Wenn aber Ehefrauen sogenannter Society-Promis oder auch Stars »in den besten Jahren« versuchen, sich eine eigene Identität, sei es als Malerin, Boutiquenchefin oder Pilates-Trainerin aufzubauen, werden sie im Gegensatz zu den USA in deutschsprachigen Ländern eher verachtet als respektiert. Hier ist es angeraten, sich zumindest für den Anfang unbestrittene Verbündete – eben wieder Königinmütter – zu suchen, die eine Zeit lang anleitenden wie schützenden Beistand bieten können, wie es beispielsweise

bei PolitikerInnen oft der Fall ist, wenn sie in ihren ange-
stammten Beruf zurückkehren müssen. Bei Topmanagern
spottet kaum jemand, wenn sie sich plötzlich als Unterneh-
mens- oder sonstige Berater selbstständig machen, nachdem
sie als Angestellte im Unternehmen nicht mehr »fruchtbar«
sind, ganz im Gegenteil werden sie oft lanciert, damit sie ihr
Image nicht verlieren.

- Besonders hart trifft es aber Frauen, wenn sie es wagen,
  ihr angestammtes Revier zu überschreiten: »the lady«
  darf kein »tramp« sein, sie soll schön im gewohnten Königreich ihr Ausgedinge finden, Untertanen karitativ Al-
  mosen und gute Worte spenden, aber ja keine geistigen
  Kinder kreieren. Für mich war sehr beeindruckend, wie
  der Psychoanalytiker Tilmann Moser den Verriss von
  Ulla Berkéwicz' Roman »Engel sind schwarz und weiß«[217]
  zerpflückte: Egal ob einem/r ein Werk gefällt oder nicht
  –, wenn man die Absicht des sozialen Mordes merkt,
  sollte man seine Verstimmung deutlich machen. Es wird
  so viel Zivilcourage gefordert – von den anderen. Verant-
  wortungsdiffusion heißt das in der Fachsprache: Wenn
  weitere Personen anwesend sind, fühlt man sich persönlich schwächer verpflichtet, einzugreifen, als wenn keine
  anderen dabei sind.[218] Ich selbst habe auch wiederholt die
  Erfahrung gemacht, dass Bücher von mir Personen zur
  Rezension gegeben wurden, die deklarierte Feinde von
  mir waren, und unterstelle, dass von der Ressortleitung
  dabei nur darauf gewartet wurde, dass ich kriegerisch reagieren würde. Ich bin stattdessen das eine oder andere
  Mal lieber in Supervision gegangen, um eine königliche-
  re Reaktion zu erarbeiten. Heute, als Königinmutter, sehe
  ich es als meine Aufgabe, den jüngeren Königinnen Mut
  zuzusprechen, sich von KollegInnen Rita Kimmkorns[219]
  nicht aus dem Feld der schreibenden Zunft scheuchen zu

lassen. Frauen sollen schreiben, wenn sie etwas zu sagen haben – etwas schriftlich ausdrücken wollen, sollen oder müssen; sie sollten es aber nicht tun, um jemand zu beeindrucken. Das wäre nämlich ein Verzicht auf Eigenmacht – die andere Person bekommt ja dann die Macht, zu bejahen oder zu verneinen.

Wir sollten uns spätestens in dieser dritten Lebensphase entscheiden, ob wir Ruf sein wollen oder nur Echo.[220] Oder auch: wenn schon Echo, dann warum. Etwas nicht zu unterstützen, bedeutet nicht, es verdammen zu müssen. Gerade unter Frauen sollten wir den Mut zur eigenen Position höher schätzen als die Ästhetik der Ansicht (nicht inhaltlich gemeint). Die Fähigkeit, mehrere Wahrheiten nebeneinander stehen zu lassen, ist etwas, das ihrer Erfahrung nach mit dem Älterwerden zunimmt, behauptet Anja Meulenbelt.[221] Wir sollten uns nicht verführen lassen, andere abzuwerten, weil es dafür ein gieriges Publikum gibt; die Alternative heißt, klar sagen, was nicht gefällt, aber die Person als solche wertzuschätzen. In diesem Sinn habe ich im Rahmen der Eröffnungsveranstaltung der Paracelsus-Akademie 2004 (deren Kuratorium ich angehöre) Bert Hellinger Kontra gegeben, indem ich sagte, dass ich seine kreative Arbeit schätze – dass ich aber als langjähriges Mitglied des Psychotherapiebeirats im Gesundheitsministerium und Gerichtssachverständige für Kunstfehler in der Psychotherapie heftig protestiere, wenn er das, was er tue, als Psychotherapie bezeichne oder dulde, dass es so bezeichnet werde – es sei etwas anderes.

Muttern

Muttern ist eine soziale Tätigkeit[222] und kann auch von Männern ausgeübt werden. Muttern als soziale Mutterschaft bedeutet Verantwortung, Fürsorglichkeit und steht damit im Gegensatz zur biologischen Mutterschaft. Muttern bedeutet aber nicht nur nähren und fördern, es bedeutet auch: nicht schonen. Keine Unterwerfung um des lieben Friedens willen, keine zärtliche Blindheit gegenüber dem Fehlverhalten des Nachwuchses, sondern aufzeigen, ansprechen, handeln, rechtfertigen, wenn Kritik am Platz ist. Das ist auch Aufgabe der Mutter.

Als Königinmutter hat frau ein anderes »standing« gegenüber der Königin (oder dem König): In dem viel zitierten Märchen vom »Mädchen ohne Hände« taucht sie als Mutter des Königs auf und – folgt keineswegs seinen Befehlen. Maja Storch schreibt über sie: »Sie hatte den Mut, sich ihr eigenes Gesetz zu geben und danach zu handeln. Obwohl sie (scheinbar) gegen das Gesetz des Königs verstieß.«[223] Und sie mahnt, diesen eigenen Weg zu suchen – vor allem wenn man spürt, dass der übliche nicht stimmig ist. Das bedeutet aber auch, den eigenen Weg innerhalb der Frauengemeinschaft nicht aus den Augen zu lassen – denn auch dort werden Konformitätszwänge ausgeübt. »Gemeinsam sind wir stark« impliziert ja auch, dass frau das allein nicht ist, vielleicht auch nicht sein soll. Gerade wenn in einer Frauengruppe gegen bestimmte männliche Entscheidungsträger strategisch geplant und vorgegangen wird, können auch Zweifel an der Loyalität der einen oder anderen Frau auftauchen. Sie könnte mit Männern kollaborieren, zur Verräterin werden ... Eine der Wurzeln solcher Fantasien liegt darin, solch einen Plan als Gesetz, als unveränderliche Richtschnur, zu verstehen. Strategien sind aber immer nur

Arbeitshypothesen, deshalb sollte man ja immer Doppel-
oder Dreifachstrategien im Kopf haben für den Fall, dass
sich die Lage ändert.

Die Psychoanalytikerin Jean Baker Miller schreibt zwar,
Frauen wären schon immer gezwungen gewesen, sich eigene
Grundwerte zurechtzulegen, die sich von den gegebenen der
herrschenden Kultur unterschieden[224], aber sie versteht unter der herrschenden Kultur die patriarchale, die Frauen in
die Rolle der Nur-Hausfrau und Nur-Mutter zwingen will.
In Opposition oder den Untergrund gehen war immer schon
eine salutogene Alternative. Aber auch in feministischen
Gruppen läuft die Gruppendynamik kaum anders ab. Sek-
tierertum und Dogmatismus gäbe es ebenso innerhalb des
Feminismus, schreibt Anja Meulenbelt, denn »sobald ein
Kopf irgendwie aus der Masse herausragt, muss er ab«[225],
und ich kann das aus meinen Erfahrungen nur bestätigen.

Manchen Frauen gelang es, sich andere Rollen zu suchen
und zu schaffen und so ihr Selbstbewusstsein zu steigern,
setzt Baker Miller im Sinne des feministischen Kampfes gegen »a man's world« fort, aber wenn eine Frau dies tut, dann
hat sie bereits ein gültiges Wertsystem verletzt: das, welches
behauptet, sie sei nicht ebenbürtig; ihr Verhalten lässt sogar
durchblicken, dass mit ihr allein deshalb etwas nicht in Ordnung sein könnte, weil sie sich Alternativen sucht. Genau
das gilt auch innerhalb der von Frauen bestimmten Zirkel.
Hier ist die Königinmutter gefordert, damit das, was Baker
Miller zum Empowerment von Avantgardistinnen in der
Männerwelt sagt, auch in der Frauenwelt gelten darf: »Dennoch, jede Frau, die über die ihr zugeschriebenen Aufgaben
hinausgeht, hat sich irgendeine Vorstellung gebildet, von der
sie sich leiten lässt und an die sie sich halten kann, so gut es
eben geht. Wie diese Wunschbilder aussehen, die Frauen
sich jeweils zurechtzimmern, ist oft schwer herauszufinden.

In den meisten Fällen werden sie nicht vollständig beschrieben und deutlich in Worte gefasst.« Wenn intuiert wird – geahnt, erspürt, geglaubt –, fehlen oft die Worte. Dazu muss Intuition erst mit dem kognitiven Denken verbunden werden, und das wird nicht gelehrt in einer einseitig vernunftorientierten Welt der Technik und der vorgeblichen Sachzwänge. Baker Miller zeigt auf: »In unseren Tagen kämpfen Frauen darum, hier weiterzukommen und ein neues Persönlichkeitsbild zu schaffen, ein kühneres, vollständigeres und bewussteres.«[226] Kühner – also mehr Kriegerenergie. Vollständiger – also Denken, körperlich Empfinden, Fühlen und Intuieren in Balance. Bewusster – also königlicher (und nicht im Sinne der drei energetischen Entwicklungsstufen: gefällig, dominierend, manipulierend).

Es bedarf etlicher Jahre Erfahrung als Königin, um als Königinmutter liebevoll, konfliktbereit und wissend Prinzessinnen zu Königinnen auszubilden (egal wo und wie sie dann ihr Königinnenreich aufbauen), und zwar alle, denn wahre Königinnen rivalisieren nicht wie Mägde.

Ich arbeitete einmal mit einem Klienten, der verzweifelt in Therapie kam, weil er selbst nicht verstand, wieso er seine Geliebte im Streit geschlagen hatte. Der Mann hörte auf den Vornamen Hermann, also sagte ich ihm im Sinne der Wortmagie, es wäre wohl seine Entscheidung, ob er ein Herr sein wolle oder ein Knecht, und dementsprechend sollte er sein Mannsein be»herr«scht leben. Als ich ihn gute fünfzehn Jahre später in einem nicht therapeutischen Zusammenhang wiedertraf, gestand er mir, dass ihn dieser Satz all die Jahre begleitet hätte, sozusagen als Leitspruch – denn er wolle kein Knecht sein. In diesem Sinne sollten sich auch Frauen fragen, wo sie Gefahr laufen, auf ein niedrigeres Niveau von Unbildung, Ungezügeltheit, ja sogar Unmenschlichkeit abzuleiten.

Strategien haben den Sinn, nicht blindwütig dreinzuschlagen, sondern alle oder zumindest viele Möglichkeiten zu wissen, wie man mit Konflikten umgehen kann. In meinem Buch »Wer den Himmel will, muss fliegen können« (ein Zitat von Simone de Beauvoir) habe ich gezeigt, wie viele Frauen Scheu davor haben, als »berechnend« eingestuft zu werden. Ich halte dem entgegen, dass ich es nicht für einen Fehler halte, rechnen zu können.[227] Berechnet werden sollten vor allem die Folgen – und um das zu können, braucht man einiges an Erfahrung. Die Königin macht sie, die Königinmutter hat sie schon.

Und so wird sie wohl wie die zwölfte Fee im Märchen vom Dornröschen, die geduldig (!) bis zuletzt gewartet hat, den Fluch der dreizehnten mildern ... Flüche definiere ich als Negativzuschreibungen. Sie können in Etikettierungen bestehen – das können auch positive sein, die einen unter Druck setzen, sie verwirklichen zu müssen (dazu gehört auch, unbedingt eine Königin sein zu sollen!) – oder in indirekten Geboten oder Verboten – so wie in der Kindheit. Oder in Bewertungen. Die Königinmutter weiß sehr wohl, dass nicht nur in der Kindheit, sondern auch im Erwachsenenleben Noten vergeben werden – beispielsweise in den unsäglichen Politiker-Rankings, in satirischen Kommentaren oder gar in Top-und-Flop-Fotokolumnen, denn »die Rache der Journalisten ist das Archiv«[228]. Oder in Aus- oder Einschluss, als angeblichem Schutz oder als Strafe. Denn um geistig Verantwortung übernehmen zu können, muss man auch körperlich dazu in der Lage sein. Ich erinnere mich an eine meiner Klientinnen, eine beruflich sehr erfolgreiche Wirtschaftspädagogin, die von ihrem beruflich ebenso erfolgreichen, menschlich aber total inkompetenten Partner nach gewalttätiger Abnahme von Autoschlüssel und Handy eingesperrt wurde – und welche, der Gefahr für Leib und Leben wohl bewusst, in dieser Situation nur passive Unterwerfung eingefallen war; ich werte dies als durchaus richtiges Schutzverhalten – es war das, was sie von klein auf beherrschte. Ein anderes musste erst mit einer »Elternersatzperson« mühevoll erarbeitet werden – außerhalb der Gefahrensituation.

Die Weisheit der Königin-mutter

Wenn eine Frau in ihrer Prinzessinnenzeit noch nicht Einblicke hinter die Kulissen der Macht gewinnen konnte und ihr auch keine Mentorin die Fallstricke und Fallgruben gezeigt hat, die falsche RatgeberInnen produzieren, läuft sie Gefahr, auch in ihrer Königinnenzeit mehr in der üppig sprießenden Ratgeberliteratur nach Rezepten zu suchen statt bei den Silver Backs, die sich selbst auf dem glatten Parkett der königlichen Herausforderungen – nämlich Respekt im Zweikampf zu gewinnen – bewährt haben. Allein von einem Podest herab zu predigen ist ja relativ leicht, es gibt immer irgendwelche IntrigantInnen, die eine/n vorschieben, in den Krieg schicken, sich als Initiatorinnen inszenieren und damit hierarchische Überordnung konstruieren, sich aber aus dem tatsächlichen Geschehen heraushalten.

So erklärt die unter anderem auch langjährige Politikerin Anja Meulenbelt, ganz Königinmutter: »Die Phase der großen Anklage ist in meinen Augen vorbei. Jetzt kommt es darauf an, auf allen Gebieten, die wir aufgedeckt haben, tatsächlich etwas zu verändern. Und das ist eine Aufgabe, die weniger spektakulär ist, die Zentimeter für Zentimeter vorangeht und bei der die Erfolge längst nicht mehr auf das Konto der Frauenbewegung gebucht werden.«[230] Die Königin strebt noch nach Erfolg, Zustimmung, Applaus – sie braucht ja diese Formen von Energiegewinn, um ihre Aufgaben verwirklichen zu können (und ganz besonders dann, wenn sie mit einem Energievampir gepaart ist). Die Königinmutter braucht das nicht mehr – sie ist selbst diejenige, die den Jüngeren Energie gibt. Deswegen kritisiert Meulenbelt auch, dass innerhalb der Frauenbewegung sehr viel Energie dadurch verloren ginge, dass Frauen, die sich für die Arbeit in einer Partei oder in einer Gewerkschaft entschieden haben, sich gegenseitig bekämpften und argwöhnisch beäugten, denn durch den Argwohn der Bewegung fühlten sich diese Frauen nicht unterstützt und dazu verleitet, die Frauenbewegung links liegen zu lassen, genau wie sie selbst von der Frauenbewegung beiseitegeschoben wurden. Ähnliches habe ich auch einige Male erlebt: Viele Frauen empfinden den »männlichen Weg«, ein hierarchisches System mit klaren Über- und Unterordnungen aufzubauen, als unbefriedigend; mangels Alternative – das wären neue Netzwerkstrukturen auf horizontaler Ebene, aber die werden oft von Frauen ohne positive Netzwerkerfahrungen, die sich aber als Besserwisserinnen aufspielen, schlechtgemacht – wird wieder auf die alterprobten militärischen Befehlsstrukturen zurückgegriffen. Die Lösung besteht darin, dieses Geschehen anzusprechen und gemeinsam Alternativen zu suchen; dazu ist aber juristisches, soziologisches und gruppendynamisches Wissen notwendig und das dialogische Sprachmodell des wertschätzenden Nachfragens anstelle verbaler Attacken.

Bei Goethe sagt Faust in der Szene mit Famulus Wagner: »Wer darf das Kind beim rechten Namen nennen? / Die wenigen, die was davon erkannt, / Die töricht g'nug ihr volles Herz nicht wahrten, / Dem Pöbel ihr Gefühl, ihr Schauen offenbarten, / Hat man von je gekreuzigt und verbrannt.« Es gilt noch immer als Tabubruch, die Wahrheit zu sagen! Ich habe oft gehört, wie sich vorwiegend männliche Führungskräfte über die mangelnde »Diplomatie« von Frauen echauffierten, die freundlich, aber fokussiert die strukturellen Knackpunkte ansprachen, durch die sie diskriminiert wurden. Diese Männer haben aufgrund ihrer eigenen emotionalen Reaktionen festgestellt: Es war ihnen unangenehm – daran musste doch jemand Schuld haben. Gleichzeitig hat diese Taktik der Schuldumkehr den Vorteil, dass auf diese Weise leicht Schuldgefühle verursacht und Rückzugshandlungen veranlasst werden können. Genau das gehört enttarnt. Und genau hier braucht es Anleitung – inhaltlich wie formal.

Wahre Macht besteht nicht in der Verfügung über Befugnisse oder Positionen; das glauben nur die, die nie selbst Teilhabe oder vollkommene Macht gehabt oder die Erfahrungen von Ohnmacht – noch – nicht verarbeitet haben und quasi im Zustand einer permanenten Rachephase[231] andere auf die eigenen Sicht- und Verhaltensweisen einschwören wollen.

Machtbefugnisse und Machtpositionen sind die äußere Folge von innerer persönlicher Macht. Anderenfalls ist man Spielball von Mächtigeren. Denn je geringer unsere innere Macht ist, desto mehr suchen wir sie außen (oder werden von äußerer Macht »gefunden«).

Als Königinmutter bezeichne ich eine Frau, die diesen Kreislauf von äußerer zu innerer Macht bereits geschlossen hat: von der liebenden zur kämpfenden Prinzessin, von der kämpfenden zur wissenden Königin, von der wissenden zur heilenden, von der heilenden zur liebenden Königinmutter.

Die vier markanten Urtypen der Seele – Liebende, Amazone, Heilerin, Königin – sind erst dann vollkommen, wenn sie energetisch in Balance sind: Die Kraft der jeweiligen Entwicklungsstufe darf weder über- noch unterdosiert ausgelebt werden. Extremes Ausagieren ist ebenso falsch wie totale Zurückhaltung – beides verfehlt die Mitte. Traditionell wurde in der polarisierenden Geschlechtsrollenerziehung den Männern das Ausagieren zugesprochen, von Frauen Zurückhaltung verlangt. Damit wird die jeweilige Gegenenergie in all ihren Ausformungen in den »Schatten« verschoben und dort verborgen, verleugnet oder gar verdrängt. Das jeweilige Verhalten im Außen besagt aber nichts über den Zustand im Inneren; das Ungleichgewicht, das über kurz oder lang krank macht, befindet sich auf der Energieebene. Prana-HeilerInnen können energetische Stauungen oder »Löcher« im Energiekörper (in der »Aura«) erspüren (und behandeln), schon lange, bevor sich solch ein Ungleichgewicht körperlich als Krankheitssymptom manifestiert.

Moore und Gillette zeigen am Beispiel von Männern, was herauskommt, wenn die Energie der vier Archetypen das Gleichgewicht verfehlt:

- Zu viel Liebesenergie zeugt ich-bezogene Muttersöhnchen oder süchtige Verführer, zu wenig weltfremde Träumer oder kraftlose Softies;
- Zu viel Kriegerenergie zeugt Tyrannen oder Sadisten, zu wenig Feiglinge oder Masochisten;
- Zu viel Magierenergie zeugt listige Bluffer oder korrupte Betrüger, zu wenig kleine Dummlinge oder große Ignoranten;
- Zu viel Königsenergie zeugt kleine Tyrannen oder große Diktatoren, zu wenig Duckmäuser oder Mitläufer.

Auf Frauen bezogen, sehe ich folgende Fehlformen:

- Zu viel Liebesenergie verführt zur Anschmiegsamkeit an Elternersatzfiguren oder Selbststimulierung als »gute Mutter«, Helfersyndrom inbegriffen. Zu wenig Liebesenergie führt zu einem depressiven Warten auf einen Prinzen samt Erlösung. Beide Formen behindern die Entwicklung eines eigenen Lebensweges.
- Zu viel Amazonenenergie führt zu aggressivem Kämpfen und Konkurrieren ohne Rücksicht auf Verletzungen, die eigenen eingeschlossen. Zu wenig findet man bei den schweigenden Dulderinnen von Gewalt, die ängstlich auf jegliche Selbstbehauptung verzichten.
- Zu viel Hexenenergie zeigt sich in einschüchterndem elitärem Weise-Frau-Gehabe mit kommerziellem Hintergrund, zu wenig in starrem Festhalten an alten Ordnungsprinzipien bei mangelndem Einfühlungswillen und -vermögen.
- Zu viel Königinnenergie beweisen Frauen mit strengem und humorlosem Führungsanspruch, zu wenig findet man bei Chefgroupies, die versuchen, sich jeweils auf die Erfolg versprechende Seite zu schlagen.

Ansätze zu all diesen Optionen tragen wir alle in uns. Es ist eine Lebensaufgabe, dazu den je nach Aufgaben und Situationen passenden individuellen Mix zu schaffen. Eigentlich sollte schon in der Prinzessinnenzeit Gespür für dieses Balancegeschehen entwickelt werden – aber dazu braucht es eine Mentorin, die das weiß, erlebt und gelebt hat und die vor allem gelernt hat, Energie zu lenken, – und die die Zeit aufwenden kann, Jüngere zu lehren.

Die Weisheit der Königinmutter liegt in ihrer Fähigkeit, heil zu machen, was bedeutet, Schattenanteile – Gedankenenergien, ohnmächtige Gefühle, aggressive Körperempfindungen, dunkle Ahnungen – nicht nur bei sich, sondern auch bei anderen zu integrieren.

Sie strebt nicht mehr danach, Elite zu werden und sei es nur durch Teilhabe wie die Prinzessin, und sie verteilt und verteidigt auch keine Eliteprivilegien wie die Königin, sondern das, was sie vor anderen auszeichnet, ist ihre Angstfreiheit. Dazu gehört auch frei zu sein von Angst vor Fehlern, vor Katastrophen. Genau diese Szenarien werden ihr immer wieder vorgegaukelt: Ähnlich wie die sogenannten Antreiber im Denkmodell der Transaktionsanalyse[232] lauten die »Versuchungen«, Frauen am Machtgewinn zu hindern:

- »Sei gescheit!« – was bedeutet: Lass dir von uns theoretischen Besserwissern was sagen, statt Praktikerinnen zu fragen, die wirklich kompetent sind und nicht »nach dem Mund reden«.

- »Sei weiblich!« – was bedeutet: Nur wir Männer können dir sagen, was wahre Weiblichkeit ist, nämlich was uns motiviert, dich zu begehren oder auch nur an unserer Seite zu dulden.

- »Sei mittelmäßig!« – was bedeutet: Falle nur nicht auf, tue dich nicht hervor, überrunde uns nicht, bleib im Hintergrund.

- »Sei kooperativ!« – was bedeutet: Ordne dich unter – den Sachzwängen, der Mehrheit, den Mächtigeren … und wage nicht, aus dienender Rolle herauszutreten.

- »Sei berechenbar!« – was bedeutet: Bleib schön in der Tradition, sei nicht unzufrieden, wage nichts Neues.

Die Königinmutter lebt lösungs- und damit auch zukunftsorientiert und lässt sich daher nicht mehr von den alten Gaukeleien stoppen; für Zeitverschwendung ist ihre Lebenszeit zu kurz geworden. Sie verharrt nicht in nostalgischer Trauer um die Vergänglichkeit von Jugend, Fitness, Schönheit, Beziehungen oder was auch sonst, sondern ist auf das ausgerichtet, was vor ihr liegt: die Dinge, die gelöst werden müssen, sei es ein Problem oder die Problemsicht an sich oder auch das Festhalten am Irdischen, allzu Irdischen.

Das betrachte ich als wahre Humanität: Wege des Verstehens, Verzeihens, Verbesserns zu bauen und auch zu gehen. »Meine Menschlichkeit wird dich mehr formen als mein Wissen.« Dieser Satz meiner Studentin Susanne Kappl, einer Lehrerin, den sie einem sogenannten schwierigen Schüler gesagt hat, zeigt klar die Aufgabe der Königinmutter: Wo die Königin noch Wissen verbreitet, verströmt die Königinmutter Weisheit.

Königsenergie und Weiblichkeit

In den östlichen Gesundheitslehren wird den Energiekanälen (Meridianen oder Nadis), Energiespeichern (Auren) und Energietransformatoren (Chakren) im menschlichen Körper hohes Augenmerk gewidmet.[233] Üblicherweise werden sieben Hauptchakren gezählt. In der traditionellen westlichen Medizin weist nur die organbezogene Sprache auf die Kenntnis dieser Phänomene hin – beispielsweise der Satz: »Es war wie ein Schlag in den Magen, der mich total hilflos und unendlich traurig machte«, den eine Klientin zu Bärbel Wardetzki sagt und weiter ausführt: »Später habe ich mich nur durch Bulimie am Leben gehalten. Nur nach dem Kotzen war mein Magen für eine Zeit entspannt, und ich fühlte mich gut.«[234] Er erinnert daran, dass »Untergriffe« oder »Tiefschläge« im sogenannten Solarplexus- oder Sonnengeflecht-Chakra spürbar werden. Es ist dasjenige, in dem wir die negative Energie der Machtkämpfe wahrnehmen – vorausgesetzt, wir sind körpersensibel genug. Ähnliches beschreibt Karin Handl von ihrem sexuell übergriffigen und missbrauchenden Lehrmeister: »Durch den Geschlechtsakt war es ihm möglich, alte, bereits bestehende Energie aufzufrischen, und das erlaubte ihm, mit all seinen geliebten Wesen ständig Kontakt zu halten, um ihnen durchgehend oder bei Bedarf Sexualenergie und Kraft aus dem Solarplexus abzusaugen. Ganz gleich, ob sie sich in der Nähe befanden oder nicht.«[235] Sie deutet damit auf ein Phänomen hin, das viele Frauen kennen, aber mangels einer beschreibenden Sprachform nicht präzise benennen können. Deswegen war es mir auch wichtig, auf die Gefahr hinzuweisen, dass Frauen Männern in selbstschädigender Weise erlauben, bei ihnen Energie abzuzapfen. Ich erinnere mich noch genau, wie der später wegen Kindesmissbrauch verurteilte Maler und Aktionist Otto Mühl, vom Ursprungsberuf Zeichenlehrer, 1968 den Kreis seiner Anbeter mit einer Zeichnung amüsierte, die eine Familie zeigt, die jeweils vom Darmausgang zum Mund miteinander durch Schläuche verbunden war, sodass jeder die Ausscheidungen der anderen aufsaugte bzw. schlucken musste. Viele erinnerte das an ihre eigenen Familien, also prusteten sie, erleichtert über diese Möglichkeit, durch das Lachen als Betrachter eigenen Seelenmüll loszuwerden. In meiner psychotherapeutischen Ausbildungszeit wurde ich irgendwann auch mit dem Symbolbild der Silberschnüre vertraut, mit dessen Hilfe bestehende Verbindungen zwischen Menschen verdeutlicht werden sollen (und das ich auch bei Karin Handl wiedergefunden habe[236]) und durch das sich Ver»strick«ungen und Ver»flecht«ungen gut bewusst machen wie auch auflösen lassen. Sie bieten auch ein Erklärungsbild für einengende Formen energetischer Manipulation und Abhängigkeit.

Wenn wir uns der Sprachform der traditionellen östlichen Medizinsysteme bedienen wollen, um den Wortmangel im Westen zu beheben, so bedeutet die notwendige Entwicklungsaufgabe, zuerst die in jeder von uns schlummernde Energie[237], ihre Wanderwege im Körper und die »Fesselungen« durch andere, aber auch durch uns selbst, zu spüren. Danach stellt sich die Frage, ob frau diese Bewegungen lenken will oder nicht (und natürlich auch, wo sie ein Zuviel und wo ein Zuwenig wahrnimmt und ob sie dies ausgleichen will).

- Das unterste Energiezentrum, das sogenannte Wurzelchakra, wird als Sitz der Überlebenskraft gesehen. Die in den Körperpsychotherapien mit Namen wie »gründen« oder »erden« beschriebenen Übungen dienen der Verwurzelung – besonders notwendig für Menschen, die geistig oder spirituell »arbeiten«, damit sie nicht »abheben« und sich in höheren Sphären verlieren. Wir haben die Aufgabe, unser Leben auf Erden zu bewältigen – nicht in metaphysischen Höhen und auch nicht in virtuellen Welten.

Wenn bei zutiefst erschütternden Erlebnissen ein Gefühl, »wie wenn einem der Boden unter den Füßen weggezogen würde«, beschrieben wird, ist das der Versuch, den Energieverlust im Wurzelchakra in vertraute Worte zu kleiden. In solchen Situationen hilft es oft schon, sich dieses Geschehen bewusst zu machen und den Bodenkontakt zu verstärken. Es gibt aber eine Fülle mentaler wie körperlicher Übungen, mit denen frau sich stärken kann[238]; ich empfehle gerne einiges aus dem Qui Gong, erarbeite aber in meinen Coachings und Seminaren auch individuell abgestimmte Techniken vor allem für die häufigen Berufssituationen, in denen Männer versuchen, Frauen »aus dem rechten Lot« zu bringen bzw. »aufs Kreuz zu legen«. Stöckelschuhe sind ihnen dabei äußerst dienlich, deswegen sehen sie Frauen lieber in High Heels als in »Tretern«.

Königsenergie verbindet Himmel und Erde, gibt Standhaftigkeit ohne Starrheit und fördert den aufrechten Gang, die balancierte, dadurch aufrechte und aufrichtige Haltung und damit die Geradlinigkeit. Ohne die tiefe Verwurzelung in Tradition und Prinzipien, ohne Identität und daher auch (geistige) Heimat kann Königsenergie nur »gespielt«, imitiert werden – im Konflikt- oder Krisenfall wird sie zwar aufsteigen, aber nur als aggressive Kampfenergie bis ins Sonnengeflecht.

- Das zweitunterste Energiezentrum, das sogenannte Sexualchakra, wird spürbar, wenn in der Adoleszenz die Sexualhormonausschüttungen beginnen. Da es sich im Bereich der Keimdrüsen befindet, energetisiert es in ungehemmter Ausbreitung (wenn also keine traumatischen oder vorauseilend ängstlichen Blockaden vorliegen) den gesamten Becken-Bauch-Bereich (»Schmetterlinge im Bauch«), strahlt nach unten aus (»Gummiknie«), sollte aber auch nach oben wandern und das Herz »voll« machen.

Leider bleibt die Sexualenergie viel zu oft im Sonnengeflecht hängen (»Kampf der Geschlechter«), wodurch Machtspiele verursacht werden und die andere Person forciert werden soll, »zu Willen« zu sein. Sie gelangt dadurch über den kriegerischen Energiezustand nicht hinaus.

Königsenergie nutzt das »Feuer im Bauch«, um den gesamten Körper zu energetisieren – nicht nur die Genitalien – und zumindest die ersten sechs Chakren zu verbinden und mit Strahlkraft zu versorgen; das siebte (und achte bzw. siebte obere jenseits der sieben unteren) sind die beiden transpersonalen Energiezentren; sie sollten eigentlich aktiviert werden, wenn jemand einen spirituellen Weg geht, also bei Personen in geistlichen Berufen – aber leider sieht man gerade bei diesen häufig nur Krieger- oder Magierenergie mit Machtansprüchen.

Den Unterleib vom Oberleib abzuschnüren, behindert diesen Energiefluss und damit die psychische Entwicklung; wenn also zunehmend Frauen eine männlichere – taillenlosere – Körpergestalt entwickeln, begleitet dies synchron den Aufbau der freien Bahn, die Sexualkraft nicht nur im »gebärfreudigen Becken« zu stauen. Wenn diese Schlangenkraft aufsteigt – was auch erst ausgehalten werden muss –, besteht die Gefahr, dass sie im Solarplexus-Chakra hängenbleibt und sich in vielerlei subtilen bis brutalen Kriegshandlungen äußert; egal ob Brandstiftung, Vandalismus oder Attacken auf Menschen oder Tiere – es zeigt sich darin immer ein Versuch, Spannung bzw. den Energiestau loszuwerden.

● Im dritten Energiezentrum, im Sonnengeflecht, wird das Wollen, die Gier, der Antrieb, das Machtstreben erfahrbar: Überschießende Energie erhöht die Aggressivität, zu wenig macht kraftlos, und oft ist dies eine Folge schädigender Beziehungen zu »über-mächtigen« Personen. Da in der westlichen Welt Macht meist über Konkurrenzbewertung definiert wird – nämlich von denen, die von diesem Vergleich profitieren – und mit Körperkraft, Schnelligkeit und Trickreichtum gleichgesetzt wird, wird Übermacht unbedacht als erstrebenswert angesehen. Der »Schatten« der Rücksichtslosigkeit, Brutalität, oft sogar Psychopathie[239] ergibt sich aus der fehlenden Balance mit Liebe; die aber strömt aus dem Herzchakra, und wenn dieses »zu« ist, weil es nie durch Liebe geöffnet wurde oder zum Schutz vor zu viel Gewalttätigkeit verschlossen wurde, verhindert der Muskelpanzer gefühlvolles Agieren wie Reagieren (bis das Herz künstlich gedehnt werden muss).

So erzählt Karin Handl in der Sprachgestalt der Energetikerin von ihren leidvollen Erfahrungen: »Jeder emotionale Angriff, jeder gemeine Gedanke, jede verbale Attacke, Traumata, Schockerlebnisse und sämtliche Anforderungen des Alltags prallten auf unseren Emotionalkörper in Form von spitzen Pfeilen, Speeren, messerähnlichen Gegenständen, Nägeln und Nadeln auf uns zu. Dadurch verlor der Emotionalkörper ständig an Stabilität, denn jede Abwehr kostete Kraft. Häuften sich die Angriffe und Übergriffe auf uns, so erschien diese Energieschicht abgewetzt fast so wie eine Parmesanreibe. Meist bildeten sich Brandlöcher, ganze Teile der Aura wurden weggerissen und durch diese Zerstörung kam es auch noch zu farblicher Veränderung. Und dieser Zustand blieb bis heute, wurde die Aura in ihrer Gesamtheit nicht gereinigt und geheilt. Von dunkelgrau-schwarz gesprenkelt bis schmutzig-grün dehnte sich die Palette der Farbgebung in der Aura von Betroffenen des Burnout-Syndroms. Wird die Reinigung und Heilung des Energiekörpers stetig vernachlässigt, so sieht das Energiefeld zunehmend ausgelaugt aus und beginnt in seiner Ausdehnung zu schrumpfen.«[240]

In der popularisierten Sprache der computergestützten Gehirnforschung lautet die analoge Beschreibung so: »Über längere Zeit erhöhte Cortisol-Werte, wie sie beim Menschen unter seelischen Belastungen auftreten, können den Nervenzellen des Gehirns an entscheidenden Stellen erheblichen Schaden zufügen. Vor allem, wenn die erhöhten Konzentrationen von Cortisol zusammen mit einem Nervenbotenstoff namens Glutamat auftreten, kann dies zum Untergang von Nervenzellen führen.«[241] Der Freiburger Psychosomatikprofessor Joachim Bauer, von dem diese Zeilen stammen, führt sogar noch weiter aus: »Vor dem Hintergrund dieser ganz neuen, erst in den letzten Jahren gewonnenen wissenschaftlichen Erkenntnisse werden nun plötzlich einige hoch interessante ältere Berichte verständlich, die zu ihrer Zeit noch Verwunderung und Ungläubigkeit hervorgerufen hatten. Im Jahre 1976 berichtete der norwegische Arzt Finn Askevold, dass er bei einer großen Zahl von Seeleuten, die sich während des Zweiten Weltkriegs auf hoher See während längerer Zeit in Todesgefahr befunden hatten, schwere Gedächtnisstörungen und Verminderungen der Hirnsubstanz beobachtet habe. Ähnliche Beobachtungen machten Ärzte bei Kriegsveteranen des Vietnamkriegs, aber auch bei zahlreichen Personen, die als ehemalige Insassen von Konzentrationslagern besonderen seelischen Qualen ausgesetzt waren ...«[242] Vor eben diesem Hintergrund werden vielleicht auch die Sätze der so oft als Abergläubige diskriminierten EnergethikerInnen oder auch SchamanInnen verständlich, die eben aufgrund der langen Dauer ihrer Tradition ihre eigene Sprache entwickelt haben, sich aber auf die gleichen Erscheinungsformen beziehen. Nochmals zur Erinnerung: Sprache symbolisiert nur – so wie schon Alfred Korzybski postulierte: »Die Landkarte ist nicht die Landschaft.«[243]

Vielleicht kann unter Berücksichtigung der nunmehr »wissenschaftlich abgesegneten« Erkenntnisse damit das Machtgefälle zwischen Unbetroffenen und Betroffenen – geschlagenen und sexuell misshandelten Frauen und Kindern, denen oft Dummheit oder Unwilligkeit vorgeworfen wird, wenn sie nicht die Leistungen erbringen (können), die die Gesellschaft von ihnen einfordert – abgebaut werden.

- Das vierte, daher mittlere der sieben Energiezentren, ist das Herz-Chakra. Das Herz – »eine Pumpe mit Gefühl«, wie es einmal einer meiner Supervisanden, ein Arzt, ausdrückte – ist nicht nur ein Muskel, sondern auch Resonanzraum: Je ungeschützter jemand von verbalen oder nonverbalen »Giftpfeilen« getroffen wird, desto eher zieht es sich zusammen; man verliert sein »weiches Herz«, man wird »hartherzig«. Traditionell wurde Männlichkeit mit dieser Verschlossenheit identifiziert – wieder eine Folge der rein militärischen Ausrichtung der Erziehung von jungen Männern: Sie sollten keine Angst spüren, niemandem vertrauen, Geheimnisse bei sich behalten und Befehlen unkritisch Folge leisten. Frauen wurden diesen Gehirnwäschen nur zum Teil unterzogen, denn wenn sie ohnedies keine Informationen erhielten, konnten sie auch keine verraten. Sie sollten stattdessen mitfühlend die blessierten Helden der Arbeit oder des Kampfes pflegen.

Heute propagieren manche Autorinnen, die sich selbst nie in der Arena machtkämpfender Kriegermänner – das sind die meisten! – behaupten mussten (oder unterlagen), Frauen mögen sich ein Waffenarsenal zulegen, auch sich selbst panzern und mitkämpfen, weil dies eben die geltenden Spielregeln wären. Dabei bleibt frau aber auf der Ebene des Solarplexus-Chakras – und dort entwickelt sie dann auch meist die entsprechenden körperlichen Symptome, von der Essbrechsucht bis zum Magengeschwür.

Jesus und seine Mutter Maria werden oft mit brennendem Herzen dargestellt, oft weist Jesus dabei auch auf sein Herz. Die Botschaft lautet: Hier findet die wesentliche Menschwerdung statt – das Herz muss brennen, d. h. voll Energie sein, Licht abstrahlen, nur so entwickelt man sich weiter. Ähnlich mahnt der Fuchs in Saint-Exupérys »Kleinem Prinzen«: »Man sieht nur mit dem Herzen gut. Das Wesentliche ist für die Augen unsichtbar.«[244] Ebenso singen André Heller und Wolfgang Ambros gemeinsam im Lied »Für immer jung«: »Und du sollst vor Liebe brennen und vor Begeisterung! weu (= weil) dann bleibst für immer jung!«[245]

Das Herz kann als der »Umschlagplatz« verstanden werden, wo die »niederen« – die das Überleben sichernden – Energien zu »höheren« veredelt werden. Hier trifft die »höhere« Magierenergie mit der »einenden« Liebesenergie zusammen und schafft den steuernden Ausgleich zur unterschwellig wirkenden Kriegerenergie. Das bewerkstelligt man, oberflächlich betrachtet, so, dass man den Atemrhythmus entschleunigt und das Herz weitet – ähnlich wie im Training für eine »sanfte Geburt« oder im Einüben der zölibatären Triebtransformation. In der Tiefendimension wird dieses Verhalten durch die innige Sehnsucht nach Frieden und Überwindung der Dualität, der »Zwie«tracht, genährt. Genau deswegen muss das »niedere« Machtstreben überwunden werden – damit man nicht in die Überheblichkeitsfalle des angestrebten Elitentums stolpert.

Der unter anderem von C. F. von Weizsäcker protegierte indische Yogameister Gopi Krishna merkt dazu kritisch an: »Es gibt Millionen und Abermillionen Menschen, deren religiöse Hingabe rein äußerlich ist. ... Ihr Interesse an Gott oder dem Jenseits (und ich ergänze: an wahrer Liebe) ist nur oberflächlich und übt nicht den geringsten Einfluss auf ihr tägliches Denken und Handeln aus. ... Es ist das Ergebnis einer flüchtigen Neugierde, die erwachte, als sie das Interesse anderer Menschen an diesen Dingen sahen. ... Dann gibt es noch eine Kategorie Menschen, unter anderem Politiker, Industrielle, Gelehrte, Denker, Wissenschaftler, Schriftsteller, Lehrer und unzählige andere, denen Religion, Gott, Yoga, Okkultismus oder das Übernatürliche überhaupt nichts bedeuten. Sie beglückwünschen sich zu ihrem geistigen Scharfsinn, der sie nicht in die Irre gehen ließ auf einen Weg, den sie für einen irrationalen Humbug, eine geistige Verirrung, für Hysterie oder Aberglauben halten, von dem sie glücklicherweise frei sind. Es gibt Millionen praktisch denkender, dickschädeliger Männer und Frauen, die nicht den geringsten Gedanken an das Okkulte oder das Jenseitige verschwenden. Sie sind ausschließlich mit ihrem Kreislauf von Pflichten und Aufgaben beschäftigt, als ob es sonst nichts gäbe. Die alten indischen Meister sahen die Ursache einer derartigen Geisteshaltung in ›Tamas‹, der abwärts drückenden Kraft, die eine Entwicklung verhindert.«[246]

Die Königinmutter kennt die nach unten strebende, aber auch die sich nach oben sehnende Kraft. Sie weiß, dass es in jungen Jahren schwer ist, sich sexuellen Verführungen zu entziehen: Zu groß ist die Versuchung, die Kraft im Außen zu suchen als sie im Innen zu entwickeln. Sie weiß auch, dass eine Königin sich nur mit einem König paaren sollte – aber dass solch einer nicht so leicht zu finden ist. Marlene Dietrich wird der Satz zugesprochen, jede Frau sehne sich nach einem Mann, dem sie ewig treu sein könne – nur fänden sich kaum welche, für die sich das lohne.

Aber: Die Königinmutter muss aufpassen, dass sie nicht mit ihren Königinnen- und Prinzessinnentöchtern in sexuelle Konkurrenz tritt. Es ist nicht leicht, die Macht zurückzuholen, die das kleine Mädchen an ihren Vater, die junge Frau an ihren potenziellen Gatten, und, wenn sie homosexuell liebt, an ihre Partnerin abzugeben geneigt ist. Als Kind bleibt ihr oft nichts anderes übrig – aber als erwachsene Frau sollte sie unbedingt für sich prüfen: Mit welchem Ziel verhalte ich mich wie? Ist mein Bedürfnis nach Spiegelung so groß, dass ich sogar einen Zerrspiegel akzeptiere? Oder brauche ich Spiegelung nicht mehr – genügt mir eine Beantwortung, egal, wie sie ausfällt?

Lieben beinhaltet immer auch die Sehnsucht nach dem »Glanz im Auge der Mutter« (René Spitz), aber wenn man erkannt hat, dass das nur die Aktivierung der alten Neurosignatur aus frühester Kindheit bedeutet (oder den Neid, wenn man beobachtet hat, dass andere bekommen haben, was man selbst so dringend bräuchte), wird man frei, eine neue, selbstbestimmte Neurosignatur zu konstruieren. Als ich erkannte, dass meine erworbenen Verhaltensweisen nicht zu diesem einzigen Mann passen, den ich wirklich tief und bedingungslos liebe, und der erst in mein Leben getreten ist, als ich fast 54 Jahre alt war, half mir mein psychotherapeutisches Wissen, an mir selbst anzuwenden, was ich so vielen anderen vermittelt hatte: ihn »einatmen«, mein Herz weit dehnen, die Vierheit von Denken und Fühlen, Körperempfinden und Intuieren in Balance bringen und mein Handeln so zu verlangsamen, dass ich bei der geringsten Kommunikationsstörung sofort korrigieren kann. Das war das Schwerste – wenn alles in mir zu ihm hin drängt. Für diese Arbeit an mir habe ich rund zehn Jahre gebraucht, aber das hat sich für mein Wohlbefinden und meine salutogene Wirkung auf andere mehrfach gelohnt: Ich halte jetzt zu mir.

- Das fünfte, das Halszentrum, reguliert unsere Stimme und damit auch die Kommunikationsbereitschaft und -fähigkeit; dazu zähle ich auch den Umgang mit der eigenen Wahrheit. »Wes das Herz voll ist, des geht der Mund über«, weiß der Volksmund, und wenn das nicht so ist, »verschlägt es die Rede«. Was redlich ist, kann ausgeredet werden – ob es anderen nun gefällt oder nicht. Unredliches aber sollte nicht einmal gedacht werden.

In der Prinzessinnenzeit gilt es, sich selbst lieben zu lernen – um sich nicht um erhoffter Liebe willen missbrauchen zu lassen. Das hat viel damit zu tun, das Unechte zu erkennen und sich davon abgrenzen zu können. Die Kraft dazu kommt aus dem Wurzelchakra.

In der Königinnenzeit sollte der Wechsel zur Liebe zu anderen in den Vordergrund treten, sonst ist frau keine gute Herrscherin. In dieser Phase ist es oft notwendig, darauf zu verzichten, das Unechte zu bekämpfen, sondern es stattdessen als eine Variante zu integrieren. Die Kraft dazu kommt aus dem Herzchakra.

In der Zeit der Königinmutter hingegen steht die Liebe zur Wahrheit im Vordergrund, und hier ist die Kraft von Wurzel-, Solarplexus-, Herz- und Halschakra gefragt: Frau braucht einen guten Stand, eine gelassene Zentrierung, ein starkes Herz und eine mutige Stimme, denn, mit den Worten der französischen Philosophieprofessorin Annie Leclerc: »Die einzige Sache, die ihr Männer von uns Frauen mit wirklichem Nachdruck immer wieder verlangt, ist zu schweigen. Man kann wahrscheinlich kaum mehr verlangen; darüber hinaus gibt es nur noch den Tod, den man verlangen könnte.«[247]

- Das sechste, das Stirnzentrum oder auch »dritte Auge«, verhilft zu Bewusstheit, Intuition inbegriffen. So schreibt Plato in seinem »Staat« über Männer (und ich übertrage diese Aussagen auf Frauen): »... und wenn sie fünfzig Jahre alt geworden sind, dann mögen jene, die ... sich in allen Tätigkeiten und auf allen Wissensgebieten Ruhm erworben haben, schließlich das höchste Ziel erreichen; nun ist die Zeit gekommen, in der sie das innere Auge auf das universelle Licht richten müssen, das alle Dinge erhellt und das absolut Gute erblickt. Denn dies ist das Muster, nach dem sie den Staat und das Leben ihrer Mitmenschen ordnen sollen wie den Rest ihres eigenen Lebens, wobei die Philosophie im Mittelpunkt ihrer Interessen stehen sollte.«[248]

Dazu muss frau sich von der Zwangsnorm sexueller Attraktivität lösen und für sich eine neue, individuelle Form von Weiblichkeit konstruieren. Sie muss quasi über sich selbst hinauswachsen – weiter wachsen, als es die Vorbilder aus Monarchie und Nationalsozialismus, sprich die einst im geeinten Männerverbund herrschenden Männer, erlaubten und deren Befolgung ihr von ihren Müttern und Großmüttern vertraut sein mag, und weiter, als es die allgegenwärtige Produktwerbung propagiert.

»Ist das Begehrenswerte einer Frau nicht auch immer eine Frage des Alters«, fragt die Psychoanalytikerin Christiane Olivier, »und ist das Altern nicht das Schreckgespenst in den Augen der Frauen?«[249] Nur wenn sich frau über ihren Körper definiert – und das allein wird ihr durch die Mode-, Kosmetik- und Fitnessindustrie nahegelegt. »Es scheint, dass Frauen erst in dem Moment beginnen zu sprechen, zu schreiben, zu zeichnen, zu singen ..., in dem sie bewusst darauf verzichten zu ›gefallen‹«, sinniert Christiane Olivier[250], wenn sie auf den Verlust der eigenen inneren Identität zugunsten einer Identität von außen hinweist. »Frauen vertrauen anderen Frauen nicht, wenn es um Anerkennung geht«, kritisiert sie, denn »sie fürchten, unter Frauen die Rivalität wieder anzutreffen, die sie schon mit der ersten aller Frauen erfahren haben, mit ihrer Mutter.«[251] Nur: Das entspricht dem Verharren auf der Stufe der Kriegerin und deren Wut aus dem Bauch, dem Solarplexus.

• Das siebte, das Scheitel- oder Kronenchakra, leitet über zur spirituellen Vollkommenheit und zum kosmischen Bewusstsein. Dann kann man, mehr oder weniger lang, die Beschränkungen durch Zeit und Raum überwinden und wird dadurch offen für transpersonales Bewusstsein, mystische Erfahrungen, Offenbarungen, aber auch wissenschaftliche Inspirationen. Die Angst vor dem Sterben verschwindet, auch die Angst vor der sozialen Vernichtung.

• Der Vollständigkeit halber sei auch das achte Chakra erwähnt. Es verbindet als erstes zu den sieben außerkörperlichen Energiezentren und beginnt den spirituellen Weg, welcher der westlichen Lebensweise folgend für Einzelpersonen nur sehr schwer zu gehen ist, wenn gleichzeitig ein weltlicher Beruf auszuüben und dazu noch sonstige triviale Alltagspflicht zu erfüllen ist.

Sich zentrieren und gleichzeitig alle Kraftströme zu einem zu bündeln und hochzuziehen und liebevoll in alle Organe strömen zu lassen, lautet daher das Geheimnis der inneren Kraft, oder anders formuliert: die eigene Mitte finden und bewahren – auch wenn genau dorthin, nämlich auf das Sonnengeflecht, »Tiefschläge« gerichtet werden – und sich nicht zusammenkrümmen, sondern aufrichten und negative Energien ohne Zielrichtung loslassen, dorthin, wo sie irgendwer oder irgendwas nützen können. Königinnenenergie fließt langsam. »In der Ruhe liegt die Kraft«. Bedienstete eilen. »Bitte sehr, bitte gleich«. Ihre Aufgabe ist es ja auch nicht, nach- und vorzudenken, sondern Befehle auszuführen (was nicht heißt, dass sie nicht kritisch mitdenken sollen oder dürfen). Die Energie der Königinmutter fließt noch langsamer, weil sie ihre Kraft kaum noch zielgerichtet einsetzen muss, sondern allumfassend, allloslassend ausstrahlen kann, ohne sexuell missinterpretiert zu werden.

Loslassen – das bedeutet auch Reinigung. Nicht nur den Körper von Giftstoffen, Drogen miteingeschlossen, freihalten, sondern auch die Seele und vor allem den Geist. Welches Element – Erde, Wasser, Feuer, Luft – dabei bevorzugt wird, hängt auch davon ab, in welchem Energiezentrum man die jeweilige Verschmutzung spürt. Ich denke dabei besonders an geistige Bilder oder Sätze, die man nicht aus dem Kopf bekommt, die oft Fantasiegebilde sind, oft aber auch aus beispielsweise Fernsehsendungen oder Telefonaten oder auch Begegnungen von Angesicht zu Angesicht stammen. Dazu gibt es neben den klassischen Meditationsformen der verschiedenen Religionen auch mentale und körperorientierte Techniken.[252] Um aber nicht nur innerlich, für sich selbst Unnützes oder Schädliches abzubauen und sich zu regenerieren, sondern auch außen einen Beitrag zu leisten, dass Schadenszufügung aufhört, braucht es einen solidarischen Beistand ohne geheime Eigeninteressen. Das ist die Aufgabe der Königinmutter: der jüngeren Generation Rat und Rückendeckung zu bieten, aber nicht Rivalität, Anleitung zu Verbesserung, aber nicht oberlehrerinnenhafte Kritik oder gar Strafe, und vor allem: ihnen ein Vorbild an Humor zu sein.

Humor

Wo die Königin, wenn unvermeidlich, ihre Rüstung anlegt und kämpft, hat sich die Königinmutter eine besondere »Waffe« erarbeitet: das entwaffnende Lachen.

Frauen müssen heute vorsichtig sein, weil jedes Zeigen von Aggressionen, ob offen oder versteckt, in unserer Konkurrenzgesellschaft von Männern als Herausforderung verstanden wird, der man entgegenzutreten hat.[253] In der Analyse eines Fernsehgesprächs zwischen *Emma*-Herausgeberin Alice Schwarzer und *Spiegel*-Herausgeber Rudolf Augstein, in dem Deutschlands Paradefeministin mit freundlichen Scherzen daran arbeitet, die von ihm beanspruchten Statusunterschiede und die von ihm betonte soziale Distanz zu verringern, Nähe und Vertrautheit zu schaffen und Gleichrangigkeit herzustellen (eine durchaus »mütterliche«, nämlich auf Wohlbefinden aller ausgerichtete Strategie), betont die Autorin Birgit Kienzle, wie »dieselben Aktivitäten in Männergruppen offenbar kompetitiv realisiert werden und dem Ziel dienen, jeweils besser als der andere zu erscheinen, den anderen möglichst zu übertrumpfen«.[254] Dass Augstein auf diese Beziehungsangebote nicht eingeht, um das Gesicht seiner Gesprächspartnerin zu wahren, »kann als erster Indikator dafür angesehen werden, dass ihm an Gleichrangigkeit und Symmetrie nicht gelegen ist, dass er die dominante Position für sich als angemessen empfindet«[255] – so wie der von mir oben[256] zitierte Rektor?

Beziehungsarbeit hat der Mächtigere nicht nötig, betont Kienzle.[257] Dabei fällt mir wieder Österreichs erste Wissenschaftsministerin Hertha Firnberg ein: Die sehr kleine und modebewusste Sozial- und Wirtschaftshistorikerin wurde 1971 mit zweiundsechzig Jahren als Verantwortliche in dieses neu gegründete Ressort berufen, in dem sie mit großer Geradlinigkeit die längst überfällige Universitätsorganisation neu gestaltete. Firnberg wusste um sich einen Kreis der Unnahbarkeit zu schaffen, verweigerte auch das unter Mitgliedern der SPÖ übliche Partei-Du und war wählerisch, wem sie die Hand zum Gruß reichte. Für herzliche Kontakte hatte sie stets einen großen, schlanken, blonden Juristen (später von ihr zum Sektionschef gekürt) zur Seite, für abwehrende eine fast gleich große, treu ergebene übergewichtige Berufsschullehrerin, sodass die alte Dame zwischen dem gut dreißig Jahre jüngeren Mann und der etwa zwanzig Jahre jüngeren Frau selbst fast zierlich wirken konnte.

Firnberg führte eine feine Klinge subtilen Humors. So erinnere ich mich an eine Bundesfrauenkonferenz der SPÖ, in der sie als Vorsitzende zuerst den damaligen Bürgermeister von Wien, Leopold Gratz, einen bekannten »homme à femmes«, und danach den legendären Justizminister Christian Broda, unter dem die Fristenlösung Gesetz wurde, willkommen hieß: »Wir begrüßen Leopold Gratz – einen großen Frauenfreund – und wir begrüßen Christian Broda, einen Freund der Frauen!«

»In einigen Situationen scheint Scherzverhalten nur den statushohen Vorgesetzten erlaubt zu sein«, berichten Holly Stocking und Dolf Zillmann[258], da Scherze den Verlauf von Sitzungen erheblich beeinflussen können; ich ergänze: Vor allem beeinflussen sie den Reaktionsmut der Anwesenden. Dabei ziehe ich zur Entschlüsselung das Strukturmodell der Transaktionsanalyse heran: Während frau aus der Gefühlslage des ernsthaften, sachlichen, korrekten, verantwortungsbewussten und fairen, daher meist auch langweiligen Erwachsenen-Ich selten Gelegenheit zum Scherzen finden wird, kann frau aus der Position des Kindheits-Ich oder des Eltern-Ich sehr wohl die Realität der Begegnung verändern, sich also von unten hinauf verkleinern oder von oben herab vergrößern.

Sogenannter Humor kann feindselig sein, wenn er jemand lächerlich macht oder als Zielscheibe benutzt; er kann Dominanz schaffen und aufrechterhalten; er kann der Solidarität einer Gruppe gegenüber einer anderen dienen; er kann gesellschaftliche Tabus missachten. Dann entspringt er den Machtbedürfnissen, die sich in den Verhaltensweisen manifestieren, die unter der Bezeichnung Eltern-Ich summiert werden, selbst wenn sie in sanfter Tonlage – »infantilisierend« – »herabgelassen« werden.

Humor kann aber auch mit Wortspielen und Clownerie auf kreative Weise verborgene Absurdität zum Ausdruck bringen. Er kann voll Naivität verborgene Wahrheit ausdrücken. Hans Strotzka meint, eine Regression auf kindliche Entwicklungsstadien im Dienste des Ich sei Voraussetzung für kreative Leistungen und die Fähigkeit zu spielen, denn hier bestehe ein bejahendes, freundliches Verhältnis zur eigenen Irrationalität.[259] Humor kann überdies auch als bewusste Ich-Leistung Gegensätze mildern, Aggressionen transformieren, Spannungen in Lachen auflösen.

Die Prinzessin wird mangels Machtposition – noch – nicht ernst genommen; gerät sie in scherzhafte Kommunikation, läuft sie Gefahr, damit eine Etikettierung als Ulknudel zu erwerben. Sie sollte daher – körperlich, emotional oder auch geistig – in schützende Distanz gehen.

Die Königin sollte Scherze abstellen: Flirten oder Blödeln gehört in die absolute, geschützte Privatsphäre, wenn sie Gleiche unter Gleichen ist – keinesfalls »ins Amt«, denn dort sollte sie die überlegte Überlegenheit der Königin leben (was nicht gleichbedeutend ist mit Überheblichkeit, sondern sich auf Aufrichtung und Aufrichtigkeit bezieht). Holly Stocking und Dolf Zillmann schreiben: »Seit Frauen allmählich in die männlich besetzten Bereiche der Gesellschaft vordringen, hört man einige Männer nörgeln, dass die Frauen ihnen den Spaß verderben« und »Frauen seien zimperlich, heißt es. Sie zucken eher zusammen, als dass sie über einen derben Scherz lachen, und schließlich und endlich gibt es einige Witze, die Männer in gemischter Gesellschaft einfach nicht erzählen – aus Angst, jemanden (weiblichen Geschlechts) zu verletzen.«[260] Und: »Obszönitäten sollen der angepassten Frau die Schamesröte ins Gesicht treiben, sie soll sie geschmacklos, vulgär und ekelhaft finden.«[261] Vor allem soll sie sich deklarieren: entweder den männlichen »Spielregeln« unterwerfen – oder fluchtartig das so als Männerrevier markierte Raum-Zeit-Kontinuum verlassen. Ich erinnere mich beispielsweise an eine Klientin, eine Ministerialrätin, der ein gleichrangiger, gleichaltriger Mann im Wiener Landesdienst während einer hochoffiziellen Sitzung zur Abstimmung eines Gesetzestextes, sich breitbeinig jovial zurücklehnend, feixend entgegenschleuderte: »Frau Kollegin – bei Ihren Vorschlägen springt mir nicht das Hosentürl auf!« Die Juristin war so baff, dass sie kein Wort herausbrachte. Richtig hätte ich es empfunden, eiskalt sachlich zu reagieren: »Herr Kollege, Sie benehmen sich daneben!« Oder: »Unterlassen Sie derart sexistische Bemerkungen!« Gegen Gewalt – auch verbale Gewalt – hilft nur die Wahrheit in aller Öffentlichkeit.

Anders die Königinmutter: Aufgrund ihres Alters disqualifiziert sich selbst, wer meint, sie mit Verhaltensweisen, die zu Kindern oder Jugendlichen passen, entwürdigen zu können – so angeblich harmlos das auch gemeint sein mag. Sie reagiert nicht – mehr – empört, sondern gar nicht, bestenfalls verwundert oder nachsichtig. Wenn jemand scherzen darf, dann sie selbst – und sie tut es nur, um Kampftöne in Spielmusik umzuwandeln.

»Hier würde sich auch der Ansatzpunkt für eine neue Moral ergeben«, zitiert Strotzka den Altersforscher Leopold Rosenmayr. »Er liegt einerseits in einer verstärkten Selbstformung und Selbstkontrolle, die auf einem durch vermehrtes Wissen gestützten Bewusstsein aufbaut, andererseits einer Bereitschaft, sein Selbst nach außen hin zu öffnen.«[262] Erst das fortgeschrittene Alter biete die Möglichkeit, die »Sünden« und Irrtümer früherer Zeiten zu überwinden.

Von der Ethik zur Saluto-genethik

»Die Königinmutter symbolisiert eine Frau, die mit Macht ausgestattet ist«, analysiert Maja Storch, wenn sie das Märchen von der Frau ohne Hände analysiert. »Sie ist die Mutter des Königs, sie steht also über dem Mann, der die Gesetze erlässt. ... Sie widersetzt sich männlichen Anordnungen, sie ist eine Frau, die aktiv wird, wenn in ihren Augen eine

Entscheidung falsch ist.«[263] Die Königin tut das nicht – sie schwört so lange wie möglich auf Diplomatie, sucht Verbündete – will vor allem auch ihr eigenes Leben und das ihres Nachwuchses schützen. Sie schaut viel mehr in eine wunschbestimmte Zukunft und ist bereit, dafür Opfer zu bringen, während die Königinmutter vor allem die Gegenwart bewertet, auch wenn sie eine Perspektive der Nachhaltigkeit anlegt.

Sie wüssten von keiner länger andauernden Gesellschaftsform, in der es keinerlei Übereinkunft über Recht und Unrecht gegeben hätte, berichtet das Soziologenpaar Iris und Stanislaw Andreski, jedoch gäbe es einige historische Beispiele, aus welchen die Folgen eines vollständigen Fehlens eines sittlichen Konsenses hervorgingen, etwa aus der Zeit des »Goldrausches« wie auch großer Umschwünge durch Kriege und Revolutionen. Diese Gesellschaften ohne Ethik waren durch haarsträubende Brutalität und Verrat gekennzeichnet. Sie warnen daher vor der Isolierung des Individuums und der Zerstörung der sozialen Bindungen als Folgen der hohen gesellschaftlichen Mobilität. Und sie betonen: »Jede menschliche Gesellschaft, die uns durch Aufzeichnungen oder Beschreibungen von Reisenden oder Ethnographen erhalten ist, verfügte über weitläufige Bräuche und Einrichtungen, die dazu geeignet waren, der Jugend den Sinn für deren Weiterführung einzutrichten. Zum ersten Mal in der aufgezeichneten Geschichte bietet uns der westliche Liberalismus das Schauspiel eines Systems, welches nicht nur die Aufgabe jedweder ethischen Erziehung zur Gänze aufgegeben hat, sondern tatsächlich enorme Ressourcen und Überzeugungsmittel von unvorstellbarer Macht dazu verwendet, Sitten, Normen und Ideale auszurotten, die für sein Überleben unumgänglich notwendig sind; fundamentale asoziale Einstellungen einzuüben, die mit jeder vorstellbaren Gesellschaftsordnung unverträglich sind.« Sie präzisieren: Ehrlichkeit, Respekt vor der Arbeit und das Gefühl der Verpflichtung gegenüber der Gemeinschaft würden unter anderem durch eine seelenlose Bildungsmaschine, die Untergrabung der kindlichen Sicherheit durch an die Eltern gerichtete Sexpropaganda, die Schaffung künstlicher Unzufriedenheit durch die Werbung und die Unterminierung der lebenswichtigen Bürgerpflichten, die ihre Methoden nach sich zieht, sowie die »allgemeine Unreinheit des Denkens aufgrund der Kommunikationsexplosion« vernichtet.[264]

Die Königinmutter kennt aus ihrer Erfahrung die vielfältigen Versuche, Körper, Seele und Geist zu verunreinigen, um Kraft abzuziehen. Weil sie den Mut zur Wahrheit besitzt, wird sie so wie die unschuldigen Kinder in den Märchen, die wagen, die Nacktheit der vermeintlichen Autoritäten aufzuzeigen, mit Humor die richtigen Worte finden. »Wieder werden wie die Kinder«.

Die Königinmutter ist die, die den Kreislauf zu den Jungen schließt: Die neue Generation wird geboren, und sie selbst geht – zurück zu den Müttern, würde Goethe wohl sagen.

Das letzte Wort – Ausblick und Vision

Wenn Vorbilder vorenthalten werden, wird damit der Blick auf Wirklichkeit, Wirksamkeit und zuletzt auch Realitätssicht verhindert. So etwas hat immer ein Motiv und ein Ziel. Egal, ob es die potenziellen Vorbilder selbst tun oder andere – man kann hinter dieser Strategie Angst vor Nachahmung und Konkurrenz vermuten. Wenn zu diesen »anderen« Frauen jene zählen, die in Medien arbeiten und meinen, sich vorauseilend den Vorwurf der Frauenbevorzugung ersparen zu sollen, schaden sie sich damit letztlich auch selbst. Frauen können so weiterhin als Exotinnen im Männerreich definiert werden – obwohl sich doch längst herumgesprochen haben sollte, dass sie eine diskriminierte Mehrheit darstellen.

Wenn ich die populären Medienprodukte, die als Zielgruppe Frauen ansprechen wollen und daher vorgeben, deren wahre Nachfrage zu bedienen, durchforste, welche Vorbilder sie Frauen aller Altersgruppen anbieten, so sehe ich neben den Topstars der Bühne gerade noch Filmschauspielerinnen (noch dazu oft zu »Aktricen« verfremdet, was wohl die Anforderungen an Begabung und Können weniger streng ausweisen soll), andere Bekanntheiten aus Funk und Fernsehen, z. B. Top-Köchinnen, ganz selten Autorinnen, und wenn, dann solche von Krimis, eventuell noch von Frauenratgebern, wenn diese vom Verlag medial gepusht werden, Unternehmerinnen und Managerinnen aus der PR-Branche, vielleicht noch aus der Hotellerie, und ab und zu noch eine Spitzenpolitikerin – dafür aber unzählige Gattinnen und »Gespielinnen« prominenter Männer. Das finde ich sehr enttäuschend.

Denn bei allem Verständnis für den Zeitdruck, unter dem MedienmacherInnen sich gegen wachsende Konkurrenz um die Existenz sichernden Inserate am Markt behaupten müssen und daher schnell das aufgreifen, was von Agenturen und AgentInnen angeboten wird oder in anderem Zusammenhang einen Platz in der Tagespresse gefunden hat, sollten sich die Inhalte ja doch von denen vor fünfzig, sechzig Jahren unterscheiden – oder?

Allerdings schreibt Anja Meulenbelt, wenn sie eine x-beliebige Zeitung aufschlage, sähe sie jeden Tag zwei, drei Artikel, die nicht darin stünden, wenn es die Frauenbewegung nicht gegeben hätte, und auch beim Blättern in einer absolut unfeministischen Frauenzeitschrift fiele ihr ein Interview mit einem Schriftsteller auf, in dem dieser gefragt wird, weshalb er immer so negativ über Frauen schreibe.[266] Ich sehe da hinter die Kulissen, werde häufig mit den Problemen von Journalistinnen konfrontiert, die immer wieder gegen den – Lustig! Lustig! – Alltagssexismus à la Berlusconi ihrer Chefredakteure und Herausgeber antreten (müssen). Ich kann Meulenbelts Feststellungen bestätigen, selbst die, wenn sie an gleicher Stelle schreibt: »Natürlich können wir vermuten, dass sich solche Blätter nur deshalb beeinflussen lassen, weil Sexismus in seiner gröbsten Form altmodisch wird. Und dennoch zeigt es, dass sich das Durchschnittsbewusstsein wirklich verändert.« Das ist dann vor allem ein Verdienst der Frauen in den Redaktionen, die ihre – vor allem auch ältere und alte und auch nicht ganz statushohen – Interviewpartnerinnen gezielt auswählen.

Ich weiß von vielen meiner Klientinnen, die in der Medienbranche arbeiten, wie oft sie auf Widerstände stoßen, wenn sie Frauen ins Rampenlicht holen wollen, die nicht dem sexuellen Selektionsblick der Männer wohlgefallen, sondern dadurch, dass sie Persönlichkeit ausstrahlen, Konkurrenzängste auslösen. Königinnen eben und auch Königinmütter – nicht nur Prinzesschen, die man(n) noch lenken kann.

Meulenbelt meint zu den Reaktionen von Männern auf eigen-sinnige Frauen: »Für sie ist es sicher auch nicht einfach, dass die Rollen gleichgeschaltet oder sogar umgedreht werden, dass sie jetzt auf ihre sexuelle Anziehungskraft hin begutachtet werden wie früher wir Frauen.« Und sie fügt noch bei: »Vor allem nicht, wenn man wenig dafür getan hat, ein guter Liebhaber zu werden oder attraktiv zu bleiben.«[267]

Versuch einer To-do-Liste

Im Sinne von Salutogenese beginnt die Gesundheit förderne Selbstbestimmung mit der Wahrnehmung der Ressourcen, die Energie spenden: Aufmerksamkeitsenergie, Anerkennungsenergie, Willkommensenergie, auch Liebesenergie. All das bekommt frau aber nur, wenn sie als Person mit Profil, quasi als »Frau mit Eigenschaften« sichtbar ist – nicht nur als Anhängsel, Mitläuferin, Kollaborantin oder gar Kollaborateurin.

Wahrnehmung bedeutet Sichtbarmachen: nicht nur Gedanken, Positionen und Konzepte, sondern auch Ahnungen, Empfindungen, Gefühle. Nicht nur die eigenen, auch die von anderen. Und damit den Platz in Besitz nehmen, der Frauen so lange verwehrt wurde. Im Kirchenrecht wird gerne der Satz »mulier taceat in ecclesia« zitiert, und zwar einschränkend übersetzt als »Die Frau schweige in der Kirche!«; dabei bedeutet »ecclesia« nicht nur Kirche, sondern überhaupt Versammlung oder: Gemeinschaft Ausgewählter. Genau da wird es spannend: Weswegen wird wer aus welcher Gemeinschaft ausgeschlossen? Nur um als Gleiche unter sich zu sein? Um Informationen zurückzuhalten? Oder weil man dann »die Anderen« besser einschüchtern, belügen, ausbeuten kann? Oder weil Widerstand erwartet wird und vermieden werden soll?

»Widerstand beginnt da, wo alltägliche Rollenerwartungen nicht mehr erfüllt werden«, schreiben die Herausgeberinnen Claudia Honegger und Bettina Heintz in ihrem Vorwort zu »Listen der weiblichen Ohnmacht«[268], und die bedeuten für Frauen noch immer, zuerst den eigenen Mann, dann alle Männer zu unterstützen – so wie es früher notwendig war, früher, als »bürgerliche« Frauen noch nicht selbstständig Einkommen erarbeiten (und behalten!) durf-

224

ten. Für andere Frauen galten zwar andere Spielregeln, aber die wurden diskret verschwiegen bzw. die Land-, Fabrik- und Sexarbeiterinnen pauschal als ordinär abqualifiziert, Künstlerinnen als Freiwild betrachtet und sogar die öffent-lich strategisch glorifizierten Mütter im konkreten Bereich der Gestaltungsmöglichkeiten ihrer Lebensumstände nicht ernst genommen. Aber genau auf diese Klischees und die darin verborgenen Abqualifikationen sollte das Augenmerk gerichtet werden, medial ebenso wie wissenschaftlich, wenn man auf das weibliche Potenzial an kognitiver, vor allem aber emotionaler, sozialer und intuitiver Kompetenz nicht verzichten will. Denn auch wenn Männer in exklusiven Trainings (wie auch ich sie veranstalte) versuchen, die man-gelnden Eigenschaften und Fähigkeiten nachzuerwerben, die ihr traditionelles Rollenbild verwehrt – sie haben mit ihrer Hormonlage der jungen Jahre zu kämpfen; erst im Wechsel tun sie sich leichter. Vor allem deswegen braucht es Finanzierungen für solche Analysen und genau deswegen braucht es beispielsweise ein Frauenministerium oder besser Genderministerium – es muss ja der gesamte Kulturschatz der Vergangenheit auf Frauen (bzw. auch Männer) ignorie-rende bzw. allfällig benachteiligende und schädigende An-teile durchforstet und erkennbar gemacht werden (nicht nur die am männlichen Körper orientierte Medikamentenabga-be).

Was daher konkret ins Augenmerk genommen werden muss, wenn Frauen sich entscheiden, sich zu entfalten und ihre Königinnenenergie zu leben, sind:

- die Zugangskriterien zur Bildung und ihrer Umsetzung. Bildung bedeutet dabei nicht nur Wissenserwerb – der ist zumindest in der westlichen Welt weitgehend demo-kratisiert –, sondern Zugang auch zu körperlich-seelisch-geistigen Fähigkeiten wie Steuerung der eigenen Energie, der eigenen Ausdruckskraft, der eigenen ethischen Leitfunktion[269], und, was noch immer vielfach zum Geheimwissen zählt: die Auswahl und der Zugang zu Stipendien, Forschungs- und ähnlichen Auftragsgeldern, Preisen und anderen Förderungsressourcen; und weil noch immer viele Frauen keine weiterführende Bildung erwerben dürfen, braucht es Frauen, die Wissen und Erfahrung »von Frau zu Frau« weitergeben. Vor allem das Wissen, dass es oft nicht am mangelnden Wissen liegt, dass Frauen behindert werden, ihren eigenen Königinnenweg zu gehen.

- die Enttarnung dieser und anderer geheimen Spielregeln, die noch immer auf Klassen- und Schichtzugehörigkeiten basieren, weitgehend bestimmt vom Berufseinkommen des Vaters[270], damit auch vom Familienstatus oder auch nur Familiennamen;

- die Konstruktion neuer Spielregeln beispielsweise durch Koppelung von Fördergeldern mit frauenfördernden Auflagen. Ich denke dabei an die Verpflichtung von Medien, regelmäßig beispielgebende Frauenporträts zu publizieren, gendersensiblen Frauen Platz für Kommentare einzuräumen und sie als Mitgestalterinnen redaktionell einzubinden (wie es ja bei speziellen Fachleuten durchaus üblich ist). Juristisch kann man bekanntlich alles in Normgestalt bringen – es liegt immer nur am Ziel und am Willen;

- die Förderung des politischen, insbesondere sozial- und wirtschaftspolitischen Durchblicks. Es ist erschreckend, wie wenig strategisches Wissen selbst die sogenannte Bildungselite besitzt. Ich habe weder in meiner Ausbildung als Juristin noch im späteren Soziologiestudium oder in meiner pädagogischen Ausbildung derartige Blickwinkel vermittelt bekommen, sondern erst in meiner Ausbildung als Kommunalpolitikerin – die nur von einem verschwindenden Teil einer interessierten Miniminderheit absolviert wurde; die meisten KollegInnen meinten, der Zeitaufwand wäre verzichtbar, sie wären ohnedies so gut, sonst wären sie ja nicht in Funktionen gewählt worden, oder sie suchten nur die Nähe zu den mehr oder weniger prominenten Vortragenden – analog der Sichtweise Sigmund Freuds von Partnerwahl aus Anlehnung oder Narzissmus: Man sucht entweder eine Elternfigur, die einem Sicherheit spendet, oder Nähe zu einer Person, von der man Glanz für die eigene Gloriole gewinnen kann. Ich verstehe Politik als eigenbestimmtes Mitgestalten an den Rahmenbedingungen unseres Lebens, und das sollte weder aus der Froschperspektive noch vom Elfenbeinturm der Theorie herab geschehen, sondern im Bewusstsein der Fülle von Blickwinkeln und Sichtweisen, Interessen und Bedürfnissen, legitimen wie hybriden;

• die Förderung des Muts zur eigenständigen Positionierung, zur Eigendefinition, zur »Marke ICH®«. Es sollten allerdings nicht Äußerlichkeiten sein wie bei Moritz (Freiherr) Knigge, der laut einem Interview mit Marion Hauser »nie ohne rote Stutzen aus dem Haus« geht und das als »eine Art Markenzeichen von [sich]« betrachtet.[271]

Ein Mann darf »hervorragend« sein. Einer Frau wird es übel genommen. Von Männern, die sich in ihren Revieransprüchen beschnitten fühlen, von Frauen, die um männliche Aufmerksamkeit rivalisieren. Mir hat einmal ein Topmanager anvertraut, er bevorzuge bei der Besetzung von Führungsposten Leute, die früher im Sport Spitzenleistungen erbracht hatten, denn diese hätten schon gelernt, mit Niederlagen und Polemik relativ gelassen umzugehen.

- die Förderung von Humanität: Darunter verstehe ich Rücksichtnahme, Wertschätzung, Redlichkeit, aber auch Prinzipientreue und Standhaftigkeit; Konfliktfähigkeit gepaart mit Gewaltverzicht. In dem lateinischen Wort für Tugend – »virtus« – steckt das Wort vir, Mann drin; im Deutschen bedeutet die Formulierung »mannhaft« Ähnliches. Der Hintergrund zeigt sich dabei wieder als ein an militärischen Zielen ausgerichteter! Es gilt daher, eine weibliche Form zu beschreiben, vorzuleben und zu propagieren. Da ich auch in Altgriechisch Abitur gemacht habe, nehme ich mir das Recht heraus, den Heraklit-Satz »polemos pater panton«, der üblicherweise als »Der Krieg ist der Vater aller Dinge« übersetzt wird, anders ins Deutsche zu transponieren: »Der Konflikt ist der Vater aller Dinge« – er muss nicht zum Krieg ausarten.

»Denn Polemik und eine Schärfung des Bewusstseins führen zu einer Polarisierung der Standpunkte und behindern die freie Kommunikation, indem sie das Gefühl der Bedrohung hervorrufen«, schreibt Mariann Jelinek. Dem widerspreche ich: Das stimmt nur für Personen, die noch nicht die Modelle der gewaltverzichtenden Kommunikation samt zugehöriger Geisteshaltung eingeübt haben. Polemik muss nicht kriegerisch interpretiert werden, sie muss nicht verletzen – es reicht, wenn sie präzise gegen etwas Stellung nimmt. Das bezeichnen ohnedies viele bereits als »scharf«, wie ich aber vielfach beobachten konnte, meist aus rein taktischen Gründen ... wir sollten also unsere eigenen Klassifikationskriterien überprüfen.

Wo ich Mariann Jelinek aber zustimme, ist, wenn sie zitiert: »Zumindest ein Soziologe, Nathan Glazer, behauptet, dass unser gesamter Ansatz in Bezug auf affirmatives Handeln dysfunktional sei, weil – bedingt durch die Vorschriften zur Durchsetzung der beruflichen Chancengleichheit – die

Menschen nicht als Individuen, sondern im Wesentlichen als Mitglieder von Gruppen behandelt werden – als Frauen, Schwarze, Menschen mit spanischem Familiennamen usw. Die Folgen seien – so sagt er – wachsende Entfremdung und immer stärker hervortretende diskriminierende Einstellungen, da wir uns daran gewöhnten, uns wechselseitig als Vertreter von Gruppen zu sehen.«[272]

Ich schlage demgegenüber vor, dass wir Frauen gezielt daran arbeiten, unsere Königreiche zu bauen, zu verwalten und zu verteidigen, uns in unserer Prinzessinnenphase gut darauf vorbereiten, in unserer Königinnenphase darauf achten, dass uns unsere Energie nicht abgezapft oder zerstört wird, und als Königinmütter nicht in Konkurrenzen zu den nachfolgenden Generationen verlocken lassen, sondern ihnen unser Wissen und unsere Weisheit zur Verfügung stellen.

Dann kann der Heraklit-Satz ergänzt werden – etwa durch den Satz: »Der Wille und die Fähigkeit, sich einigen zu können, ist die Mutter aller Dinge.«

Anmerkungen

1 V. Baum, »Vor Rehen wird gewarnt«, S. 143
2 Zitiert nach S. Brownmiller, »Weiblichkeit«, S. 189
3 ebd., S. 204 ff.
4 H. Henzler, »Das Auge des Bauern macht die Kühe fett«, S. 27
5 S. Brownmiller, S. 12
6 Club II »Die Angst der Männer vor der Macht der Frauen«, März 1988; beim Club II handelt es sich um eine legendäre Diskussionsrunde im zweiten österreichischen Fernsehprogramm, die von 1976 bis 1995 ausgestrahlt und 2007 wieder ins Leben gerufen wurde. Jeweils Mittwochabend um 23.00 Uhr.
7 Z.B. in der Monatszeitschrift der Katholischen Frauenbewegung Österreichs »Welt der Frau«, Dezember 2008, S. 11
8 So unterscheidet der Psychoanalytiker Riemann den »schizoiden« Eigenbrötler, den »depressiven« Klammerer, den »zwanghaften« Ordnungsfanatiker und den »hysterischen« Chaoten, gesteht allerdings eine Bandbreite von Alltagsvor-

lieben bis zu pathologischen Leidenszuständen zu.

9   Virginia Satir differenziert nach Kommunikationsstilen »Ankläger«, »Beschwichtiger«, »Rationalisierer« (»Computer«) und »Ablenker« (»Verwirrer«).

10 Der Autor James Redfield beschreibt darin vier Formen, sich aktiv oder passiv von anderen Energie zu holen: »Einschüchterer«, das »arme Ich«, »Unnahbare« und »Vernehmungsbeamte«.

11 Bei Margit Schönberger gibt es neben dem »Zornbinkerl«, das sie für sich selbst in Anspruch nimmt, noch die Dulder, die Unbeteiligten und die »Blödler und Clowns, die sich in den Humor flüchten und jedes Problem zerreden« (S. 36).

12 Hippokrates (300 v. Chr.) unterschied vier Temperamente – den Sanguiniker, Choleriker, Melancholiker und Phlegmatiker. Ihre Namen finden sich in der Astrologie zur Einteilung von Charaktertypen wieder. Der Arzt Ernst Kretschmer hingegen benannte Mitte des 20. Jahrhunderts Menschen nach ihrer körperlichen Ausprägung athletisch, dysplastisch, leptosom und pyknisch.

13 H. Rubin, »Die Mona-Lisa-Strategie«, S. 207

14 Z.B. Sonja Distler, »Mütter, Amazonen & dreifältige Göttinnen« sowie in der Nachfolge von C. G. Jung (z.B. »Über die Archetypen des kollektiven Unbewussten«, »Die psychologischen Aspekte des Mutterarchtypus«) hatte auch die Jungianische Psychoanalytikerin Jean Shinoda Bolen 1984 ihr Buch »Göttinnen in jeder Frau« (»Goddesses in Everywoman«) über »Die Psychologie einer neuen Weiblichkeit« genannt; 1987 folgte ähnlich »Göttinnen – Urbilder für eine Psychologie der Frau« (»The Goddess within«) von Jennifer Barker Woolger und Roger J. Woolger. Aber schon vorher, 1982, hatte der ungarischstämmige Ethnopsychoanalytiker Georges Devereux sein Buch »Frau und Mythos« veröffentlicht, in dem er sich unter anderem mit Liebesbeziehungen zwischen Göttern und Göttinnen und weiblichem Heldentum befasste. Bei all diesen AutorInnen finden sich weitaus mehr als nur vier Göttinnen»typen« – wohl verwirrend für diejenigen, die nicht schon von klein auf mit der Mythologie der antiken Gottheiten und deren Schicksalen vertraut sind.

15 R. Bellin-Sonnenburg, a.a.O., S. 75

16 Wenn ich hier das Wort »Energieform« schreibe, meine ich damit eine bestimmte Geistes- wie auch Körperhaltung, eine Seinsweise, ein Wahrnehmungs- und Denkmuster. Wir symbolisieren ja immer unsere Wahrnehmungen mit dem uns zur Verfügung stehenden Wortschatz und geraten an die Grenze von Sprache, wenn wir etwas beschreiben wollen, wofür es noch keine allgemein anerkannte Sprachgestalt gibt. Ich versuche mit dem Wort »Energieform« Folgendes zu umschreiben: Wenn wir die Lücke zwischen dem Feuern unserer Wahrnehmungsneuronen und dem Feuern unserer Handlungsneuronen bewusst dehnen, um zu entscheiden, mit welchem Gefühl wir auf die jeweiligen Herausforderungen reagieren wollen, können wir in Maßen bestimmen, welche Neurotransmitterausschüttungen wir in unserem Gehirn auslösen – eine Kunst, die vielen Meditierenden geläufig ist. Wir entscheiden dann, ob wir zornig werden, resignieren, erstarren oder kopflos herumrennen wollen (mit diesen vier Möglichkeiten – es gibt noch mehr – lehne ich mich wieder an die oben zitierten Vierheiten nach Riemann, Satir, Fuchs etc. an). Königsenergie, Kriegerenergie, Magierenergie, Liebhaberenergie unterscheiden sich von diesen Charakterbildern oder Kommunikationsstilen; sie sind vier weitere Möglichkeiten.

17 J. Baker Miller, »Die Stärke weiblicher Schwäche«, S. 21

18 E. Fromm, »Die Furcht vor der Freiheit«, S. 177 ff.

19 J. James/M. Edden, »Lassen Sie sich Flügel wachsen«, S. 41

20 Vgl. R. A. Perner, »Wort auf Rezept – Eine Einführung in Gesprächsmedizin«

21 Z.B. Richard Rohr, »Die Masken des Maskulinen«, Manfred Trwznik, »Aufbruch zum Mann« sowie bei mir in »Management macht impotent – Abschied vom Mythos Macher« (1997) und »Die Wahrheit wird euch frei machen« (2006)

22 R. Moore/D. Gillette, »König Krieger Magier Liebhaber«, S. 13

23 R. Rohr, »Die Masken des Maskulinen«, S. 87 ff.

24 Begründet von Eric Berne (1910 – 1970), werden in der TA drei Ich-Zustände unterschieden: das angepasste/listige/

spielerische/widerborstige Kindheits-Ich, das sachlich-korrekte Erwachsenen-Ich und das niederstreichelnd-liebevolle/nörgelnde/verfolgende/strafende Eltern-Ich. Symmetrische Kommunikation zwischen Personen im gleichen Ich-Zustand bringen kaum Probleme, sehr wohl aber »schiefe« (»gekreuzte«) Kommunikation, wenn von oben nach unten oder, eben wie im gegenständlichen Beispiel, von unten nach oben kommuniziert wird.

25 R.-G. Schwartzenberg, »Politik als Showgeschäft«, S. 11 ff.
26 ebd., S. 69
27 ebd., S. 71 ff.
28 ebd., S. 92
29 ebd., S. 19
30 ebd., S. 97
31 ebd., S. 98
32 Die Klavier-Metapher praktiziert der oberösterreichische Erwachsenenbildner und Moderator Gerald Koller hörbar und sichtbar, wo immer sich ein Klavier im Raum befindet.
33 R. Bellin-Sonnenburg, »Die Prinzessin ist tot – Es lebe die Königin!«, S. 19
34 Vgl. die Bücher von Sigrid Strauss-Kloebe
35 Zitiert nach C. Jacobs, »Salutogenese«, S. 81
36 Umgesetzt in den Projekten zur Gesundheitsförderung, wie sie die Weltgesundheitsorganisation propagiert, wird in den Bereichen gesunde Ernährung, Bewegung und Entstressung versucht, über Medien Verständnis für die präventive Wirkung von Naturkost, Körpertrainings- und Entspannungsübungen, Anleitung und Gesundheitsbewusstsein zu schaffen. Salutogenese umfasst aber viel mehr als nur die körperlichen Komponenten – sie umfasst auch seelische, soziale, insbesondere sexuelle, und spirituelle Bereiche des Lebens und Zusammenlebens.
37 Vgl. R. A. Perner, »Die Überwindung der Ich-Sucht – Sozialkompetenz & Salutogenese«
38 Eine Wortschöpfung von mir – warum gibt es dafür kein Alltagswort? Es gibt nur Selbstverleugnung, Lebenslüge, Selbsttäuschung; Selbstschonung. Ich behaupte: Wo es kein Wort gibt, soll etwas nicht wahrgenommen werden. Selbst-

belügung, Selbstbelügerei – mit diesen Worten will ich darauf hinweisen, dass wir oft unwahre Erklärungen anderer übernehmen (»introjizieren«) und das bedeutet, »wir lassen denken« und denken nicht selbst.

39 Mit »body shift« benennt der austro-amerikanische Psychotherapeut Eugene Gendlin, der Begründer der Methode Focusing, das Phänomen des Aufrichtens und Durchatmens, das psychische Heilungsprozesse begleitet und TherapeutInnen Anzeichen gibt, dass sich im aktuellen Augenblick etwas positiv verändert. Im Focusing wird übrigens auch oft nach Abschluss einer Intervention gefragt: »Macht das für Sie Sinn?«

40 S. Rosenberger, »Geschlechter Gleichheiten Differenzen«, S. 17

41 Diese habe ich ausführlich in meinen Büchern »Die Wahrheit wird euch frei machen« und »Heute schon geliebt?« beschrieben.

42 In seinem Vortrag »Was uns wirklich nährt – von gutem Essen zu guten Gedanken« im Rahmen der Paracelsus-Akademie 2008 ordnete Rüdiger Dahlke »das orale Prinzip« der Venus/Aphrodite zu. (S. 49) In der klassischen Psychoanalyse wird die psychosexuelle Persönlichkeitsentwicklung des Kindes in die orale, anale, phallische und ödipale Phase unterteilt (vgl. R. A. Perner, »Die Wahrheit wird euch frei machen« und »Heute schon geliebt?«), denen man als archetypische Energien die Venus-, Mars-, Merkur- und Jupiterenergie zuordnen kann und deren Zeitdauer interessanterweise auch der Umlaufzeit dieser Planeten entspricht.

43 R. A. Perner, in: »Mut zum Unterricht«, S. 176

44 1950 – 1954

45 Später, als ich selbst immer wieder Erfahrungen von Ausgrenzungen machte, habe ich mich auf Gewaltprävention, Antidiskriminierung und vor allem auch Mobbing spezialisiert.

46 Damals noch Sozialistische Partei Österreichs, 1991 unter Franz Vranitzky (Parteivorsitzender 1988 – 1997) umgetauft in Sozialdemokratische Partei wie in der Vorkriegszeit.

47 1962 – 1966

48 Harald Picker, Max Kompein, Dr. Klaus Rückert als Ausbildner und KollegInnen wie etwa Eveline Eichmann, Monica Fritsch, Max Koch, Daniela Kowarik, Karl Weninger oder Alfred Zopf

49 Beim Überprüfen habe ich im Internet entdeckt, dass Inge Gampl auch Literatin, sogar Krimiautorin ist, und der Satz auf ihrer Homepage »Es ist nicht alles Schein, was trügt«, hat mich entzückt.

50 Ich sammle derartige Beispiele und bitte bei passenden Gelegenheiten darum, z. B. wenn ich von KollegInnen in deren Lehrveranstaltungen eingeladen werde, mir solche zuzumailen (office@perner.info).

51 M.-F. Hirigoyen, »Die Masken der Niedertracht«, S. 11 ff.

52 M. Schönberger, »Be happy, be fifty«, S. 178

53 S. Brownmiller, a.a.O., S. 84

54 Österreichisch für »zänkische Frau«

55 Vgl. R. A. Perner, »Die Wahrheit wird euch frei machen«

56 Vgl. www.salutogenese.or.at

57 Vgl. S. Milgram, »Das Milgram-Experiment«

58 Vgl. P. Zimbardo, »Der Luzifer-Effekt«

59 M. Storch, S. 128

60 J. Cremerius, »Die psychoanalytische Behandlung der Reichen und Mächtigen«, S. 227

61 Landesministerin für Verkehrsangelegenheiten

62 S. Brownmiller, a.a.O., S. 90

63 E. Rossmann, »Unter Männern«, S. 153

64 E. Rossmann, a.a.O., S. 155

65 V. Baum, »Vor Rehen wird gewarnt«, S. 11

66 C. Hovey, »Die Kakerlaken-Strategie«, S. 53

67 R. Földy/R. A. Perner, »Die starken Zweiten«, S. 48 ff.

68 Zur Erinnerung: Viele Beobachter des US-Präsidentschaftswahlkampfs im Jahre 2000, als sich der langjährige Vizepräsident Bill Clintons, Al Gore, gegen den nachmaligen Sieger George W. Bush um die Präsidentschaft bemühte, vertraten damals die Ansicht, der Bruder von George W. Bush hätte die Stimmenauszählung in seinem Bundesland zugunsten seines Bruders manipuliert.

69 F. Alberoni, »Erotik«, S. 23

70 A. Wild-Missong, »Zehn Thesen zur Selbstbesinnung der Feministinnen«, S. 211

71 A. Wild-Missong, a.a.O., S. 212

72 ebd.

73 S. B. Kopp, a.a.O., S. 20

74 B. Sichtermann, a.a.O., S. 175

75 »Der schweigende Engel«, 1954

76 R. A. Perner, »Madonna UND Hure« (vergriffen), S. 75 ff.

77 ebd., S. 6

78 Vgl. F. Schirrmacher, »Das Methusalem-Komplott«, S. 64 ff.

79 V. E. Pilgrim, »Dressur zum Bösen«, S. 99

80 M. Stout, »Der Soziopath von nebenan«, S. 117

81 G. Hüther, »Bedienungsanleitung für ein menschliches Gehirn«, S. 63 ff.

82 Siehe hierzu auch das Kap. »Energiearbeit«, S. 162 ff.

83 Vergriffen, Restexemplare über www.perner.info

84 J. Jacobi, »Die Psychologie C. G. Jungs«, S. 22 ff.

85 T. Brandstaller, »Die neue Macht der Frauen«, S. 102

86 ebd., S. 105

87 ebd., S. 104

88 ebd., S. 106

89 B. Sichtermann, a.a.O., S. 125

90 T. Brandstaller, a.a.O., S. 201

91 S. Brownmiller, a.a.O., S. 235 ff.

92 http://www.gloyr.de/bergfeuer/songtext-zusammen-sind-wir-ein-feuer

93 R. A. Perner, »Die Überwindung der Ich-Sucht. Sozialkompetenz & Salutogenese«

94 A. Meulenbelt, »Zwischen zwei Stühlen«, S. 42

95 R. Dawkins, »Das egoistische Gen«, S. 227

96 ebd., S. 227

97 Ovid, »Metamorphosen/Die Lykischen Bauern«, Zeile 64

98 Salzburger Nachrichten vom 12.11.2008, S. 3

99 Vgl. Mary Goulding, »Kopfbewohner«

100 C. Seidl/W. Beutelmeyer, »Die Marke ICH«, S. 163

101 ebd., S. 67 ff.

102 »Österreich«, 24.1.2009, S. 12

103 Der Standard, 9.3.2009, S. 3

104 Im Strafverfahren gegen die Topmanager der gewerkschafts-
eigenen »Bank für Arbeit und Wirtschaft« (BAWAG) ging
es um den Vorwurf der Untreue, Betrug, Bilanzfälschung im
Gefolge missglückter Aktienspekulationen in der Karibik.

105 C. Seidl/W. Beutelmeyer, a.a.O., S. 229

106 Vgl. R. A. Perner, »Frieden auf Rezept«

107 R. A. Perner (Hg.), »Zuliebe zu Leibe. Von der Möglichkeit
und Unmöglichkeit kindlicher Erotik« (vergriffen)

108 R. A. Perner, »Zuliebe zu Leibe«, S. 26, zitiert E. Borneman
in Ch. König (Hg.), Gestörte Sexualentwicklung bei Kindern und Jugendlichen«, S. 120 ff.

109 R. A. Perner, »Zuliebe zu Leibe«, S. 29, zitiert E. Borneman
in Ch. König, a.a.O., S. 122

110 Vgl. R. A. Perner, »Die Wahrheit wird euch frei machen«

111 S. 165 ff.

112 Club II/ORF 2, 28.1.2009

113 Salzburger Nachrichten, 20.1.2009, S. 9

114 Salzburger Nachrichten, 20.1.2009, S. 9

115 Österreich, 20.1.2009, S. 6

116 Der Standard, 31.1.2009/1.2.2009, S. 38

117 S. Sontag, »Krankheit als Metapher«, S. 19

118 Insarow ist der junge bulgarische Exilrevolutionär in Iwan
Turgenjews »Am Vorabend«, den Sontag als Beispiel heran-
zieht.

119 S. Sontag, a.a.O., S. 27

120 H. Strotzka, »Macht«, S. 158

121 Diese Formulierung stammt von dem britischen Philoso-
phen und Begründer des Utilitarismus, Jeremy Bentham
(1748 – 1832).

122 H. Wiesner, »Die Inszenierung der Geschlechter in den Naturwissenschaften«, S. 91 ff.

123 R. Girtler, »Die feinen Leute«, S. 421

124 F. Schulz v. Thun, »Miteinander reden 1«, S. 99

125 Österreich, 29.1.2007, S.8

126 Traditionelle Chinesische Medizin

127 Vgl. R. A. Perner, »Die Hausapotheke für die Seele – Erste
Hilfe von A(ngst) bis Z(orn)«

128 Z. B. der Gestaltpsychotherapie, der Hypnotherapie, aber

auch der gelenkten Imagination der Analytischen Psychologie (C. G. Jung).

129 S. Brownmiller, a.a.O., S. 86

130 ebd., S. 87

131 Mit dieser Wortschöpfung möchte ich deutlich machen, dass wir eigentlich durch gemeinsame politische Positionen Freundinnen sein sollten, dennoch immer wieder zusammengekracht sind; mir ging ihre unqualifizierte Besserwisserei auf die Nerven – und ich ihr vermutlich mit meiner zwar zurückhaltenderen, jedoch qualifizierten ebenso.

132 K. Heidkamp, »Sophisticated Ladies«, S. 134

133 H. Wiesner, a.a.O., S. 93

134 Aus R. K. Merton, »Entwicklung und Wandel von Forschungsinteresse«, H. Wiesner, a.a.O., S. 86 ff.

135 Zitiert nach G. Devereux, »Angst und Methode in den Verhaltenswissenschaften«, S. 17

136 H. Wiesner, a.a.O., S. 87

137 ebd., S. 83

138 R. A. Perner, »Die Tao-Frau«, S. 32 ff.

139 Vgl. J. Gray, »Männer sind anders, Frauen auch. Männer sind vom Mars, Frauen sind von der Venus«

140 R. Heinz in H. Sohni (Hg.), »Geschwisterlichkeit«, S. 59 ff.

141 S. Helgesen, »Frauen führen anders«, S. 24 ff.

142 ebd., S. 32 ff.

143 ebd., S. 44

144 Mannequin (»Männchen«) hatte ursprünglich die Bedeutung von »Kleiderpuppe«.

145 B. Tedlock, »Die Kunst der Schamanin«, S. 96

146 M. Schönberger, »Be happy, be fifty«, S. 28

147 G. Schwarz, Die heilige Ordnung der Männer, S. 35

148 V. Baum, a.a.O., S. 57

149 J. W. v. Goethe, Epigrammatisch, 1. Reihe, »Das Beste«

150 A. Meulenbelt, a.a.O., S. 7

151 H. Strotzka, a.a.O., S. 155

152 H. Strotzka, a.a.O., S. 157

153 A. Meulenbelt, a.a.O., S. 75

154 ebd., S. 114

155 Vgl. F. Schiller, »Die Glocke«

156 C. Randzio-Plath, »Frauenmacht«, S. 70

157 G. Hüther, a.a.O., S. 77 ff.

158 ebd., S. 79

159 S. Brownmiller, a.a.O., S. 230

160 R. Girtler, a.a.O., S. 312

161 A. Meulenbelt, a.a.O., S. 91

162 ebd., S. 21

163 M. Storch, »Die Sehnsucht der starken Frau nach dem starken Mann«, S. 95

164 F. Englisch, »Es ging doch gut – was ging denn schief?«, S. 28 ff.

165 J. James, »Lassen Sie sich Flügel wachsen – doch fallen Sie nicht vom Himmel!«, S. 74

166 Und zu Adam spricht Gott an gleicher Stelle in der Bibelübersetzung von Martin Luther (Gen 3,18): »... und du sollst das Kraut auf dem Felde essen« – ebenfalls ein vielfach ignoriertes Gebot.

167 M. Schönberger, a.a.O., S. 129

168 V. E. Pilgrim, »Der Vampirmann«, S. 95

169 ebd., S. 100

170 A. Gysling, »Der grenzenlose Mann«, S. 37 ff.

171 ebd., S.79

172 ebd., S. 111

173 ebd., S. 151

174 ebd., S. 159

175 ebd., S. 185

176 So der Titel eines Filmes mit Lauren Bacall, Betty Grable und Marilyn Monroe von 1953

177 R. Dawkins, a.a.O., S. 134

178 M. Jung, »Mut zum Ich«, S. 49

179 A. K. Rush, »Körper-Geist (body mind)« in: A. V. Mander/A. K. Rush, »Frauentherapie«, S. 103

180 A. Gysling, a.a.O., S. 20

181 Vgl. R. A. Perner, »Von der Möglichkeit oder Unmöglichkeit einer psychosexuellen Befreiung«

182 B. Tedlock, a.a.O., S. 112 ff.

183 K. G. Dürckheim, »Hara«, S. 5

184 J. Jacobi, »Die Psychologie von C. G. Jung«, S. 22 ff.

185 W. Runge, »Auswirkungen einer körperzentrierten Interventionstechnik«, in: H. Lassek (Hg.), »Lebensenergieforschung«, S. 93 ff.

186 Unter Resilienz versteht man die Fähigkeit, schwierige Lebenssituationen mit innerer Widerstandskraft zu überstehen. In diesem Sinn bezeichne ich mich selbst oft als »Stehaufweiberl« und habe bei mir wie bei anderen Frauen sehr genau erforscht, ab wann und wie ich bzw. sie diese Fähigkeit dauerhaft erworben habe/n.

187 Vgl. die Bücher von Choa Kok Sui.

188 A. Heller, »Wie ich lernte, bei mir selbst Kind zu sein«, S. 117

189 S. Colgrave, »Yin und Yang«, S. 78

190 ebd., S. 134

191 V. Baum, a.a.O., S. 172

192 B. Tedlock, a.a.O., S. 34 ff.

193 K. Rush, »Was ist feministische Therapie?«, in: A. V. Mander/A. K. Rush, a.a.O., S. 65

194 J. Huber/A. Worm, »Frau sein ein Leben lang«, S. 6

195 J. James/M. Edden, a.a.O., S. 117

196 K. Handl, »Auf spirituellen Abwegen«, S. 61

197 Wenn ich diesen Satz schreibe, sind die Tageszeitungen voll von der Kritik an Außenministerin Hillary Clintons erstem Besuch in China und ihrem dabei ausgesprochenen Dank für die Anvertrauung seiner Währungsreserven an die USA.

198 A. Meulenbelt, a.a.O., S. 100

199 K. Heidkamp, a.a.O., S. 173

200 S. Helgesen, a.a.O., S. 207

201 K. G. Dürckheim, a.a.O., S. 70

202 A. V. Mander, »Ihre Geschichte von der Geschichte«, in: A. V. Mander/A. K. Rush, a.a.O., S. 73

203 K. Handl, a.a.O., S. 54

204 R. A. Perner, »Management macht impotent«, S. 120

205 F. Schirrmacher, a.a.O., S. 27 ff.

206 L. Yutang, »Weisheit des lächelnden Lebens«, S. 213 ff.

207 K. Heidkamp, a.a.O., S. 173

208 A. Meulenbelt, a.a.O., S. 105

209 ebd., S. 104

210 ebd., S. 113

211 V. Baum, a.a.O., S. 167

212 ebd., S. 207

213 ebd., S. 169

214 R. Moore/D. Gillette, a.a.O., S. 14

215 M. Jung, »Mut zum Ich«, S. 187

216 B. Wardetzki, »Ohrfeige für die Seele«, S. 159

217 T. Moser, »Literaturkritik als Hexenjagd«

218 A. S. Labuhn, »Zivilcourage«, S. 73

219 Rita Kimmkorn ist der Name der boshaften Journalistin-nenhexe in »Harry Potter«

220 V. Baum, a.a.O., S. 205

221 A. Meulenbelt, a.a.O., S. 111

222 N. Chodorow, »Das Erbe der Mütter«, S. 20 ff.

223 M. Storch, a.a.O., S. 177

224 J. Baker Miller, a.a.O., S. 73

225 A. Meulenbelt, a.a.O., S. 112

226 J. Baker Miller, a.a.O., S. 73

227 R. A. Perner, »Wer den Himmel will, muss fliegen können«, S. 11

228 So ein mit Hohnfotos bebilderter Slogan einer Werbekampagne für das Nachrichtenmagazin profil.

229 A. Meulenbelt, a.a.O., S. 14

230 A. Meulenbelt, a.a.O., S. 15

231 Schockierende, möglicherweise auch traumatisierende Erlebnisse werden in Phasen verarbeitet: Auf die Phase der Lähmung folgt eine Phase hektischer Aktivität, in der versucht wird, die Realität ungeschehen zu machen, dann verfällt man meist in eine lang andauernde Depression, bis man seelisch wieder zu Kräften kommt und nunmehr die Schuldigen zur Verantwortung ziehen will.

232 »Sei perfekt!«, »Sei gefällig!«, »Sei stark!«, » Beeil dich!« und »Streng dich an!«

233 K. Sherwood, »Kraftzentren des Lebens«, S. 11

234 B. Wardetzki, a.a.O., S. 78

235 K. Handl, a.a.O., S. 88

236 K. Handl, a.a.O., S. 103

237 Es gibt dabei unterschiedliche Interpretationen und Be-

zeichnungen (Kundalini, Schlangenkraft etc.). Häufig wird für dieses Energiegeschehen das Bild einer zusammengerollt liegenden Riesenschlange benutzt, die erwacht und sich die Wirbelsäule hinaufschlängelt. Ich meine, dass es genügt, dieses energetische Geschehen wahrzunehmen; die Namensgebungen sind irrelevant. Worte sind nur Symbolisierungen, oder wie es in der Kommunikationswissenschaft so schön heißt: »Die Landkarte ist nicht die Landschaft.« Sich indische oder chinesische Fremdwörter einprägen zu wollen, weist eine Frau nur als potenzielle Besserwisserin, ängstliche Streberin oder elitäre Dominanzsüchtige aus.

238 Einige von denjenigen, die unbeschadet im Alleingang praktiziert werden können, habe ich in meinem Buch »Die Hausapotheke für die Seele« beschrieben.

239 Vgl. P. Babiak/R. D. Hare, »Menschenschinder oder Manager«, M. Stout, »Der Soziopath von nebenan«, R. I. Sutton, »Der Arschloch-Faktor« oder P. Zimbardo, »Der Luzifer-Effekt« bzw. R. A. Perner, »Die Überwindung der Ich-Sucht«

240 K. Handl, a.a.O., S. 118

241 J. Bauer, »Das Gedächtnis des Körpers«, S. 31

242 ebd., S. 33

243 A. Korzybski (1889 – 1950) in seinem Buch »Science and Sanity« (1933), zitiert nach P. Schütz et al., »NLPt«, S. 48 ff.

244 A. de Saint-Exupéry, »Der kleine Prinz«, S. 72

245 http://www.ostarrichi.org/texte-18-fuer-immer-jung-von-andre-heller

246 G. Krishna, »Die verborgene Kammer des Bewusstseins«, S. 20 ff.

247 Zitiert in C. Olivier, »Jokastes Kinder«, S. 135

248 Zitiert in G. Krishna, a.a.O., S. 47

249 C. Olivier, a.a.O., S. 98

250 ebd., S. 66

251 ebd., S. 64 ff.

252 Siehe R. A. Perner, »Die Hausapotheke für die Seele« oder auch Dorothy Harbour, »Achtung, Energie-Vampire«

253 Ein Zitat von Rose Laub Coser, die damit wieder Martin Grotjahn zitiert, in H. Kotthoff (Hg.), »Das Gelächter der Geschlechter«, S. 101

254 B. Kienzle in H. Kotthoff (Hg.), S. 162
255 ebd., S. 165
256 B. Kienzle in H. Kotthoff (Hg.), S. 105
257 B. Kienzle, s. o., S. 187
258 H. Stocking/D. Zillmann in H. Kotthoff (Hg.), S. 213
259 H. Strotzka, »Fairness – Verantwortung – Fantasie«, S. 128
260 H. Stocking/D. Zillmann, a.a.O., S. 210
261 H. Stocking/D. Zillmann, a.a.O., S. 223
262 H. Strotzka, a.a.O., S. 43
263 M. Storch, S. 103
264 I. u. S. Andreski, »Isolation«, S. 9 ff.
265 G. Bateson, »Geist und Natur«, S. 272
266 A. Meulenbelt, a.a.O., S.17
267 ebd., S. 34
268 C. Honegger/B. Heintz, »Listen der weiblichen Ohnmacht«, S. 10
269 Einiges davon findet sich in den traditionellen Kulturen Asiens, manches habe ich selbst in meiner Querschnittskompetenz als Juristin, Gesundheitspsychologin und Salutologin, Mesoziaterin, Pädagogin, Psychotherapeutin und Psychoanalytikerin erarbeitet. Mein Angebot dazu findet sich unter www.perner.info sowie www.salutogenese.or.at
270 H. Wiesner, a.a.O., S. 97 ff.
271 Kurier, 1. 2. 2009, S. 16
272 M. Jelinek, »Die Frau im Management«, in: »Frauenrollen, Kommunikation und Beruf«, S. 147

Literatur

Alberoni, Francesco: Erotik. Weibliche Erotik, männliche Erotik – was ist das? Piper, München 1987

Andreski, Iris/Andreski, Stanislav: Isolation. Schriften zur Sozialarbeit, Heft 12. Jugend und Volk, Wien 1973

Babiak, Paul/Hare, Robert D.: Menschenschinder oder Manager. Psychopathen bei der Arbeit. Hanser, München 2007

Baker Miller, Jean: Die Stärke weiblicher Schwäche. Zu einem neuen Verständnis der Frau. Fischer TB, Frankfurt/Main 1979

Bandler, Richard/Grinder, John: Metasprache und Psychotherapie. Die Struktur der Magie. Junfermann, Paderborn 1981

Bateson, Gregory: Geist und Natur. Suhrkamp, Frankfurt/Main 1987

Bauer, Joachim: Das Gedächtnis des Körpers. Wie Beziehungen und Lebensstile unsere Gene steuern. Piper, München 2004

Bauer, Joachim: Warum ich fühle, was du fühlst: Intuitive Kommunikation und das Geheimnis der Spiegelneurone. Hoffmann & Campe, Hamburg 2005

Baum, Vicki: Vor Rehen wird gewarnt. Ullstein TB, Frankfurt/Main 1977

Bellin-Sonnenburg, Rebecca: Die Prinzessin ist tot – Es lebe die

Königin! So regieren Sie Ihr Leben ab der Lebensmitte. Ariston, Kreuzlingen/München 2008

Berninghausen, Jutta: Der Traum vom Kind – Geburt eines Klischees. Mutterschaft: Ideologie, Wunsch und Wirklichkeit. Ullstein TB, Frankfurt/Main 1980

Bolen, Jean Shinoda: Göttinnen in jeder Frau. Psychologie einer neuen Weiblichkeit. Sphinx, Basel 1986

Brandstaller, Trautl: Die neue Macht der Frauen. Sieg der Emanzipation oder Krise der männlichen Eliten? Styria, Wien/Graz/Klagenfurt 2007

Brandt, David: Ist das alles? Erfolg ist eine Frage der richtigen Erwartungshaltung. mvg, Landsberg 2002

Brownmiller, Susan: Weiblichkeit. Fischer TB, Frankfurt/Main 1998

Colgrave, Sukie: Yin und Yang. Die Kräfte des Männlichen und des Weiblichen. Eine inspirierende Synthese von westlicher Psychologie und östlicher Weisheit. Fischer TB, Frankfurt/Main 1984

Chodorow, Nancy: Das Erbe der Mütter. Psychoanalyse und Soziologie der Geschlechter. Frauenoffensive, München 1985

Cremerius, Johannes: Die psychoanalytische Behandlung der Reichen und Mächtigen. In: Cremerius, Johannes: Vom Handwerk des Psychoanalytikers: Das Werkzeug der psychoanalytischen Technik, Band 2. Frommann Holzboog, Stuttgart 1984

Dahlke, Rüdiger: Was uns wirklich nährt – von gutem Essen zu guten Gedanken. In: Pietschmann, Herbert/Dahlke, Rüdiger/Prekop, Jirina/Perner, Rotraud A.: Sein Leben nähren. Elemente des Lebens. RH Verlag, Wien 2008

Dawkins, Richard: Das egoistische Gen. Springer Verlag, Berlin 1978

Devereux, Georges: Angst und Methode in den Verhaltenswissenschaften. Suhrkamp, Frankfurt/Main 1988

Devereux, Georges: Frau und Mythos. Wilhelm Fink Verlag, München 1986

Distler, Sonja: Mütter, Amazonen & dreifältige Göttinnen. Eine psychologische Analyse des feministischen Matriarchatsmythos. Picus Verlag, Wien 1989

Dobner Elke: Wie Frauen führen. Innovation durch weibliche Führung. Sauer-Verlag, Heidelberg 1997

Dürckheim, Karlfried Graf: Hara. Die Erdmitte des Menschen. Scherz Verlag, Bern/München/Wien für Otto Wilhelm Barth Verlag, 1985

Englisch, Fanita: Es ging doch gut – was ging denn schief? Beziehungen in Partnerschaft, Familie und Beruf. Chr. Kaiser Verlag, München 1982

Földy, Reginald/Perner, Rotraud A.: Die starken Zweiten – Träger des Erfolgs. Langen Müller, München 1992

Frauenrollen, Kommunikation und Beruf. Schriftenreihe Internationales Zentralinstitut für das Jugend- und Bildungsfernsehen. K.G.Saur, München 1983

Fromm, Erich: Die Furcht vor der Freiheit. Ullstein, Frankfurt/Main 1985

Fuchs, Anneliese: Mein Charakter ist nicht mein Schicksal. Grundmuster des Lebens für mich nutzen. Böhlau Verlag, Wien 2007

Gayer, Kurt: Schaffe dir ein persönliches Image. mvg, Landsberg 1984

Gerken, Gerd/Luedecke, Gunther A.: Die unsichtbare Kraft des Managers. Die Bedeutung des Inner-Managements für den äußeren Erfolg. Econ TB, Düsseldorf 1990

Girtler, Roland: Die feinen Leute. Von der vornehmen Art, durchs Leben zu gehen. Veritas, Linz 1989

Goulding, Mary: »Kopfbewohner« oder: Wer bestimmt dein Denken? Wie du die Feindschaft gegen dich selbst mit Spaß und Leichtigkeit in Freundschaft verwandelst. Junfermann, Paderborn 1993

Gysling, Andrea: Der grenzenlose Mann. Über wahre und fragwürdige Männlichkeit. Kreuz Verlag, Zürich 1993

Handl, Karin: Auf spirituellen Abwegen. Biografie des Missbrauchs. Novum Verlag, Neckenmarkt 2008

Harbour, Dorothy: Achtung, Energie-Vampire! Das Praxisbuch für den psychischen Selbstschutz. Integral, München 2006

Heidkamp, Konrad: Sophisticated Ladies – Junge Frauen über 50. Rowohlt, Reinbek 2003

Heim, Pat/Golant, Susan K.: Frauen lernen fighten. Ein Sparringkurs für Aufsteigerinnen. Knaur, München 1995

Helgesen, Sally: Frauen führen anders. Vorteile eines neuen Führungsstils. Heyne, München 1995

Heller, André: Wie ich lernte, bei mir selbst Kind zu sein. S. Fischer, Frankfurt/Main 2008

Henzler, Herbert A.: Das Auge des Bauern macht die Kühe fett. Ein Plädoyer für Verantwortung und echtes Unternehmertum. dtv, München 2007

Hirigoyen, Marie-France: Die Masken der Niedertracht. Seelische Gewalt im Alltag und wie man sich dagegen wehren kann. dtv, München 2002

Honegger, Claudia/Heintz, Bettina (Hg.): Listen der Ohnmacht. Zur Sozialgeschichte weiblicher Widerstandsformen. Europäische Verlagsanstalt, Frankfurt/Main 1984

Hovey, Craig: Die Kakerlaken-Strategie. 10 Gebote für das Überleben im Beruf. dtv, München 2007

Huber, Johannes/Worm, Alfred: Frau sein ein Leben lang. Vorbeugung und Heilung frauenspezifischer Erkrankungen. Verlag Wilhelm Maudrich, Wien/München/Bern 1999

Hüther, Gerald: Bedienungsanleitung für ein menschliches Gehirn. Vandenhoeck & Ruprecht. Göttingen 2006

Jacobi, Jolande: Die Psychologie von C. G. Jung. Eine Einführung in das Gesamtwerk. Fischer TB, Frankfurt/Main 1977

Jacobs, Christoph: Salutogenese. Eine pastoralpsychologische Studie zu seelischer Gesundheit, Ressourcen und Umgang mit Belastungen bei Seelsorgern. Echter Verlag, Würzburg 2000

James, Judi/Edden, Mike: Lassen Sie sich Flügel wachsen – doch fallen Sie nicht vom Himmel! So entfalten Sie Ihr Potenzial und verwirklichen Ihre Träume. mvg, Landsberg 2002

Jung, Mathias: Mut zum Ich. Auf der Suche nach EigenSinn. dtv, München 2004

Kopp, Sheldon B.: Das Ende der Unschuld. Ohne Illusionen leben. Fischer TB, Frankfurt/Main 1993

Kotthoff, Helga (Hg.). Das Gelächter der Geschlechter. Humor und Macht im Gespräch von Frauen und Männern. Fischer TB, Frankfurt/Main 1988

Krishna, Gopi: Die verborgene Kammer des Bewusstseins. Die

Schlangenkraft als Schlüssel zu den großen Geheimnissen der alten Kulturen. Ullstein, Frankfurt/Main 1989

Labuhn, Andju Sara: Zivilcourage. Inhalte, Determinanten und ein erster empirischer Zugang. Verlag für Polizeiwissenschaft, Frankfurt 2004

Lassek, Heiko (Hg.): Lebensenergieforschung. Die Orgontherapie Wilhelm Reichs und ihre Weiterentwicklung zu einer energetisch orientierten Medizin. Simon + Leutner, Berlin 1997

Mander, Anica Vesel/Rush, Anne Kent: Frauentherapie. Frauenbewegung als heilende Energie. Frauenoffensive, München 1977

Meulenbelt, Anja: Zwischen zwei Stühlen. Standortbestimmung einer kritischen Feministin. Rowohlt TB, Reinbek 1988

Milgram, Stanley: Das Milgram-Experiment. Zur Gehorsamsbereitschaft gegenüber Autorität. Rowohlt TB, Reinbek 1982/85

Moore, Robert/Gillette, Douglas: König Krieger Magier Liebhaber. Die Stärken des Mannes. Kösel, München 1992

Moser, Tilmann: Literaturkritik als Hexenjagd. Ulla Berkéwicz und ihr Roman »Engel sind schwarz und weiß«. Eine Streitschrift. Piper, München 1994

Olivier, Christiane: Jokastes Kinder. Die Psyche der Frau im Schatten der Mutter. dtv, München 1989

Perner, Rotraud A.: Die Hausapotheke für die Seele. Erste Hilfe von A(ngst) bis Z(orn). Deuticke, Wien 2005

Perner, Rotraud A.: Heute schon geliebt? Sexualität & Salutogenese. Aaptos, Wien 2007

Perner, Rotraud A.: Kultur des Teilens – Einladung zu einem dialogischen Leben. Ueberreuter, Wien 2002

Perner, Rotraud A.: Madonna UND Hure. Jagdstrategien für Amazonen. Ankh Verlag, Weichselboden 1997

Perner, Rotraud A.: Management macht impotent. Abschied vom Mythos Macher. Orell Füssli, Zürich 1997

Perner, Rotraud A.: Sein wie Gott – Von der Macht der Heiler. Priester – Psychotherapeuten – Politiker. Kösel, München 2002

Perner, Rotraud A.: Die Tao-Frau. Der weibliche Weg zur Karriere. C. H. Beck, München 1997

Perner, Rotraud A.: Die Überwindung der Ich-Sucht. Sozialkompetenz & Salutogenese. Studienverlag, Innsbruck 2009

Perner, Rotraud A.: Von der Möglichkeit oder Unmöglichkeit einer psychosexuellen Befreiung. In: Rosecker, Michael/Müller, Bernhard (Hg.): Freiheit. Tatsache, Möglichkeit, Bestimmung oder Hirngespinst? Verein Alltag Verlag, Wr. Neustadt 2005

Perner, Rotraud A.: Die Wahrheit wird euch frei machen. Sexuelle Gewalt im kirchlichen Bereich ... und anderswo. Prävention Behandlung Heilung. Gezeiten Verlag, Wien 2006

Perner, Rotraud A.: Wer den Himmel will, muss fliegen können. Erfolgsstrategien für Frauen. Herder, Freiburg/Breisgau 2004

Perner, Rotraud A.: Wort auf Rezept: Gesundheit kommunizieren. aaptos, Wien 2007

Perner, Rotraud A. (Hrsg.): Zuliebe zu Leibe. Über die Möglichkeit und Unmöglichkeit kindlicher Erotik. Edition Tau, Bad Sauerbrunn 1991

Pilgrim, Volker Elis: Dressur zum Bösen. Rowohlt TB, Reinbek 1986

Pilgrim, Volker Elis: Der Vampirmann. Über Schlaf, Depression und die Weiblichkeit. Eine Forschungsnovelle. Claassen, Düsseldorf 1989

Puchert, Ralf/Höyng, Stephan: Die Ausbremser. Wie Männer die Gleichstellung verhindern. Kreuz Verlag, Zürich 2000

Randzio-Plath, Christa: Frauenmacht – Ausweg aus der Krise. Bund-Verlag, Köln 1987

Redfield, James: Die Prophezeiungen von Celestine. Ein Abenteuer. Wilhelm Heyne Verlag, München 1994

Riemann, Fritz: Grundformen der Angst. Eine tiefenpsychologische Studie. Ernst Reinhardt Verlag, München 1984

Rohr, Richard: Die Masken des Maskulinen. Neue Reden zur Männerbefreiung. Claudius, München 1992

Rosecker, Michael/Müller, Bernhard (Hg.): Freiheit. Tatsache, Möglichkeit, Bestimmung oder Hirngespinst? Verein Alltag Verlag, Wr. Neustadt 2005

Rosenberger, Sieglinde: Geschlechter Gleichheiten Differenzen. Eine Denk- und Politikbeziehung. Verlag für Gesellschaftskritik, Wien 1996

Rossmann, Eva: Unter Männern. Frauen im österreichischen Parlament. Folio Verlag, Bozen 1995

Rubin, Harriet: Die Mona-Lisa-Strategie. Weiblich – Magisch – Mächtig. Knaur, München 2008

Saint-Exupéry, Antoine de: Der kleine Prinz. Arche, Zürich 1983

Satir, Virginia: Selbstwert und Kommunikation. Familientherapie für Berater und zur Selbsthilfe. Pfeiffer, München 1975

Schirrmacher, Frank: Das Methusalem-Komplott. Heyne, München 2004

Schönberger, Margit: Be happy, be fifty. 50 gute Gründe, mit Freude 50 zu werden. Knaur TB, München 2008

Schönberger, Martin Maria: Von der Sexualität zur Polarität. Das verlorene und wiedergefundene Paradies. Papyrus Verlag, Hamburg 1982

Schütz, Peter/Schneider-Sommer, Sigrid/Gross, Brigitte/Jelem, Helmut/Brandstetter-Halberstadt, Yvonne: NLPt – Theorie und Praxis der Neuro-Linguistischen Psychotherapie. Junfermann, Paderborn 2001

Schulz von Thun, Friedemann: Miteinander reden 1. Störungen und Klärungen. Rowohlt TB, Reinbek 1981

Schwartzenberg, Roger-Gérard: Politik als Showgeschäft. Moderne Strategien im Kampf um die Macht. Econ Verlag, Düsseldorf/Wien 1980

Schwarz, Gerhard: Die »heilige Ordnung« der Männer. Patriarchalische Hierarchie und Gruppendynamik. Westdeutscher Verlag, Opladen 1985

Seidl, Conrad/Beutelmeyer, Werner: Die Marke ICH ®. So entwickeln Sie Ihre persönliche Erfolgsstrategie. Redline Wirtschaft, Heidelberg 2006

de Shazer, Steve: „... Worte waren ursprünglich Zauber". Lösungsorientierte Therapie in Theorie und Praxis. verlag modernes lernen, Dortmund 1996

Sherwood, Keith: Kraftzentren des Lebens. Anleitung zur Harmonisierung des feinstofflichen Körpers. Verlag Hermann Bauer, Freiburg/Breisgau 1986

Sohni, Hans (Hg.): Geschwisterlichkeit. Horizontale Beziehungen in Psychotherapie und Gesellschaft. Vandenhoeck & Ruprecht, Göttingen 1999

Sontag, Susan: Krankheit als Metapher. Fischer, Frankfurt/Main 1981

Storch, Maja: Die Sehnsucht der starken Frau nach dem starken Mann. Goldmann, München 2002

Stout, Martha: Der Soziopath von nebenan. Die Skrupellosen: ihre Lügen, Taktiken und Tricks. Springer, Wien 2006

Strauss-Kloebe, Sigrid: Kosmische Bedingtheit der Psyche. O.W.Barth, Frankfurt/Main 1968

Strauss-Kloebe, Sigrid: Das kosmisch Unbewusste in der Persönlichkeit: Geburtskonstellation und Psychodynamik. IKM Guggenbühl, Zürich 1984

Strauss-Kloebe, Sigrid: Das kosmopsychische Phänomen. Geburtskonstellationen und Psychodynamik. Walter, Düsseldorf 1982

Strauss-Kloebe, Sigrid: Symbole der inneren Welt. Ein Mosaik. Victor von Brasch, Bad Soden 1981

Strotzka, Hans: Fairness – Verantwortung – Fantasie. Eine psychoanalytische Alltagsethik. Deuticke, Wien 1983

Strotzka, Hans: Macht. Ein psychoanalytischer Essay. Zsolnay, Wien 1985

Sutton, Robert I.: Der Arschloch-Faktor. Vom geschickten Umgang mit Aufschneidern, Intriganten und Despoten im Unternehmen. Hanser, München 2007

Tedlock, Barbara: Die Kunst der Schamanin. Heilen und Wissen als weibliche Tradition. Edition Trickster im Peter Hammer Verlag, Wuppertal 2007

Twrznik, Manfred: Aufbruch zum Mann. Stark, lustvoll und weise – in Beruf, Alltag und Beziehung. Claudius, München 2002

Wardetzki, Bärbel: Ohrfeige für die Seele. Wie wir mit Kränkung und Zurückweisung besser umgehen können. dtv, München 2004

Wiesner, Heike: Die Inszenierung der Geschlechter in den Naturwissenschaften. Wissenschafts- und Genderforschung im Dialog. Campus Verlag, Frankfurt/Main 2002

Wild-Missong, Agnes: Zehn Thesen zur Selbstbesinnung der Feministinnen. In: Camenzind, Elisabeth/Von den Steinen, Ulfa: Frauen definieren sich selbst. Auf der Suche nach weiblicher Identität. Kreuz Verlag, Zürich 1991

Woolger, Jennifer Barker/Woolger. Roger J.: Göttinnen. Urbilder für eine Psychologie der Frau. Kabel, Hamburg 1991

Yutang, Li: Weisheit des lächelnden Lebens. Das Geheimnis erfüllten Daseins. Rowohlt TB, Reinbek 1960

Zimbardo, Philip: Der Luzifer-Effekt. Die Macht der Umstände und die Psychologie des Bösen. Spektrum, Heidelberg 2008

.

Psychologie & Lebenshilfe

Rotraud A. Perner
bei Kösel

Rotraud A. Perner
DARÜBER SPRICHT
MAN NICHT
Tabus in der Familie
Das Schweigen durchbrechen
256 Seiten. Klappenbroschur
ISBN 978-3-466-30841-5

Schweigen kann fatal sein. Immer wieder erreichen uns neue Schreckensnachrichten, die zeigen, wie die Überforderung in der Familie eskaliert: Missbrauch, Unterwerfung, Angstmache, ja Mord können Folgen familiärer Tabus sein.

Dieses aufregende Buch zeigt, dass es Wege gibt, die Schweigespirale aus Halbwahrheiten, Missverständnissen und Tabus zu durchbrechen.

SACHBÜCHER UND RATGEBER
kompetent & lebendig.

www.koesel.de
Kösel-Verlag München, info@koesel.de